Die Entstehung

des

deutschen Handelsgerichts.

Die Entstehung

des

deutschen Handelsgerichts.

Nach archivalischen Quellen dargestellt

von

Dr. jur. et rer. polit. W. Silberschmidt,

k. Amtsrichter.

Leipzig,

Verlag von Duncker & Humblot.

1894.

Herrn Geheimen Justizrath

Professor Dr. L. Goldschmidt

in tiefster Dankbarkeit

gewidmet.

Vorwort.

Nachfolgende Arbeit verdankt ihre Entstehung einer brieflichen, vor nahezu 10 Jahren erfolgten Anregung Prof. Goldschmidts, der später auch in seinem System des Handelsrechts darauf hinwies, daß eine Geschichte der Handelsgerichte bisher mangle. Herrn Prof. Goldschmidt ist daher diese Untersuchung zugeeignet, zugleich als bescheidenes Zeichen des Dankes dafür, daß er den Verfasser so vielfach in seiner Ausbildung gefördert und ihn durch Herausgabe seiner Erstlingsarbeit in die wissenschaftliche Welt eingeführt hat. Diesem Danke anzuschließen ist jener an die Herren Vorstände und Beamten der benützten Archive und Bibliotheken: des k. Kreisarchivs in Nürnberg, des Archivs des Merkantil-, Friedens- und Schiedsgerichts ebenda, des Ratsarchivs in Leipzig, des k. k. Statthaltereiarchivs in Innsbruck, des Stadtarchivs in Augsburg, des h. Landeshauptarchivs in Wolfenbüttel, der Stadtbibliothek sowie der Bibliothek des Germanischen National-Museums in Nürnberg, der Universitätsbibliothek in Erlangen und der k. Hof- und Staatsbibliothek in München. Einzelne für die Arbeit gewährte Behelfe sind an den betreffenden Stellen erwähnt.

Möge nun auch diese Schrift sich das Urteil erringen, daß sie für weitere Studien die Grundlage gewähre!

Inhaltsangabe.

Seite

Vorwort V

Einleitung.

§ 1. Überſicht 1

I. Die Entſtehung der Handelsgerichte außerhalb Deutſchlands 3

§ 2. Italien 3

§ 3. Spanien, Frankreich, England, Skandinavien und die Niederlande 12

II. Die Vorgeſchichte der Handelsgerichte in Deutſchland . . . 23

§ 4. Die öffentlichen Gerichte 23

§ 5. Genoſſenſchaftliche Bildungen und ihre Gerichte 26

§ 6. Fremdenrecht und Gaſtgericht 31

Erſtes Kapitel.

Nürnberg.

Erſte Abteilung.

Die Entwickelung des gerichtlichen Verfahrens bis zum Privileg von 1508 33

§ 7. Verfaſſung und Verwaltung der Stadt 33

§ 8. Das Schultheißengericht bis zu ſeiner Trennung vom Rat und das Bürgermeiſteramt um jene Zeit 36

§ 9. Stadtgericht und Bürgermeiſteramt ſeit 1497 40

§ 10. Summariſches Verfahren 45

§ 11. Appellation und Appellationsprivilegien 47

Zweite Abteilung.

Die Privilegien von 1508 für Händel der Kaufleute hinſichtlich ſummariſchen Verfahrens, Appellation und Laienrichter . . 49

§ 12. Geſchichte des Privilegs 49

§ 13. Inhalt des Privilegs und Gründe, warum dasſelbe in Vergeſſenheit geriet 58

§ 14. Wiederauffindung des Privilegs bezüglich der Appellation 61

§ 15. Wiederentdeckung des Privilegs hinſichtlich des ſummariſchen Verfahrens 64

Dritte Abteilung.

Die weitere Entwickelung bis zur Banko-Ordnung von 1621 . . 66

§ 16. Die Entſtehung einer Vertretung des Kaufmannsſtandes 66

Seite

§ 17. Münzverschlechterung und Bankgründung 70
§ 18. Das Vorbild für die Nürnberger Bank und für die Entscheidung von Streitigkeiten bei derselben 72

Vierte Abteilung.

Die Erörterung der strittigen Währungssachen vor dem Bankoamte 78
§ 19. I. Bis Trinitatis 1622 78
§ 19a. II. Allgemeines. 82

Fünfte Abteilung.

Die Abgrenzung der Zuständigkeit gegenüber dem Stadtgericht 86
§ 20. Die Kompetenzstreitigkeiten zwischen Stadtgericht und Bankoamt . 86

Sechste Abteilung.

Die Zeit von 1624 bis zur Konstituierung des Merkantil- und Bankogerichtshofes 1697 90
§ 21. Äußere Geschichte 90
§ 22. Der Prozeß des Bankoamts 95
§ 23. Die Parere des Bankoamts 96

Zweites Kapitel.

Bozen.

§ 24. Die Märkte in Bozen 99

Erste Abteilung.

§ 25. Die Judikatur Wagner's 101

Zweite Abteilung.

§ 26. Der Merkantilmagistrat 106

Drittes Kapitel.

Frankfurt a. Main, Augsburg, Regensburg und Breslau.

§ 27. Frankfurt a. M., Augsburg und Regensburg 116
§ 28. Breslau 118

Viertes Kapitel.

Braunschweig und Leipzig mit Naumburg.

§ 29. Die Gründung der Braunschweiger Messe und des Kaufgerichts . 120
§ 30. Das Leipziger Handelsgericht 122
§ 31. Das Handelsgericht zu Naumburg 138

Fünftes Kapitel.

Die Handelsgerichte der Seestädte.

§ 32. Weitere Entwickelungsmomente 140
§ 33. Die Nordseeküste 141
§ 34. Die Ostseeküste 143

Seite

Sechstes Kapitel.

Der Einfluß der merkantilistischen Bewegung, insbesondere Kommerzkollegien und Banken.

§ 35. Bayern 146
§ 36. Österreich 148
§ 37. Das Kommerzkollegium sonst im Reiche 151
§ 38. Anhang. St. Gallen 153

Siebentes Kapitel.

Der Einfluß der Litteratur und der Reichsgesetzgebung.

§ 39. Litteratur 155
§ 40. Reichsgesetzgebung 157

Achtes Kapitel.

Ergebnisse und praktische Bedeutung derselben.

§ 41. Das beschleunigte Verfahren 159
§ 42. Juristen- und Laiengericht 161
§ 43. Die Zuständigkeit des Gerichts 162
§ 44. Bedeutung der Ergebnisse für die Gegenwart 163

Anhang.

Beilage I 167
" II 168
" III 168
" IV 170
" V 171
" VI 172

Einleitung.

§ 1. Übersicht.

Vor der Einführung des Allgemeinen Deutschen Handelsgesetzbuches bestanden in einzelnen deutschen Städten Handelsgerichte, zum Teil einheimischen Ursprungs, zum Teil, insbesondere seit der französischen Revolution, bewußt nach fremden Mustern eingerichtet [1]). Aber auch erstere sind zu einer Zeit erstanden, wo in anderen Ländern ähnliche Einrichtungen längst bestanden haben, welche nach der internationalen Natur des Handels nicht ohne Einfluß auf die Entstehung der deutschen Handelsgerichte bleiben konnten. Es müssen daher einleitungsweise die Ergebnisse der Forschung über die Geschichte der Handelsgerichte in Italien, Spanien und Frankreich rc. festgestellt werden, ehe die Entwickelung der deutschen Verhältnisse begonnen werden kann.

An diese Darstellung der fremden Rechte anzureihen sind sodann diejenigen Faktoren des deutschen Rechtslebens, welche als Vorläufer der einheimischen Handelsgerichte zu erachten sind, zum Teil deren Funktionen unter anderen Verhältnissen erfüllt und deren Entwickelung begünstigt haben.

Vor allem klarzustellen ist aber das Thema selbst, der Begriff der Handelsgerichte. Dabei darf man nicht von vornherein, wie es etwa von Creizenach [2]) geschehen ist, „sich Institute der Art, wie sie in Frankreich, und zwar durch das neueste Recht, begründet sind, denken" [3]) oder „von den eigentlichen Handelsgerichten d. h. von den durch Wahl von Kaufleuten durch den Kaufmannsstand zu-

---

[1]) Goldschmidt im Handbuch des Handelsrechts. 1. Band. 2. Auflage. § 35 Anm. 9 und System des Handelsrechts. 2. Aufl. § 18.

[2]) J. Creizenach, Das Wesen und Wirken der Handelsgerichte. Beilageheft zu Band IV der Zeitschr. f. d. ges. Handelsrecht. 1861.

[3]) A. a. O. S. 5.

sammengesetzten" reden. Vielmehr sind Handelsgerichte diejenigen von der Staatsgewalt eingesetzten oder doch anerkannten Organe, welche die Aufgabe haben, auf dem Spezialgebiete des Handels die ordentliche Gerichtsbarkeit an Stelle der gewöhnlichen Gerichte auszuüben. Von letzteren unterscheiden sie sich ihrem Wesen nach nur durch die Begrenzung ihrer Kompetenz; inwieweit historisch das Bedürfnis, welches zu ihrer Einrichtung geführt hat, regelmäßig, insbesondere auch in Deutschland, zu ganz bestimmten Formen gegriffen hat, das muß sich erst aus der Untersuchung im einzelnen ergeben.

I. Die Entstehung der Handelsgerichte außerhalb Deutschlands.

§ 2. Italien.

I. Die Entstehung der italienischen Handelsgerichte steht in engstem Zusammenhange mit der Entwickelung des Städtewesens überhaupt. Nachdem durch die Macht des aufblühenden bürgerlichen Elements, vor allem der Kaufleute, die städtische Freiheit begründet worden war [1]), vereinigten die Vorstände der Städterepubliken, die Consules, Verwaltung und Justiz in ihrer Hand, unterstützt von dem ihnen als Hülfsorgan beigegebenen Rat von Juristen, dem „engeren Rat", der sogenannten credentia [2]). So übten in Genua, wo früher der Markgraf und sein Stellvertreter das Gericht gehalten hatten, die Konsuln seit Begründung der Kompagnia die Gerichtsbarkeit aus [3]), so wurde die Macht des Markgrafen in Pisa durch die Konsuln abgelöst [4]), so wird ganz allgemein für die italienischen Städte das Aufkommen des Konsulats erklärt als Besetzung der Stadtrichterstellen durch genossenschaftliche Wahl [5]). Auf die Dauer konnten aber diese obrigkeitlichen Beamten die mit der Zunahme des Verkehrs stetig anwachsenden Geschäfte nicht mehr allein erledigen, man mußte zu Aushülfen seine Zuflucht nehmen, und dies wurde teils dadurch bewirkt, daß an die Spitze einzelner Stadtteile unter Benützung der längst vorhandenen Sprengeleinteilung besondere

---

[1]) Goldschmidt, Universalgeschichte des Handelsrechts. 1891. S. 153 f., besonders Anm. 35—37 und Zitate; Heyd, Geschichte des Levantehandels im Mittelalter. Bd. I. 1879. S. 146 nach Pavinsky, Zur Entstehungsgeschichte des Konsulats in den Kommunen Nord- und Mittelitaliens. 1867. Vergleiche jetzt v. Kapherr in Quidde's Zeitschrift. Bd. V. S. 21 ff.

[2]) Vgl. Goldschmidt a. a. O. Anm. 38a, Lastig, Entwickelungsgeschichte und Quellen des Handelsrechts 1877. S. 103.

[3]) Lastig a. a. O. S. 135.

[4]) Heyd a. a. O. S. 147.

[5]) Hüllmann, Städtewesen des Mittelalters. 2. Teil 1827. S. 293.

Konsuln gestellt und so die Zahl derselben vermehrt wurde[1]), teils dadurch, daß für einzelne Zweige die Befugnisse geteilt und so insbesondere eigene Gerichtskonsuln, consules judices (Verona), consules de placitis (Genua), consules justitiae (Como), de justitia (Mailand), erwählt wurden[2]), welche, neben den eigentlichen consules de communi, Recht sprachen und sich nach der Zuständigkeit oft wieder in besondere Behörden teilten. Wenn dann die Summe dieser consules als engerer Rat erscheint neben dem großen Rat als Vertreter der Gesamtbürgerschaft, so erhält sich meist die credentia als juristischer Beirat der Konsuln: jedem Lehrer des Rechts war der Eintritt gestattet[3]), wie andererseits die Advokaten zur Erteilung juristischen Rats an die consules verpflichtet waren[4]). So wird daher seit dem 11. Jahrhundert in den italienischen Städten die ordentliche Gerichtsbarkeit durch die consules als Stadtbehörde sowie durch eine Reihe von besonderen, von letzterer gewöhnlich unter Beibehaltung des Namens „consules“ abgezweigten Behörden, immer aber durch Laien ausgeübt, welche bei der nahezu alle Stände umfassenden Bedeutung des Handels in jener Zeit gerade für das Handelsrecht eine zureichende Kenntnis mitbrachten[5]). Erst von dem 2. Teile des 12. Jahrhunderts ab erscheinen dann rechtsgelehrte und zwar zunächst auswärtige Richter, meist mit dem Aufkommen der Podestà zusammenhängend, die ihre eigene Richterkurie mitbringen[6]).

II. In die Zeit, da es den Stadtkonsuln nicht mehr möglich war, allein die Gerichtsbarkeit auszuüben, fällt das Auftreten besonderer consules mercatorum, von Mitte des 12. Jahrhunderts ab[7]). Die Innungen waren erstarkt, in einzelnen Städten

---

[1]) Hüllmann a. a. O. S. 419.

[2]) Für Genua vgl. Lastig a. a. O. S. 136 mit Hüllmann a. a. O. S. 447, ferner im allgemeinen Goldschmidt a. a. O. S. 154 Anm. 37, Prutz. Staatengeschichte des Abendlandes. Band I. 1885. S. 488.

[3]) Hüllmann, a. a. O. 3. Teil. S. 303.

[4]) Lastig a. a. O. S. 141.

[5]) Goldschmidt a. a. O. S. 155 Anm. 42, S. 268 Anm. 118/19, Silberschmidt, Die Commenda. 1884. S. 30, 56, 82/3.

[6]) Lastig a. a. O. S. 143, 147 ff., Goldschmidt a. a. O. S. 154 Anm. 39a.

[7]) Lattes, Il diritto commerciale nelle legislazione statutaria delle città italiane. 1884. S. 23—56. Schaube, das Konsulat des Meeres in Pisa. 1888. S. 282 ff. Schaube, Die pisanischen consules mercatorum im 12. Jahrhundert. Zeitschr. f. d. ges. Handelsrecht. Band 41 S. 100 ff. Vgl. v. Kapherr in Quidde's Zeitschr. Band V S. 59 u. Zit.

zur Herrschaft, in anderen zu einer Art Mitherrschaft gelangt. Sie waren organisiert nach dem Muster der Stadtgemeinde, an der Spitze die Vorsteher, meist consules genannt, daneben ein kleiner und ein großer Rat, und wiederholten so in einem engeren Kreise das Bild der Stadtverfassung [1]). Die Kaufmannsinnung war in der Regel eine der vornehmsten und vereinigte oft in sich eine Reihe von kleineren Innungen. Die Statuten dieser Kaufmannsinnungen bilden mit den Stadtrechten die hauptsächlichsten Rechtsquellen in diesem Zeitraum für das Gebiet des Handelsrechts. Die Vorsteher dieser kaufmännischen Korporationen sind die consules mercatorum. Sie vereinigten in sich in der frühesten Zeit die administrativen und richterlichen Funktionen [2]), genau so wie ihre Vorbilder, die consules de communi. Geht man nun von dem Bedürfnis einer Stellvertretung für die letzteren, auf welches schon hingewiesen wurde, aus, faßt die ganz analoge Gestaltung beider Institutionen und die Bedeutung der Innungen für das Stadtregiment ins Auge, bedenkt, daß einerseits die Mehrzahl der Rechtsstreitigkeiten naturgemäß Sachen und Personen des Handelsstandes betraf, daß andererseits die Vorsteher der Innung vielfach schon aus disziplinären und polizeilichen Gründen, sowie um streitende Genossen zu versöhnen, zum Einschreiten veranlaßt waren, so kann es nicht Wunder nehmen, daß die consules mercatorum bald als Richter neben den ordentlichen Gerichten erscheinen. Von einem späteren Standpunkt der Entwickelung ausgehend, hat die Doktrin [3]) schon früh (Bartolus, Straccha, Marquardus) die consules mercatorum als ausschließliche Handelsrichter betrachtet, indem man die Ausübung der Rechtspflege geradezu als den Zweck auffaßte, um dessentwillen die collegia der Kaufleute zusammengetreten seien [4]). Dagegen hat vor allem Goldschmidt [5]) die consules mercatorum als Innungsvorstände richtig bezeichnet. Vollständig klar liegt die Entwickelung des Instituts aber auch heute noch nicht zu Tage, zumal dieselbe in den einzelnen städtischen Gemeinwesen eine sehr verschiedene war. Aber das steht

---

[1]) Vergl. hierfür Goldschmidt a. a. O. S. 154 ff, Lattes a. a. O. § 1. Auch Podestà der Kaufmannschaft fehlen nicht; siehe Goldschmidt a. a. O. S. 164 Anm. 69 und Lattes a. a. O. § 1. Anm. 36 und § 2 Absatz 1.

[2]) Lattes a. a. O. § 2 Absatz 2.

[3]) Vgl. Endemann, Beitr. z. Kenntnis des Handelsrechts im Mittelalter, Zeitschr. f. d. ges. Handelsrecht, Bd. V. S. 355 § 3. Die Handelsgerichtsbarkeit, vorher § 2 Anm. 2.

[4]) Vgl. noch Pardessus, Collection des lois maritimes, Bd. 2 p. CXXV.

[5]) Zeitschrift Band 20 S. 554, jetzt Handbuch I^1 1891. S. 169.

fest[1]), daß in den ersten Zeiten eine Beschränkung der Jurisdiktion nach objektiven Prinzipien, etwa auf „Handels-" oder auch nur Innungssachen, regelmäßig nicht bestand, wie denn am 9. November 1159 — am frühesten finden wir consules mercatorum 1154 in Piacenza — in Mailand die consules mercatorum in einem Streit über Grundbesitz Recht sprechen, während sie in Pisa um dieselbe Zeit ad definiendas causas publicas et privatas aufgestellt sind[2]) und vor den städtischen Konsuln angebrachte und von diesen an sie verwiesene Sachen entscheiden. Nimmt man hinzu, daß diese pisanischen consules mercatorum a consulibus Pisanorum electi waren (so wurden sie z. B. in Como, Modena, Pavia von den Häuptern der Stadt erwählt[3]), daß das Verfahren von dem der ordentlichen Gerichte, wo auch Laien, beziehungsweise Kaufleute, entschieden, durchaus nicht verschieden war, so wird man zwar die Behauptung Schaube's,[4]) daß sie staatliche Beamte gewesen seien, mit ihrem Ursprung und ihrer Stellung zur Korporation um jene Zeit nicht vereinbar finden; aber man wird zugeben müssen, wie vorsichtig und allmählich die Heranziehung der consules mercatorum zur Rechtsprechung bewirkt wurde und wie, wahrscheinlich zu diesem Zwecke, die Häupter der Stadt sich zunächst die Auswahl der consules mercatorum (zum Teil aus den Nobili und nicht aus der Kaufmannskorporation) sicherten[5]). Wenn trotzdem die pisanischen Innungsgerichte nur loco judicum erscheinen[6]), wenn in Piacenza ihre Aussprüche Geltung haben sollen, wie die von einem Richter mit voller Jurisdiktion[7]), so spricht dies ebenso gegen den Charakter staatlicher Gerichte, wie einer (ursprünglichen) ordinaria jurisdictio[8]). Vielmehr muß als entscheidend der Innungscharakter beziehungsweise die Zugehörigkeit zur Innung erachtet werden; aus dieser persönlichen Beziehung erwachsen zunächst die strengen Innungsvorschriften, welche das Angehen ausschließlich der Innungsvorstände bei Streitigkeiten der Genossen vorschreiben[9]), und hiermit war dann die Grundlage

[1]) Wenn auch Lattes a. a. O. S. 251 noch sagt: non dalla qualità dei litiganti ma dalla natura delle controversie.

[2]) Schaube in Zeitschr. f. Handelsrecht. Bd. 41 S. 101 ff.

[3]) Lattes a. a. O. § 2. Anm. 3.

[4]) a. a. O. S. 108.

[5]) Vgl. auch Goldschmidt a. a. O. S. 165 Anm. 74.

[6]) Goldschmidt a. a. O. S. 70 Anm. 92.

[7]) Lattes a. a. O. § 2 Anm. 35.

[8]) Wie sie Endemann a. a. O. S. 357 behauptet.

[9]) Lattes a. a. O. S. 253.

gegeben, diesen Innungsgerichten die Eigenschaft ordentlicher Gerichte zu verleihen. Goldschmidt [1]) hat in neuester Zeit aus dem eben erwähnten „loco judicum" auf den vertragsmäßigen, somit schiedsrichterlichen Ursprung der Innungsgerichte geschlossen. Nun werden wir sehen, daß für Deutschland dieser schiedsrichterliche Ursprung vielfach zutrifft [2]). Auch in Italien hat das Schiedsgericht in der Entwickelung der Handelsgerichte sicher Einfluß ausgeübt; speziell für Pisa, wo das Gewohnheitsrecht und die Billigkeit sich neben dem Gesetz eine vollkommen selbständige Stellung erobert hatten [3]) und wo noch in verhältnismäßig später Zeit die consules maris als Schiedsrichter, und zwar je nach der Erklärung der Parteien auf Grund des Gesetzes oder der Billigkeit, fungieren konnten [4]), wird sich das aus IV ergeben; aber auch in Genua und Florenz wird von einer ausgebreiteten schiedsrichterlichen Thätigkeit berichtet [5]). Indessen muß auch gegenüber der Idee des Schiedsgerichts der Innungscharakter der konsularischen Thätigkeit an die Spitze gestellt und die Aufstellung der consules als arbitri für eine spätere Konsequenz erklärt werden [6]), wenn man nicht die Unterwerfung des einzelnen unter die Innungsstatuten, welche bei Streitigkeiten das Angehen der Innung fordern, als ein allgemeines Kompromiß auf das Innungsgericht als Schiedsgericht konstruieren will [7]). Freilich war die Beobachtung der Innungsvorschriften im Einzelfalle durch die strengen Strafbestimmungen gesichert [8]), und andererseits wurde die Kompetenz der consules mercatorum durch Anmaßung und freiwillige Übertragung weit über den Fall ausgedehnt, daß beide Beteiligten der Innung angehörten, bis die Präsumtionen, daß jede Handelssache Innungssache sei und jeder Vertrag zwischen Kaufleuten Handelssache [9]), schließlich zu der Be-

---

[1]) a. a. O. S. 170 Anm. 92, vgl. mit S. 184 Anm. 148.

[2]) Siehe unten § 18 ff., 27.

[3]) Vgl. Prolog zum constitutum usus: ex equitate (Gegensatz lex) tam civibus quam advenis et omnibus universaliter in consuetudinibus providerent. Silberschmidt, Die Commenda S. 52 ff.

[4]) Schaube, Konsulat a. a. O. S. 143.

[5]) Lastig a. a. O. S. 139 und 258; für Genua s. auch Goldschmidt in seiner Zeitschrift, Band 23 S. 311.

[6]) Vgl. Lattes a. a. O. S. 245 und Anm. 13 und 14 über obligatorische Schiedsgerichte auch in Como, Bergamo, Ancona, Lucca, Pesaro, Pavia, Verona, Piacenza, Siena, Rom.

[7]) Creizenach a. a. O. S. 15.

[8]) Für Zwangsschiedsgerichte vgl. Goldschmidt a. a. O. S. 176 Anm. 144.

[9]) Endemann a. a. O. S. 358; Goldschmidt, Handbuch, Bd. I, 2. Aufl. S. 39, 438 und 3. Aufl. Band I¹ S. 172.

stimmung der Kompetenz nach dem objektiven Begriff der Handelssache führten. Damit war das Spezialgericht für die Gegenstände des Handels begründet, und auf dieser Grundlage, nicht als Privileg für die Personen des Handelsstandes [1]), wird es uns auch bei der weiteren Betrachtung in Italien entgegentreten. Fragen wir nun, wodurch sich das Gericht der consules mercatorum von den gewöhnlichen Gerichten unterschied, so müssen wir zuerst, negativ, hervorheben: nicht durch die Art der Besetzung, Juristen oder Laien. Denn einesteils haben wir gesehen, daß, insbesondere in der früheren Zeit, auch das gewöhnliche Gericht meist aus Laien bestand, andererseits war für Vertretung des juristischen Elements im Handelsgericht genügend gesorgt. Ein bestimmter Teil der consules mercatorum mußte in vielen Städten juristisch gebildet sein [2]); eventuell gehörte ein höherer Beamter dem Stande der Rechtsgelehrten an, und wenn, wie in Siena, auch dies verboten war, so bestanden gesetzliche Ratgeber für zweifelhafte Fälle, oder es wurde, wenn auch nicht ausnahmslos, die Einholung eines consiglio di savii (sapientis) gestattet [3]).

Die Besonderheit des Gerichts der consules mercatorum bestand vielmehr lediglich in einem besonders ausgebildeten schleunigen Verfahren, und da wir dies auch in Deutschland finden werden, so soll die Betrachtung desselben gemeinschaftlich erfolgen.

III. Wie in den Heimatstädten die comites und vicecomites, später dann die consules an der Spitze der Verwaltung und Justiz standen, so werden in derselben Weise vicecomites und dann consules aufgestellt, wenn die Landeskinder in ihren Schiffen, sehr häufig in Konvoys [4]), sich auf Seereisen begaben und wenn sie im Ausland größere oder kleinere Kolonien bildeten [5]). Die hierzu bestimmten sollten „sicut superiores teneantur“ [6]), „loco judicum“ [7]), und ihre

---

[1]) Lastig a. a. O. S. 265, Lattes a. a. O. S. 251.

[2]) So consules justitiae in Mailand, vgl. Como (1 Jurist, 1 Laie), ebenso Modena; zu Bologna mußte der Präsident ein Jurist sein und zwar ein Doktor, der 3 Jahre gelesen hatte, vgl. Lattes a. a. O. § 2. Anm. 2 und Goldschmidt a. a. O. S. 170 Anm. 93, Briegleb, Geschichte des Exekutivprozesses, 2. Aufl. 1845. S. 17 z. B. für Pistoja.

[3]) Goldschmidt a. a. O. Anm. 93 und Zitate.

[4]) Vgl. Marin, Storia civile e politica del commercio dei Veneziani, Bd. II S. 105, Roscher, Nationalökonomie des Handels § 20 Anm. 13, Silberschmidt, Die Commenda, S. 27 und 97 insbesondere für die venezianische mudua, jetzt Goldschmidt a. a. O. S. 116 Anm. 72.

[5]) Lastig a. a. O. S. 154 ff., Schaube a. a. O. S. 282 ff., Goldschmidt a. a. O. S. 182 ff.

[6]) Codex diplomat. Sardiniae I. S. 247 bei Goldschmidt a. a. O. S. 182 Anm. 145.

[7]) S. oben S. 6 ff.

Hauptaufgabe war naturgemäß die Ausübung der Jurisdiktion. Sie werden wohl auch consules mercatorum genannt[1]), und ihre Bedeutung für die Geschichte des Handelsgerichts ist eben so groß wie für die der heutigen Konsulargerichtsbarkeit. Der Ausgangspunkt der Institution ist das Prinzip der persönlichen Rechte, und wie der Pisaner, Genuese und Venezianer vor seinem Richter in fremden Weltteilen nach seinem Gesetze Recht nimmt[2]), ganz ebenso — und das ist natürlich eine frühere Stufe der Entwickelung — schon der Genuese in Pisa, der Mailänder in Venedig, der Einwohner von Piacenza in Venedig, Mailand oder Montpellier[3]).

Diese Gerichtsbarkeit bildete dem Staate gegenüber, in dessen Gebiete sie stattfand, einen Eingriff in das Hoheitsrecht und mußte daher in den einzelnen italienischen Städten[4]) erst ebenso durch Jurisdiktionsverträge festgestellt, wie z. B. in Syrien gegenüber den Kreuzfahrerstaaten[5]) durch Privilegien erworben werden. Entscheidend ist dabei vor allem die Sicherung des heimischen Rechts[6]), und nur insofern dasselbe eben nur durch Inländer gekannt und gesprochen werden konnte, die staatlichen Vertreter aber vorhanden waren, erscheinen dann mittelbar die consules als Spezialrichter ihrer Heimatsgenossen, wie wohl unter ähnlichen Verhältnissen gemischte Gerichte[7]) ins Leben treten. Da es aber fast ausschließlich Kaufleute waren, die in der Fremde sich befanden, sodaß der Fremde geradezu nach dem Rechte der Kaufleute lebte[8]), so wurde diese Gerichtsbarkeit der consules in der Fremde eine speziell kaufmännische, und zwischen ihnen und den consules mercatorum, aber auch den anderen Gerichten der Heimat bildete sich ein Verhältnis gegenseitiger Rechtshilfe aus, während sie wohl auch[9]) von den heimischen consules

---

[1]) Goldschmidt a. a. O. Anm. 145.

[2]) Heyd a. a. O. passim. Goldschmidt a. a. O. S. 181 Anm. 143.

[3]) Vgl. Lattes a. a. O. S. 55 Anm. 19, Goldschmidt a. a. O. S. 183 Anm. 146/47.

[4]) Wach, Der Arrestprozeß. Erster Teil: Der italienische Arrestprozeß 1868. S. 39 und Zitate, Goldschmidt a. a. O. S. 180 Anm. 139.

[5]) Heyd a. a. O. S. 176.

[6]) Die consuetudines et boni usus im Lande des Beklagten. Vgl. liber iurium Genuens. I. n° 343/5, 371/7, 389.

[7]) Goldschmidt a. a. O. S. 192 Anm. 167.

[8]) Lattes a. a. O. § 9 Condizione degli stranieri. Oder der Kaufmann nach dem Recht der Fremden? Siehe unter § 4.

[9]) Im Anfang wurden sie von ihren Heimatsangehörigen an Ort und Stelle gewählt, später auch von der Vaterstadt, oder von dieser bestätigt.

mercatorum ernannt werden. Wenn Lattes[1]) die Frage noch offenläßt, ob diese consules mercatorum von Anfang an zur Entscheidung kaufmännischer Prozesse berufen oder lediglich zur Wahrung der staatlichen Rechte der Vaterstadt geschaffen seien, aber dieselben als Beamte (ufficiali) der kaufmännischen Innungen aufführt, so dürfte die Frage im Sinne der 2. Alternative als gelöst zu erachten sein, womit aber auch die ursprüngliche Beziehung zur Kaufmannsinnung entfällt.

Fragen wir auch hier, wodurch sich die Institution von den gewöhnlichen Gerichten unterschied, so begegnen wir hier einer Differenz bezüglich der Besetzung des Gerichtes, insofern als die Richter zwar nicht durch die Art der Vorbildung, aber durch die Nationalität sich vor denen der gewöhnlichen Gerichte auszeichneten: hier haben wir privilegierte Richter, die der Heimat des Beklagten angehören. Wir werden dieses Privileg in der Geschichte der Handelsgerichte weit verfolgen können, wollen aber schon hier folgendes erwähnen. Wenn sich diese Geschichte wesentlich auf dem Verhältnis der fremden zu den einheimischen Kaufleuten aufbaut, so entzog ihr diese Privilegierung des fremden Kaufmanns den Boden, und die Einführung allgemeiner Handelsgerichte konnte erst dann und dort wieder in Frage kommen, wo diese Einzelvorrechte schwanden.

Abgesehen von diesem persönlichen Elemente besteht aber der Unterschied des Gerichts dieser consules von dem ordentlichen wiederum in der besonderen Beschleunigung des Verfahrens, welche hier aus dem Vorrechte der Fremden entsprang[2]).

IV. Waren die letztbehandelten Gerichte Spezialgerichte für gewisse Nationalitäten, so waren die Innungsgerichte ihrem Ursprunge nach Spezialgerichte einzelner Korporationen. Daß sich aus ihnen der allgemeine Begriff der Handelssache entwickeln konnte, darauf haben wesentlich zwei im folgenden darzustellende Momente Einfluß ausgeübt, welche sich auf den von Endemann[3]) betonten Trieb des Handels, die Beschränkungen auf engere Kreise immer mehr zu erweitern, zurückführen lassen.

1. Schon früh treffen wir ein Zusammenschließen mehrerer Innungen in eine größere Korporation[4]). Im 14. Jahrhundert vereinigten sich in Florenz[5]), um die eingerissenen Mißbräuche

[1]) a. a. O. S, 51, Lastig a. a. O. S. 250 ff.
[2]) Lattes a. a. O. § 9 Anm. 9 und 10.
[3]) a. a. O. S. 348.
[4]) Goldschmidt a. a. O. S. 160.
[5]) Lastig a. a. O. S. 251.

zu bessern, den Kredit und den Handel zu heben, zuerst einzelne Gilden, dann folgte das Bündnis der 5 kaufmännischen arti maggiori unter dem Gesamtnamen der mercanzia, zunächst darauf gerichtet, eine schleunige Justiz zu erzielen und damit die Klagen und Repressalien der Fremden zu vermeiden [1]) (nicht, wie man auch heute noch behauptet, mit dem Zwecke, eine größere Zahl sachverständiger Handelsrichter zu erhalten), und hieraus ging das officium mercantiae als ein seit 1307 mit dem Charakter des Staatsamts bekleideter Gerichtshof hervor, neben welchem die Gerichte der einzelnen Innungen nur noch in Streitigkeiten der besonderen Artegenossen unter einander aus Artegeschäften zuletzt entschieden [2]).

2. Ein ähnlicher Zusammenschluß der Innungen hat auch in Pisa stattgefunden.[3]) Aber dort war es nicht die Gesamtkorporation sondern die Seehandelsgilde, von welcher die Selbsthilfe gegen das Unwesen, welches im Handel und Verkehr eingerissen war, ausging und zwar schon gegen Ende des 12. Jahrhunderts. Vornehmlich zum Schutze des Seehandels gegründet, keineswegs aus dem Bedürfnis nach einem Spezialgerichtshof [4]), hat der ordo maris sich zur allergrößten Bedeutung für das staatliche Leben Pisas emporgeschwungen. Die an der Spitze stehenden Beamten, die consules maris, haben zunächst vermöge der ihnen verliehenen Disziplinargewalt und einer ausgebreiteten schiedsrichterlichen Thätigkeit, ähnlich wie die consules mercatorum, sich der schleunigen Entscheidung von Handelssachen unterzogen [5]), wurden sodann als staatlicher Gerichtshof anerkannt und mit sehr ausgebreiteter Kompetenz ausgestattet; insbesondere auch die Streitigkeiten der Fremden waren der curia maris zugeteilt [6]). Was das Verhältnis derselben zu den übrigen Gerichten betrifft [7]), so lag der Unterschied auch hier nicht im Gegensatz von Laien und Juristen, da auch die curia usus nur einen Juristen haben durfte, während die consules maris einen Assessor hatten, der ihnen auf Verlangen sein Gutachten zu erteilen hatte, sondern wiederum ausschließlich in der Art des Verfahrens.

---

[1]) Lattes a. a. O. S. 97 Anm. 11.
[2]) Lastig a. a. O. S. 333.
[3]) Goldschmidt a. a. O. S. 160 Anm. 55.
[4]) Schaube a. a. O. S. 15.
[5]) Schaube a. a. O. S. 126.
[6]) Lastig a. a. O. S. 191.
[7]) Lastig a. a. O. S. 131.

Consules maris gab es auch in anderen Städten Italiens, zum Teil ohne jede gerichtliche Kompetenz, jedenfalls aber nicht von so großer Bedeutung wie in Pisa. Dagegen werden wir die Bedeutung der consules maris für die Geschichte der Handelsgerichte in Spanien und Frankreich weiter unten zu betrachten haben.

V. Schon in Italien um die von uns besprochene Zeit, vor allem, wie wir sehen werden, in Frankreich, suchten aufblühende Gemeinwesen den Handel durch Privilegien an sich zu fesseln — und gründeten Messen [1]). Auf letzteren waren die Fremden der einzelnen Städte unter sich organisiert; an der Spitze standen je die am Ort befindlichen oder für die Zwecke der Messe erwählten consules mercatorum für die betreffende Stadt, welche über ihre Volksgenossen Recht sprachen [2]).

§ 3. Spanien, Frankreich, England, Skandinavien und die Niederlande.

I. In Spanien dringt frühzeitig entsprechend den Handelsbeziehungen das kaufmännische Recht Italiens ein, insbesondere der Städte Genua und Pisa [3]). So finden wir, nachdem schon im 11. Jahrhundert zu Barcelona Bestimmungen über beschleunigtes Gastrecht [4]) erscheinen, daselbst in der Mitte des 13. Jahrhunderts eine Seehandelsgilde, commune ripariae Barchinonae, an deren Spitze probi homines, prohombres de mar, stehen: dieselbe nimmt neben dem Könige eine sehr autonome Stellung ein und entscheidet durch ihre probi homines, bezw. Reisekonsuln. Streitigkeiten besonders zwischen Rheder und Mannschaft. In Valencia erhielten 1283 die probi homines der art de la mar das Privileg, zwei Konsuln zu wählen, welche vom königlichen Gerichtshofe daselbst beeidigt wurden; daneben bestand ein königlicher Appellrichter für See-

---

[1]) Raphael de Turri. Tractatus de cambiis. Disp. Iª quaest. 1ª nº 4. Vgl. Goldschmidt a. a. O. S. 122 Anm. 96 und 123 Anm. 99, Lattes a. a. O. S. 96 Anm. 6.

[2]) Vgl. Goldschmidt a. a. O. S. 180 Anm. 138.

[3]) Goldschmidt a. a. O. S. 200, 203 Anm. 14. Schaube a. a. O. S. 239 und öfter führt das Konsulat des Meeres in Spanien direkt auf das italienische Muster zurück, während Goldschmidt dies nicht nachgewiesen erachtet, aber den pisanischen Einfluß auf das spanische Recht wiederholt betont.

[4]) Goldschmidt a. a. O. S. 204 Anm. 23; zu der Bestimmung der lex Wisigothorum XI, 3 über die Rechtspflege der telonarii Hüllmann a. a. O. Bd. I S. 170 und Dahn, siehe unten § 5.

sachen [1]). Diese ganze Einrichtung wurde 1343 auf Mallorca und 1347 auf Barcelona übertragen, wobei die Wahl der consules und des Appellationsrichters der Stadt zugewiesen wurde. 1388 erhielt Perpignan, welches zu Arragonien gehörte, 1494 Burgos, 1543 Sevilla, 1682 San Sebastian das Konsulat [2]). Wie die Entwickelung des Instituts in Spanien sich überhaupt dadurch auszeichnet, daß die aus der Freiheit der italienischen Städterepubliken hervorgegangenen Ideen in den Dienst des im Königtum zentralisierten Staats immer mehr gestellt wurden, so dehnte sich das Konsulat zu Barcelona allmählich zu einem allgemeinen Handelsamt und schließlich 1401 zu einem allgemeinen Handelsgericht aus, mit Zuständigkeit für alle Zivilstreitigkeiten provenientes ex quibuscumque actibus mercantilibus ubicumque in terra et in mari und mit einer über die lokale weit hinausgehenden Bedeutung. Das Verfahren war auch hier ein beschleunigtes [3]).

II. Die Entwickelung der Handelsgerichte in Frankreich geht teils, und zwar später, von der Staatsgewalt aus wie in Spanien, teils wie in Italien von einzelnen Korporationen [4]).

1. Die zahlreichen, in Frankreich lebenden italienischen Kaufleute [5]) brachten die Konsularorganisation mit dahin, während die südfranzösischen Städte Montpellier und Marseille ohnedies unter dem Einfluß des italienischen Rechts stehen. Sowohl diese Provençalen als die Italiener bilden dann seit dem 13. Jahrhundert für den Verkehr auf den großen französischen Messen eigene privilegierte Gemeinschaften, an deren Spitze ein capitaneus oder consul mit Strafgewalt nach dem heimischen Rechte steht, welcher von den consules mercatorum z. B. der einzelnen italienischen Städte bevollmächtigt wird [6]). Der Grundzug dieser Jurisdiktion ist die Wahrung des einheimischen Rechts, Voraussetzung, daß beide Parteien dieser Nationalität angehören, und Folge, daß die Urteile in der Heimat prompt vollstreckt werden [7]).

---

[1]) Goldschmidt a. a. O. S. 206 ff.

[2]) Ebenda S. 179 und 222 Anm. 124, Schaube a. a. O. S. 235, 245, 253.

[3]) Schaube a. a. O. S. 245, Goldschmidt a. a. O. S. 208 Anm. 48.

[4]) Biener, Abhandlungen aus dem Gebiete der Rechtsgeschichte 1846. S. 145, scheidet schon die Meßgerichte und die Organisation seit 1563.

[5]) Goldschmidt a. a. O. S. 185 Anm. 151 Ziff. 2.

[6]) Ebenda S. 194 ff., besonders 196 Anm. 177 vgl. mit Biener a. a. O. S. 144; Heyd a. a. O. Bd. II S. 70 ff.

[7]) Creizenach a. a. O. S. 13, aber ohne jede Rücksichtnahme auf die

2. Diesen landsmannschaftlichen Sonderrechten gegenüber steht auf den französischen Messen, für deren Bedeutung hier nur auf Goldschmidt's[1]) Auseinandersetzungen Bezug genommen werden kann, die privilegierte Gesamtmasse der Meßbesucher, ähnlich wie den Versammlungshäusern der einzelnen Nationen vom 16. Jahrhundert ab in den Handelsstädten die Allen gemeinschaftliche „Börse" gegenübergestellt wird[2]). Diese Masse der Meßbesucher, welche durch die Privilegien angezogen werden sollte, bildet aber selbst eine mit Matrikel[3]) versehene Korporation[4]), welche als Subjekt der Berechtigungen erscheint. Von diesen ist, dem Charakter der Messen entsprechend, keine wichtiger als rasche Entscheidung der vorfallenden Rechtsstreitigkeiten und augenblickliche Vollstreckung des ergangenen Urteils, ehe die zusammengeströmten Kaufleute sich wieder zerstreuten: zu diesem Zwecke mußte bei Bescheinigung der Forderung der Prozeß mit der Vollstreckung beginnen können; während der Dauer desselben mußten dilatorische Einreden abgeschnitten, nach Beendigung die Vollstreckung eventuell durch Leibeshaft gesichert werden[5]). In der That finden wir diese Grundsätze[6]) in dem Meßgericht vertreten, welches von eigenen custodes nundinarum, gardes des foires, später conservateurs des foires gehandhabt wurde[7]). Wenn die Entscheidungen dieser Gerichte nicht die Bedeutung errangen, wie man vermuten sollte[8]), so hängt das wohl damit zusammen, daß die mit dem Meßsiegel versehenen Urkunden

---

italienische Entwickelung. Nach den statuta mercatorum von Piacenza von 1321 (401) mußten diese die Urteile der consules in Frankreich, Genua und sonst vollstrecken.

1) a. a. O. S. 224 und oft, Zeitschrift Band 40 S. 1 ff.; Bourquelot sei hier als wesentliche Quelle erwähnt.

2) Ehrenberg in der Zeitschrift Band 30 S. 403 f., besonders 451.

3) Vgl. Lattes a. a. O. S. 82 und 43 Anm. 9, 252 und Anm. 5; vgl. S. 25 und Anm. 18.

4) Vgl. die im Anfang zu Raphael de Turri abgedruckten Capitoli et ordini delle fere di Besenzone che si fanno al presente nella città di Piacenza.

5) Creizenach a. a. O. S. 14.

6) Privilèges et coustumes des foires.

7) Vgl. auch Miltitz, Manuel des consuls 1837 Bd. I. S. 186—192, die von Goldschmidt Zeitschrift Bd. 40 S. 16 erwähnten Vorladungen des Gerichts, Goldschmidt Universalgesch. a. a. O. S. 228.

8) Vgl. z. B. Casaregis Disc. 36 nº 3 über die sofort zu besprechende Rota von Genua.

über Meßschulden öffentlichen Glauben und Exekutivkraft genossen [1]), so daß Rechtsstreitigkeiten über den Inhalt derselben viel seltener vorkommen mußten.

Die angeführten Privilegien standen ursprünglich den Messen in der Champagne zu und wurden dann auf diejenigen von Beaucaire, Nimes und vor allem Lyon übertragen, während die in der Reichsstadt Besançon 1537 gestifteten [2]) und später nach Piacenza verlegten Zahlungsmessen ebenfalls eine Jurisdiktion ihrer genuesischen consoli kennen [3]); die Bedeutung des genuesischen Handels jener Zeit kommt aber zum Ausdruck in der Wertschätzung der Entscheidungen der Rota von Genua [4]) de mercatura.

Die custodes nundinarum waren königliche Beamte.

3. Im Norden Frankreichs finden wir die Monopolgilde der mercatores Parisienses de aqua, deren Vorsteher und Räte zugleich die Vertretung der Bürgerschaft von Paris waren; Prevost und Schöffen derselben mit Ratmännern (prudhommes) urteilten in Handelssachen, aber auch in anderen Civilsachen [5]).

4. Für das Seehandelsrecht übte die allgemeine Admiralschaft [6]) eine althergebrachte Jurisdiktion aus, welche durch Edikte von 1400 und 1543 erweitert wurde; in den einzelnen Häfen befanden sich Unterbehörden. Im Privileg Ludwigs XI. von 1483 [7]) für die Hansa heißt es: Et demum, ut hujusmodi perpetua pax . . facilius . . observetur, ejusdem conservatores [8]) perpetuos decernimus . . . Admiraldum Franciae, Vice Admiraldum, Baillivum Rothomagensem (den Bailli von Rouen), Seneschalos Aquitaniae (Guyenne), Lugduni (Lyon) et Pontieu, Gubernatores Ru-

[1]) Briegleb, Gesch. des Exekutivprozesses, 2. Aufl. 1845 S. 187; Biener a. a. O. S. 77. Goldschmidt a. a. O. S. 231.

[2]) Raphael de Turri, Disp. prima qu. 4 n° 31.

[3]) Capitoli a. a. O. (XX:) sopra tutte le cose toccante al loro giudizio al commodo publico di dette fere.

[4]) Biener a. a. O. S. 97.

[5]) Hegel, Städte und Gilden, 2. Bd. 1891. S. 86, Goldschmidt a. a. O. S. 217, Miltitz a. a. O. S. 184, Hüllmann, Städtewesen a. a. O. Bd. I. S. 168, 324, III. S. 35, Lecaron in Mémoires de la société de l' histoire de Paris VII und VIII.

[6]) Miltitz a. a. O. S. 239.

[7]) Johannes Marquardus, Tractatus Politico-juridicus de jure mercatorum et commerciorum 1662. 2. Bd. Documenta S. 16 und sonst.

[8]) Über die conservatores von Verträgen (die conservatores nundinarum deuten natürlich auch auf vertragsmäßigen Ursprung dieser Meßprivilegien) vgl. Miltitz a. a. O. S. 186 Anm. 1.

pellae (La Rochelle), Arthesii (Artois) et Bononiae (Boulogne) pro tempore existentes vel eorum locatenentes quibus ..., mandatum damus et concedimus, de omnibus et singulis litibus et controversiis inter subditos nostros praedictosque Proconsules, Mercatores et Incolas praedictae Hansae Teutonicae .. cognoscendi mit der Folge, daß kein anderer Richter erster Instanz zuständig sein soll, während die Entscheidung partibus ipsis auditis summarie et de plano et absque strepitu et figura judicii celeris justitiae complementum bilden soll. Als dann Schiffe und Waren der Hansa in französischen Gewässern weggenommen wurden und die Zuständigkeitsfrage Schwierigkeiten machte, erklärte Karl VIII. 1489 in einem weiteren Privileg[1]): afin que par multiplication de Iurisdiction lesdits de la Hanse ne soient doresnavant vexez et travaillez ... attendu que les prises ... se font sur mer, que nostre amé et feal l'Admiral de France .. ou son Lieutenant a la Table de Marbre[2]) à Paris doresnavant connoistra .. des questions. matières et procez meus .. et lequel Admiral de France nous auons commis ... Iuge et Conservateur de ladite paix. Jeder andere Richter soll diese Sachen an ihn verweisen pour en cognoistre sommairement et de plein sans figure d'acun long procez. Nach einer kurzen Einschränkung der Kompetenz wies Franz II. 1554 den Gerichtshöfen der Admiralität zur ausschließlichen Entscheidung alle Angelegenheiten der Fremden zu.

Aus dem Gesagten ist ersichtlich, wie dieser Gerichtshof sich im Zusammenhange mit dem Prisenrecht und mit der Garantie der Schiffahrtsverträge durch den Admiral von Frankreich in Ausführung dieser Verträge entwickelt hat.

Es mag hier nur noch beigefügt werden, daß auch Portugal und Spanien die Einrichtung der Iudices-Conservatores[3]) als königlicher Beamten, die ausschließlich Richter bestimmter Klassen von Fremden, insbesondere der Hansakaufleute, sind, kennen[4]), von welchen bei Streitigkeiten zwischen Hansagenossen an die Hansa, wenn aber ein Fremder, bezw. Einheimischer, beteiligt war, an den königlichen

---

[1]) Marquardus a. a. O. Bd. II S. 17 ff. Vgl. das. die Konfirmationen S. 20 ff.

[2]) Miltitz a. a. O. S. 239 Anm. 5 über den Namen dieses Gerichtshofs.

[3]) Miltitz a. a. O. S. 303.

[4]) Vgl. Privilegs Philipp III. von 1607, Marquardus, Band I. S. 410 und Band II S. 55—164, letzteren Orts auch die Verträge von 1648. Siehe auch Miltitz a. a. O. Bd. II, S. 37 ff. (Privilegien in Portugal von 1452 bis 1503, 9, 10, 11, 17, 28, 30.)

Gerichtshof appelliert werden konnte; die Zulässigkeit der Appellation war durch eine bestimmte Streitsumme bedingt, das Verfahren war ein schleuniges[1]).

5. Als conservatores nundinarum Lugdunensium fungierten die Baillis von Mâcon, Seneschals von Lyon oder deren Stellvertreter mit summarischem Verfahren. Nach einem langen Kampfe mit dem Stadtrat von Lyon über die Meßgerichtsbarkeit wurde 1655 das tribunal de conservation unter dem Vorsitze des Stadthaupts, prévôt des marchands, gegründet, welches sich, hergeleitet aus dem Charakter des universellen Meßgerichts, zu einem allgemeinen Handelsgerichte, selbst für das Ausland, umgestaltete und zugleich kriminelle Kompetenzen besaß[2]).

6. Nach dem Vorbilde Perpignans erhielten Montpellier[3]), welches schon früher ein nichtrichterliches Seekonsulat besessen hatte, mit Edikt vom 12. September 1463 das Konsulat als Handelsgerichtshof mit summarischem Verfahren, 1549 Toulouse, November 1563 Paris, am 16. Dezember 1566 die Hauptplätze des Landes[4]). Die Ursache der Verbreitung dieser Gerichte lag natürlich in inneren französischen Verhältnissen, Creizenach nimmt an: in der Aufhebung der städtischen Patrimonialgerichte[5]), und sicher dürfte sein, daß sie zunächst als Ortsgerichte im Anschluß an die Zunftverfassung gegründet waren, während sie später ihre Kompetenz durch Fiktionen und das forum contractus immer mehr erweiterten[6]). Sie waren königliche Gerichte mit summarischem Verfahren, bestanden aus einem Juge und zwei oder vier Consuls, sämtlich Laien und aus den Zünften gewählt, und urteilten unentgeltlich. Sie wurden durch die Revolution aufgehoben (16. August 1790), um gleichzeitig in verallgemeinerter Form wieder aufzuleben und sich weithin, besonders auch nach Deutschland, zu verbreiten.

---

1) Marquardus Bd. II S. 69.

2) Goldschmidt a. a. O. S. 236, Marquardus a. a. O. Bd. I S. 405 Miltitz a. a. O. Bd. I S. 190—92.

3) Schaube a. a. O. S. 239 f., 269.

4) Miltitz a. a. O. S. 192—200, Creizenach a. a. O. S. 15 ff., Marquardus a. a. O. Bd. I S. 105.

5) S. schon bei Biener a. a. O. S. 145 die Verbindung beider Thatsachen.

6) Vgl. bei Creizenach a. a. S. 16 f. Ausführungen, welche merkwürdig mit den Verhältnissen bei dem italienischen Zunftgerichte der consules mercatorum zusammentreffen.

7. Im späteren französischen Handelsrechte spielt das Schiedsgericht[1]) eine sehr große Rolle. Die Anfänge lassen sich schon ziemlich früh verfolgen. In dem bereits erwähnten Kampf der Stadt Lyon um die Konservation ist es ein nicht unwichtiges Moment, daß Schöffen und Rat der Stadt Lyon die Befugnis zustand, einen Bevollmächtigten zur gütlichen Beilegung von Streitigkeiten der Meßbesucher zu ernennen, welcher auf Verlangen Schiedsrichter bezeichnete und eventuell die Parteien zu deren Angehung zwang, wobei aber stets der Rückgriff auf die ordentlichen Gerichte offenblieb[2]). 1560, in der Zeit der Entstehung der Konsulargerichte, ordnete Franz II. an[3]), daß die Kaufleute ihre Handelsprozesse durch Schiedsrichter entscheiden lassen sollten, während die ordentlichen Gerichte die Exekution der Schiedssprüche übernahmen.

III. In England wird durch die carta mercatoria von 1302 prompte Justiz nach Handelsrecht für die fremden Kaufleute vorgeschrieben; die Jury soll, wenn möglich, zur Hälfte aus Fremden bestehen in allen Sachen mit Ausnahme todeswürdiger Verbrechen, ein eigner Richter soll in London ernannt werden[4]).

Der Gerichtshof der Admiralität datiert aus der gleichen Zeit.

Ein schleuniges Markt- und Meßgericht war the court of piepoudre, cour des pieds-poudreux.

Den Mitgliedern der Hansa wurde zunächst die carta mercatoria speziell bestätigt[5]); sie erhielten in verschiedenen Privilegien das Recht, ihre Streitigkeiten durch selbstgewählte Aldermänner nach heimischem Recht zu entscheiden[6]), während Streitigkeiten zwischen Engländern und Deutschen teils durch 2 königliche Richter unter Ausschluß der Admiralität levato velo ac sine strepitu et figura judicii citius et compendiosius quo fieri poterit[7]) entschieden werden sollen, teils, insbesondere im 14. Jahrhundert, durch die gemischten Jurys, welche aber nach verschiedenen Privilegien verschieden besetzt wurden. Die Engländer ihrerseits d. h. die societas Regis mercatorum Adventurariorum (Merchants-adventurers)[8]) hatten in Ham-

---

[1]) Miltitz a. a. O. Bd. I S. 213—229.
[2]) Marquardus a. a. O. Bd. I S. 405, Biener a. a. O. S. 145.
[3]) Biener a. a. O. S. 145.
[4]) Miltitz a. a. O. Bd. I S. 180 f., 314 f.
[5]) Marquardus a. a. O. Bd. II S. 165 f.
[6]) Miltitz a. a. O. Bd. II[1] S. 356 f.
[7]) Marquardus a. a. O. Bd. II S. 173.
[8]) Vgl. Miltitz a. a. O. Bd. II[1] S. 357.

burg nach Vertrag von 1611 [1]) das Recht, durch einen erwählten Gubernator (Kurtmeister) [2]) unter Zuziehung von Ältesten die unter ihnen streitigen Zivilsachen zu entscheiden, während der Einheimische die Wahl hatte, ob er sie vor diesem oder dem Hamburger Gericht belangen wollte. Die Grundlage dieser Justiz bildete eine Charte Heinrich IV. von 1404, welche den englischen Kaufleuten in den Hansastädten, später auch in Norwegen, Schweden und Dänemark die Befugnis einräumte, im Namen des Königs die Gerichtsbarkeit durch Gubernatores mercatorum ausüben zu lassen [3]). Von Einfluß auf diese Judikatur war offenbar die Rechtsprechung der Hansa, speziell des Londoner Kontors [4]), wo der Aldermann mit dem Kaufmannsrat in erster, die Hansa selbst in zweiter Instanz entschieden.

IV. Ähnliche Verhältnisse, Exemtion der Fremden von heimischem Recht und Richter, treffen wir in den nordischen Reichen [5]). Erich VI. Menved bewilligte schon mit Privileg vom 23. Juli 1268 den Lübeckern, daß sie für die Messen bei Skanör und Falsterboe durch ihren eigenen Vogt die volle Jurisdiktion super debitis et rixis, quae dicuntur Scholtvoord, inter ipsos personaliter vergentibus ausüben sollten [6]); diese Befugnis wurde von Magnus II. 1336 [7]) und später [8]) bestätigt. Für Norwegen und Schweden ergingen ähnliche Privilegien [9]).

V. Waren es in England hauptsächlich und im Norden ausschließlich die Deutschen, welche den auswärtigen Handel vermittelten und landsmannschaftliche Spezialgerichte errangen, so finden wir in den Niederlanden den Markt, wo die Bewohner des Südens von den Hanseaten die Produkte des Nordens gegen die Erzeugnisse

---

[1]) Marquardus a. a. O. Bd. II. S. 194 ff., Marperger, Neueröffnetes Handelsgericht. S. 57.

[2]) Marquardus a. a. O. Bd. I S. 406.

[3]) Miltitz a. a. O. Bd. II¹ S. 385.

[4]) Marquardus a. a. O. Bd. II S. 238.

[5]) Vgl. z. B. Miltitz a. a. O. Bd. II¹ S. 394, 344 und sonst, Marquardus a. a. O. Bd. II S. 244 ff.

[6]) Marquardus a. a. O. Bd. II S. 247.

[7]) Ebenda S. 248.

[8]) Miltitz a. a. O. Bd. II¹ S. 343. Vgl. auch Privileg Friedrich I. von 1524 bei Marquardus a. a. O. Bd. II S. 243 und Hegel a. a. O. Bd. I S. 228.

[9]) Miltitz a. a. O. Bd. II¹ S. 344. Vgl. Hegel a. a. O. Bd. II S. 309 und 401.

ihrer Länder austauschten [1]), zuerst vorzugsweise in Brügge. Aber auch hier hatten die einzelnen Landesangehörigen ihre gesonderten Wohn-, Lager- und Versammlungshäuser [2]), ihre eigenen Privilegien und hiernach ihre eigene Gerichtsbarkeit [3]). In dieser Richtung bewegten sich vor Allem die Vorrechte der Hansa besonders nach der Urkunde Ludwig II. von 1349 sowie nach den diese ergänzenden Verträgen mit Brügge, Ypern und Gent [4]). Je mehr aber das mittelalterliche Prinzip, den Handel von Gast zu Gast zu hindern, zurücktrat, je mehr die Angehörigen der verschiedenen Nationen miteinander in Berührung traten, desto mehr mußte die Bedeutung der Einzelversammlungen hinter die des gemeinsamen Versammlungsorts, die Wichtigkeit des landsmannschaftlichen Gerichts hinter die eines gemeinschaftlichen Gerichtshofs zurücktreten. Beides ist, wenn auch nicht für Brügge, so doch für die Rivalin Antwerpen, welche am Ende des 15. Jahrhunderts den Handel Brügge's an sich brachte, nachzuweisen. Für die Entstehung der Börse beziehe ich mich auf Ehrenberg [5]). Bezüglich der Gerichte aber ist Folgendes zu bemerken. In dem vorzugsweise für Antwerpen gegebenen Privileg Johanns von Brabant aus dem Jahre 1315 erhalten zunächst die Deutschen [6]) bedeutende Rechte [7]), insbesondere die societas der deutschen Kaufleute die Befugnis, einen Consul oder Capitaneus zu wählen, der unter ihnen die Zivil- und (bis auf den Blutbann) die Strafjustiz ausüben durfte; aber die Fälle der Streitigkeiten zwischen Einheimischen oder anderen Fremden mit Deutschen waren bereits genau ausgeschieden und für bestimmte Fälle judicium sculteti, scabinorum et predictorum mercatorum [8]), also ein gemischtes Gericht bestimmt, während in andern Fällen schleunige Justiz nach dem Rechte des Klageorts garantiert wurde. Da die fremden Nationen sich gegenseitig das Gleichgewicht hielten, so erstarkte die

---

[1]) Miltitz a. a. O. S. 329 u. 350, Goldschmidt, Universalgeschichte S. 187.

[2]) Ehrenberg, Makler, Hosteliers und Börse in Brügge in Zeitschrift f. ges. Handelsrecht. Bd. 30 S. 451. Walther Stein Die Genossenschaft der deutschen Kaufleute zu Brügge. 1890.

[3]) Ehrenberg a. a. O. S. 407.

[4]) Miltitz a. a. O. Bd. II¹ S. 351 Anm. 2, vgl. auch Marquardus a. a. O. Bd. II S. 289 ff.

[5]) a. a. O. S. 451 ff.

[6]) „nec non cuiuscunque regni seu terrae"; vgl. hierzu Goldschmidt a. a. O. S. 187 über die Anwendung des Privilegs für Italiener.

[7]) Vgl. das Privileg b. Marquardus a. a. O. Bd. II S. 289.

[8]) Marquardus a. a. O. Bd. II S. 294.

Macht des heimischen Gerichts immer mehr, und 100 Jahre später, in einem Privileg von 1409 [1]) finden wir für die eben bezeichneten Fälle nur noch die Gerichtsbarkeit Vonnisse ons scholteten ende onser Scepenen und während z. B. die Professionaldelikte der Befrachter, Fuhrleute &c. früher von den Kaufleuten in ihren landsmannschaftlichen Gerichten (coram societate mercatorum) gerichtet wurden, geschah das jetzt von „onsen Scepenen van Antwerpen, by verstaene van de Coopmanen“. Diese Inhaber der Jurisdiktion haben nun am Ende des 15. Jahrhunderts ein Kollegium der Kaufleute [2]) eingerichtet, welches als Einigungs- und Schiedsgericht fungieren konnte. Emanuel von Meteren [3]) hat uns das Statut vom 4. Mai 1485 aus dem Zunftbuch der Stadt Antwerpen überliefert; danach gestatten Johann von Reeſt, Schultheiß zu Antorff und Markgraf des Landes Ryen, ferner Bürgermeister, Schöffen und Rat der Stadt Antorff auf Antrag der Kaufleute und Inwohner der Stadt, die sich außerhalb des Landes mit Kaufmannschaft ernähren, eine Gesellschaft oder Kollegium aufzurichten nach Inhalt der schriftlich übergebenen Punkte und Artikuln. Die brüderliche Gesellschaft wird regiert von 4 Meistern, welche aus 8 vorgeschlagenen von der Stadt gewählt werden; sie hat einen gemeinen Seckel, die Rechnung wird der Gesellschaft und Abgeordneten des Rats gestellt. Dann fährt das Statut fort:

> Item so vielleicht zwischen denen von der Gesellschaft ein Spann oder Streit wegen des Kaufhandels sich erhübe, sollen die bestimmten Regierer die Parteien vor sich kommen lassen und dieselben, wo es möglich, vereinigen und sich vergleichen. Ist dieses nicht möglich, sollen sie an das Stadtregiment gewiesen und die Sache allda nach Recht abgehandelt werden.

Kriminalsachen kommen nicht vor die Gesellschaft außer mit Bewilligung des Schultheißen und Rats. Die Gesellschaft hat sich sehr bald an Kaiser Maximilian [4]) mit ihren Anliegen gewandt.

---

[1]) Über ähnliche Bestimmungen und die Organisation der Fremden, vgl. den Vertrag Nürnberg's mit Gent, Brügge und Ypern von 1361 (vgl. unten S. 39): Coopmanns van dem lande, Coopmanns van Aalmanyen ende van Spaenyen, die gheregistreirt staen in ons vorseits prinche registre, Original im allgemeinen Reichsarchiv zu München. Die Einsicht der Abschrift verdanke ich Herrn Stadtarchivar Mummenhoff in Nürnberg, dem ich auch an dieser Stelle bestens danke.

[2]) Marquardus a. a. O. Bd. I S. 406.

[3]) Niederländ. Historien, vom Autor selbst übersetzt, 1611. S. 16 ff.

[4]) Ebenda S. 17 ff. vergl. mit S. 12. Vgl. auch Mertens en Torfs, Geschiedenis van Antwerpen, derde deel S. 324.

Aus dem Vertrag der Stadt Antwerpen mit den Hansestädten von 1545[1]) und den Statuten des antwerpischen Kontors[2]) sehen wir dann das Verhältnis zu den Hansegerichten, und wie oft Außenhansische die Jurisdiktion der Alderleute suchten unter Gelobung, daß sie sich mit des Kaufmanns Recht begnügen und anderswohin nicht appellieren wollten.

---

[1]) Marquardus a. a. O. Bd. II S. 282 Artikel 26 S. 286 besonders über die Konkurrenz des Wettgerichts und der Alderleute bei Streitigkeiten von Hansagenossen und Außerhansischen, in ganz ähnlicher Weise geordnet wie zwischen obiger Gesellschaft und dem Stadtregimente.

[2]) Ebenda S. 301 f., im 6. Teil S. 331.

II. Die Vorgeschichte der Handelsgerichte in Deutschland.

§ 4. Die öffentlichen Gerichte.

Nachdem wir gesehen haben, wie die Entwickelung in den außerdeutschen Staaten sich gestaltet hat, wollen wir in Kürze die Vorgeschichte der kaufmännischen Gerichte in Deutschland selbst bis zu jenen Bildungen verfolgen, aus denen dann die im 17. Jahrhundert entstandenen Handelsgerichte hervorgegangen sind.

Der älteste Handel bei den Germanen wurde durch Fremde vermittelt. Italier, Römer, Syrer[1] rc., welche teils unter dem Schutze religiöser Vorstellungen standen, nachdem man einmal die Vorstellung, daß der Landfremde Feind sei, aufgegeben hatte, teils unter dem des imperium Romanum. Unter dem Schutze des karolingischen Königtums erringen allmählich die Juden die beherrschende Stellung im Großhandel[2]). Und indem nun die Deutschen sich anschickten, selbst dem Handel obzuliegen, da mußte der einheimische Kaufmann den Fährlichkeiten seines Berufes gegenüber demselben Schutze unterstellt werden, den bis dahin die Kaufleute nichtdeutscher Abstammung genossen hatten, neben dem kirchlichen dem königlichen Schutze[3]). Letzterer ist dann für das kaufmännische Recht von weittragendster Bedeutung geworden. Der König erklärte, daß der Kaufmann auf der Reise, vor allem aber auch an den Orten, wo sich ein größerer

---

[1]) Vgl. Falke, Gesch. des deutschen Handels 1. Teil S. 37, Goldschmidt a. a. O. S. 106.

[2]) Doren, Untersuchungen zur Geschichte der Kaufmannsgilden des Mittelalters. 1893. S. 21, Falke a. a. O. S. 34, Goldschmidt a. a. O. S. 108 ff. und Zit.

[3]) Über den Königsschutz s. Lehmann, Der Königsfriede der Nordgermanen. 1886. S. 34, Goldschmidt a. a. O. S. 112, ferner Lamprecht, Ursprung des Bürgertums und des städtischen Lebens in Deutschland, Sybel's Histor. Zeitschr. Bd. 67 S. 404, Doren a. a. O. Aus dem Rechte der privilegierten Kaufleute der kgl. Pfalzen leitet v. Inama-Sternegg, Deutsche Wirtschaftsgeschichte, Bd. II. 1891. S. 376 diesen königlichen Schutz ab. Über die Verbindung des kirchlichen und königlichen Schutzes s. schon Fischer, Gesch. d. deutschen Handels, 1793. Bd. I S. 237.

Verkehr entwickelt hatte, an den Märkten, sich des königlichen Schutzes erfreuen sollte; wer den Kaufmann verletzte, verletzte den König, den Bann des Königs. Wo die Kaufleute ihre Buden aufschlugen, da wurde auch die Anwesenheit des Königs fingiert, neben dem Kaufmannsfrieden entstand der Marktfrieden, als dessen Zeichen Kreuz und Handschuh am Markte befestigt wurden [1]). Und nachdem sich unter Begünstigung der Fronhöfe, welche eines Absatzes ihrer Produkte bedurften [2]), meist außerhalb der bestehenden Römerstädte (Köln, Regensburg, Straßburg, Augsburg rc.) oder ganz unabhängig von solchen eine Kaufmannsgemeinde oft unter dem Schutze St. Martins und um dessen Kirche herum gebildet hatte, da wurde diesem ständigen Markt auch das ständige Marktrecht gewährt [3]). Letzteres aber wurde für die Entwickelung des deutschen Städtewesens zwar nicht, wie Sohm meint, der allein maßgebende [4]), aber doch neben den militärischen Gesichtspunkten der wichtigste Faktor. Das Marktgebiet (Weichbild, Burgfrieden) dehnt sich immer mehr über das ganze Gebiet der Stadt aus, hiemit auch der Königsfriede und der auf Verfolgung desselben stehende königliche Bann; die Marktbesucher, die Kaufleute, und die Bürger werden identisch, wobei unter den Kaufleuten die ihre Produkte verkaufenden Handwerker mit inbegriffen sind [5]). Wohl zuerst in den Gemeinden der Kaufleute hatte sich allmählich ein besonderes materielles Recht der Kaufleute ausgebildet, welches beruhte auf dem Königsfrieden,

---

[1]) Waitz, Verfassungsgeschichte, Band 7 S. 379, Schröder, Die Stellung der Rolandssäulen in: Die Rolande in der Rechtsgeschichte Deutschlands. 1889. S. 36, und Lehrbuch der deutschen Rechtsgeschichte. 1889. S. 590 f. Sohm, Die Entstehung des deutschen Städtewesens. 1890. S. 44 leitet den Marktfrieden von dem Frieden derjenigen, die zum Königshofe reisen, ab und den Kaufmannsfrieden vom Marktfrieden; hiergegen vgl. Doren a. a. O. S. 28. Belegstellen für den Königsfrieden des Marktes s. bei Osenbrüggen, Gastgerichte, in den Studien z. deutschen u. schweiz. Rechtsgesch. 1868. S. 32 u. Sohm a. a. O., Doren a. a. O. S. 27 Anm. 4, 28 Anm. 1, 30 Anm. 2, für den Markt- und Kaufmannsfrieden bei Schwarz, Anfänge des Städtewesens in den Elb- und Saalegegenden, Bonner Dissert. 1892. S. 33 f.

[2]) v. Inama-Sternegg a. a. O. Bd. II S. 320.

[3]) Gothein, Wirtschaftsgeschichte des Schwarzwalds Bd. I S. 8, und Doren a. a. O. S. 31, 34 f.

[4]) Insoweit dürfte die Polemik von Varges (in Conrad's Jahrb. 1892. S. 670, in Zeitschr. f. Deutsche Kulturgesch. N. F. II. Bd., zuletzt Zeitschr. des hist. Ver. f. Niedersachsen 1893. S. 337) und v. Below gegen Sohm berechtigt sein.

[5]) Vgl. Goldschmidt a. a. O. S. 127 f. Anm. 113, Fischer a. a. O. Bd. I S. 536. Bezüglich der Handwerker s. aber Sohm a. a. O. S. 66.

Befreiung von Zoll- und anderen Schranken[1]), Milderungen im Strafrecht, Abschaffung des für den Kaufmann ungeeigneten gerichtlichen Zweikampfs[2]), vor allem in der Aufgabe der Hörigkeit für den Kaufmann und Anerkennung der persönlichen Freiheit desselben; diese Privilegien waren die notwendige Voraussetzung für die Ausübung des Handels, sie bildeten den notwendigen Inhalt des auf dem Kaufmannsrechte beruhenden Marktrechts[3]). Als sich nun aus dem bei Strafe des Königsbanns gebotenen königlichen Marktfrieden, aus dem Asylrecht des Marktes und dem Eigentum des Königs am Marktplatz das königliche Marktgericht entwickelte und damit der Markt der Jurisdiktion des gewöhnlichen Landgerichts entzogen[4]) war, da waren die Urteilfinder dieses Marktgerichts die zu Weichbildrecht als Bürger angesiedelten Kaufleute[5]), und das Recht, welches sie schöpften, war das geschilderte Kaufmannsrecht. So sollen in Allensbach 1075 mercatores inter se vel alios richten; für die negociatores von Quedlinburg ist 1040 bestimmt, daß sie über Speisekauf inter se iudicent[6]).

Das Marktgericht ist ein Spezialgericht des Kaufmanns, ein Handelsgericht. Und nachdem sich, mit aus der Verleihung des Marktrechts, das Stadtrecht[7]) und aus dem Marktgericht das Stadt-

[1]) Gothein a. a. O. S. 10, Schwarz a. a. O. S. 31, Doren a. a. O. S. 27, Hegel, Städte und Gilden der german. Völker im Mittelalter. Bd. II. 1891 S. 491. Vgl. die Privilegien für Halberstadt ꝛc., bei Goldschmidt a. a. O. S. 127 Anm. 113 und v. Inama-Sternegg a. a. O. Bd. II S. 96 u. 97.

[2]) Köhne, Stadtverfassung S. 17.

[3]) Es kann hier selbstverständlich auf einzelne Streitfragen nicht eingegangen werden; zur Erklärung der Marktprivilegien v. Radolfszell und Allensbach vgl. Zeitschr. f. Gesch. d. Oberrheins Bd. 32 S. 59, N. F. Bd. V. S. 137 (Schulte), VI. S. 891 (Schaube) und neuerdings VIII S. 373 (Küntzel.) Schaube Entstehung der Stadtverfassung von Worms, Speier und Mainz. 1892. S. 12 ff. Köhne a. a. O. S. 56.

[4]) Vgl. Sohm a. a. O. S. 50; Doren a. a. O. S. 31 läßt das Marktgericht ebenfalls aus dem Rechte der kaufmännischen Gemeinden entstehen, aus dem Interesse derselben um Wahrung des Marktfriedens, eine Konstruktion, die mehr auf einem wirtschaftsgeschichtlichen Schlusse als auf rechtsgeschichtlicher Grundlage beruht, Varges a. a. O. verwirft die Ableitung des Stadtgerichts vom Marktgericht.

[5]) Inwieweit der Stand der Vollfreien auf die Entwicklung Einfluß geübt hat, ist hier nicht zu untersuchen, s. Schaube, Zur Entstehung ꝛc. S. 51.

[6]) Hegel a. a. O. Bd. II S. 400 und Zit.

[7]) Privileg von Quedlinburg 994: mercatorio jure wie in kgl. Städten, oft mercatorio jure uti. Privileg f. Freiburg: legitimo jure omnium mercatorum; vgl. schon Fischer a. a. O. Bd. I S. 537.

gericht entwickelt hat, da ist das Stadtgericht das Gericht der Kaufleute und das Stadtrecht ihr Recht[1]). Oder umgekehrt ausgedrückt: mit der Zunahme der Bedeutung des kaufmännischen Standes in den deutschen Städten ist des Kaufmanns Spezialrecht Stadtrecht[2]), d. h. allgemeines Recht geworden[3]). Wie das Stadtgericht auf den Rat übergeht, wie später eine Teilung der Gewalten und Ausbildung des Berufsrichtertums im Stadtgericht erfolgt, wie endlich aus der noch vorbehaltenen Einigungsthätigkeit des Rats und des Bürgermeisters die ersten Ansätze eines neueren Handelsgerichts sich entwickeln, werden wir im folgenden zunächst am Beispiele Nürnbergs nachzuweisen haben, wo sich diese Keime des Handelsgerichts zuerst gezeigt haben.

§ 5. Genossenschaftliche Bildungen und ihre Gerichte.

I. Bei der Betrachtung des italienischen Rechts[4]) haben wir gesehen, wie sich neben dem Gerichte des Stadtrichters oder Konsuls dasjenige der kaufmännischen Innungsvorsteher (consules mercatorum) herangebildet hat. Für die germanischen Völker hat nach Wilda's grundlegenden Forschungen zuerst Nitzsch[5]) wieder zu weiteren Arbeiten angeregt; sodann haben Charles Groß bezüglich der englischen Kaufgilden und Hegel in seinem wiederholt angeführten Werke „Städte und Gilden der germanischen Völker im Mittelalter" [6]) auch die hier in Betracht kommenden Fragen untersucht, endlich Doren in seinem ebenfalls bereits allegierten Buche „Über die Kaufmannsgilden des Mittelalters" ersprießliche Resultate geliefert. Leider hat auch diese neueste Untersuchung versäumt, die

---

[1]) „Es entstand ein neues öffentliches Gericht, vornehmlich für Handelssachen, eine bis dahin auf deutschem Boden unerhörte Erscheinung." Lamprecht a. a. O. S. 407.

[2]) Sohm a. a. O. S. 68, Doren a. a. O. S. 31. Auch Barges giebt zu, daß das Stadtrecht marktrechtliche Elemente enthält.

[3]) Vielleicht lassen sich auf diese Weise die verschiedenen Ansichten über Entstehung des Stadtgerichts vereinigen, daß dasselbe nicht direkt aus dem Marktgericht hergeleitet wird, sondern daß auf die Entstehung desselben das im Marktgericht herangebildete Kaufmannsrecht wesentlichen Einfluß ausübt. Auf alle Fälle bleibt die Identität von städtischem und kaufmännischem Recht bestehen.

[4]) § 2 oben.

[5]) Vgl. zu den bekannten Arbeiten neuestens „niederdeutsche Kaufgilde" in der Zeitschr. der Savigny-Stiftung für Rechtsgeschichte, german. Abt. 13. Bd.

[6]) Vgl. jetzt seine Gegenkritik in Sybel's Histor. Zeitschrift Bd. 70 S. 442, besonders gegen Gierke und Pappenheim.

durch Lattes und Andere genauestens analysierten kaufmännischen Innungen Italiens zum Vergleiche heranzuziehen, womit auf eine der wichtigsten Erkenntnisquellen in dieser Frage Verzicht geleistet wurde [1]).

Auszugehen ist wiederum wie in § 4 von der Gefährlichkeit des mit weiten Reisen notwendig verbundenen Handelsbetriebes. Um diesen Gefahren zu begegnen, vereinigten sich die Kaufleute besonders für die Seereisen, aber auch für die Fahrt zu Lande in größeren Verbänden, Konvoys [2]), Karawanen ꝛc. unter der Leitung eines selbstgewählten Befehlshabers: Dies ist der Ursprung der kaufmännischen Gilde [3]), wobei selbstverständlich sowohl die uralten, besonders von Pappenheim betonten Blutsbrüderschaften [4]) wie die religiösen Verbrüderungen ihren Einfluß ausgeübt haben [5]). Ein wesentliches Attribut der kaufmännischen Innungen ist nun schon frühzeitig das Genossengericht. Die früheste Form desselben ist doch wohl das Amt des Hansgrafen [6]), der, ähnlich wie der italienische Reisekonsul, die gemeinschaftlichen Handelsfahrten begleitete, den Kaufleuten nach heimischem Rechte urteilte und ihre Handelsinteressen auf den Messen vertrat. Im Süden hatten den Donauhandel vor allem die Kaufleute von Regensburg und Wien in Händen [7]), welche auf den stark besuchten Märkten von Enns [8]) zusammentrafen; sowohl für Regensburg als für Wien sind Hansgrafen nachzuweisen, ohne daß allerdings bei dem gegenwärtigen Stande der Streitfrage entschieden werden kann, in wieweit dieselben mit gelegentlichen Vereinigungen oder ständigen Gilden zusammenhängen [9]). Speziell für Regensburg

---

[1]) Hüllmann a. a. O. Bd. I S. 322 hat die Frage universell behandelt, Hegel hat Italien wegen seines eigenen Werkes über die Gesch. der ital. Städteverfassung nicht behandelt; vgl. jetzt v. Kapherr in Quidde's Zeitschr. Bd. V. S. 21 ff.

[2]) Vgl. oben § 2 sub III.

[3]) Lamprecht a. a. O. S. 399, Doren a. a. O. S. 161.

[4]) Vgl. außerdem Inama-Sternegg a. a. O. Bd. II S. 97 unter Berufung auf Nitzsch und Pappenheim.

[5]) Im einzelnen ist, vom Begriff der Gilde an, z. Zt. noch das Meiste strittig, doch kann hierauf nicht eingegangen werden.

[6]) Vgl. neustens Köhne, Das Hansgrafenamt, Berlin 1893, hiegegen Eulenburg in der Zeitschrift f. Social- und Wirtschaftsgeschichte 1893 S. 136, der auch meint, wir würden den Hansgrafen „Konsul" nennen. Vgl. Gengler; Beitr. zur Rechtsgeschichte Bayerns I S. 217, III S. 111 f.

[7]) Hüllmann a. a. O. Bd. I S. 390.

[8]) Ebenda S. 341, Falke a. a. O. Bd. I S. 75.

[9]) Fischer a. a. O. S. 529, Kolmar Schaube a. a. O. S. 11 Anm. 27 u. Zit.

begegnet um 1190 ein Marquardus Hansgrave[1]), 1191 sehen wir einen Regensburger Hansgrafen auf dem Markte zu Enns zusammen mit den Marktrichtern den Handels- und Schiffsverkehr seiner Vaterstadt beaufsichtigen[2]), der Hansgraf Otto an der Pruneleiten von Regensburg wird zu Markgraf Ottokar VI. wegen der Marktrechte zu Enns gesandt[3]) und erwirkt Bestätigung der alten Freiheiten, wobei uns erzählt wird, daß der Hansgraf das Oberaufsichtsrecht über den Handel der ganzen unteren Donau und zugleich eine Kontrole mit Haftung wegen Bezahlung des Zolls ausübte, daß er in Enns „am Stucken", in Wien im Hofe der Regensburger, in Altofen und Baja unter freiem Himmel zu Gericht saß; 1207 verfügt Philipp von Schwaben, daß die Bürger von Regensburg den Hansgrafen wählen dürfen, ut ille de officio suo iura et consuetudines ipsorum in nundinis requirat, während in dieser Urkunde und nach Art. 12 des Stadtrechts von 1230 bestimmt ist, daß er innerhalb der Stadt nur nach Stadtrecht und dem Willen der Einwohner Anordnungen treffen darf. König Rudolf verordnet 1281[4]), daß die Bürger, die auf der Straße, auf dem Lande und dem Wasser fahren, einen Hansgrafen haben sollen, daß er der Hanse pfleg mit guten Treuen. Die letztere erscheint dann im 14. Jahrhundert mit einem Rat korporativ organisiert; neben dem Hansgrafen weist die Hansgerichtsordnung[5]) nunmehr auch Beisitzer auf, wahrscheinlich auch aus dem Stande der Handwerker. Mag nun auch eine Genossenschaft erst in dieser Zeit nachzuweisen sein, der Hansgraf ist nicht denkbar ohne die Hans, und diese ist die (monopolistische) Handelsgenossenschaft und eventuell die Abgabe, welche sie zahlt[6]), so daß es doch gerechtfertigt erscheinen dürfte, den Hansgrafen unter den genossenschaftlichen Bildungen zu betrachten. Außer in den angeführten Städten finden wir ihn z. B. in Lille und Dortmund als Behörde für Handels-

---

[1]) Mon. Boica XIII. n. 67, Kolmar Schaube a. a. O. S. 9 Anm. 23, vgl. für sonst. Erwähnung Doren a. a. O. S. 49.

[2]) Doren a. a. O. S. 48.

[3]) Falke a. a. O. Bd. I S. 74, leider ohne Quellenangabe, dagegen jetzt Köhne a. a. O. S. 23.

[4]) Vgl. Doren a. a. O. S. 49 f.

[5]) Jäger, Jur. Magazin. Bd. II Seite 38—47. Vgl. auch Kolmar Schaube a. a. O. S. 9 ff.

[6]) Hegel a. a. O. Bd. I S. 71, Bd. II S. 90, Doren a. a. O. S. 144, vgl. die Hansekaufleute von Paris oben S. 15, ferner Miltitz a. a. O. Bd. I S. 124 Anm. 1, Köhne a. a. O. passim.

sachen[1]), bei der flandrischen Hansa als von Brügge zu wählenden Obmann[2]). Dem Regensburger Hansgrafen an die Seite zu setzen sind die westgotischen telonarii mit juristischer und Zollgewalt[3]), der Wormser nuncius civium für die Frankfurter Messe, ut exequatur justitias civium et etiam presit civibus[4]), ähnliche Institutionen der Straßburger Kaufleute für die gleiche Messe[5]), wobei es sich nicht immer leicht unterscheiden läßt, ob es sich um korporative oder allgemein städtische Ämter handelt, wie ja übrigens auch oft in Italien.

Was nun die Gildegerichte der Kaufmannsgilden speziell betrifft, so haben in Deutschland die Gilden nicht diejenige Bedeutung, vor allem nicht diejenige Ausübung öffentlicher Rechte erreicht, wie wir es in Italien gesehen haben, wie wir es vor allem in Dänemark[6]) finden, wo die Gilde ihre Justiz über den Kreis ihrer Angehörigen hinaus ausdehnt, und wie in den Niederlanden, wo z. B. in Groningen[7]) das Gildegericht neben geringen Vergehen ausschließlich über Handelsrecht zu urteilen hatte, so daß das Gilderecht geradezu mit Handelsrecht und Handelsgericht identifiziert wird. Für Deutschland ist besonders auf Münster[8]) und Braunschweig[9]) zu verweisen, eventuell die Richerzeche in Köln[10]).

II. Wie nun in diesen Gildegerichten und Hansgerichten der Aldermann, eventuell mit Zuziehung erfahrener Männer, Recht sprach, so geschah es auch, als die Hansen und insbesondere die große deutsche Hansa eine Reihe einzelner Städte in ihrer Kor-

---

1) Hegel a. a. O. Bd. II S. 171, Doren a. a. O. S. 95, jetzt Köhne a. a. O. S. 152 f.

2) Hegel a. a. O. S. 186.

3) Lex Visigoth. XI, 3, 2 — vgl. Dahn, Urgeschichte der germanischen und romanischen Völker. 1881 Bd. I S. 498 und Zeitschrift f. Handelsrecht. Bd. 16 S. 396 ff., Roscher a. a. O. § 26 Anm. 13.

4) Kolmar Schaube a. a. O. S. 10 Anm. 26.

5) Doren a. a. O. S. 49 Anm. 3. Vgl. auch die Gerichtsbarkeit des Regensburger Hansgrafen auf den Messen in Frankfurt, Werde, Würzburg! und Westphalen, Köhne a. a. O. S. 22 Anm. 5 u. sonst.

6) Hegel a. a. O. Bd. I S. 141.

7) Ebenda Bd. II S. 311.

8) Ebenda Bd. II S. 379.

9) Ebenda Bd. II S. 424.

10) Ebenda Bd. II S. 323 f.; dafür, daß die deutschen Kaufmannsgilden für die Entwickelung der städtischen Verfassungsformen nicht diejenige Bedeutung haben, die man ihnen früher zugeschrieben hat, vgl. außer Hegel jetzt auch Doren a. a. O. S. 196 ff.

poration vereinigten. Wir haben bei der Betrachtung der einzelnen fremden Länder, nach denen die Hansa ihre Thätigkeit lenkte, gesehen, wie auch da der Aldermann mit dem Kaufmannsrat nach den im wesentlichen übereinstimmenden Statuten der verschiedenen Kontore Recht sprach und wie die Appellation in der Regel an den Rat der Stadt Lübeck[1]), ausnahmsweise an andere Hansastädte oder die Versammlung derselben ging[2]). Eine eingehende Darstellung der hansischen Gerichtsbarkeit geht über den Rahmen dieser Darstellung hinaus; die Gerichte der Hansa haben ausnahmsweise auch Fremden, die ihre Jurisdiktion anerkannten, Recht gesprochen, aber sie sie sind doch immer Spezialgerichte einer Korporation geblieben, ohne auf die Ausbildung allgemeiner Handelsgerichte in Deutschland einen überwiegenden Einfluß auszuüben.

III. Später als die Kaufleute haben die Gewerbe in ihren korporativen Vereinigungen das Recht eigener Gerichtsbarkeit erlangt[3]). Um so allgemeiner breitete sich aber im 13. Jahrhundert diese Zunftgerichtsbarkeit in ganz Deutschland aus, indem die „Morgensprache" in der Regel an die Stelle der ersten Instanz trat („denn die Morgensprache, in gebührlicher und alter Weise gehegt, ist wie ein gehegtes Untergericht, darin die Werkmeister . . . von dem ehrbaren Rat gesetzt und bestätigt sind")[4]) und gegen die Aussprüche derselben die Berufung an den Rat ging, während ausnahmsweise der Zunft nur die Thätigkeit als Sühne- und Schiedsgericht zufiel, dem Rat aber, als Ganzem oder einer Deputation („Wetteherrn"[5]), gegen welche an den Rat als solchen appelliert werden konnte), die richterliche Entscheidung zustand. Bei den vielfachen Berührungen zwischen kaufmännischen und gewerblichen

---

[1]) Vgl. z. B. auch die Statuten des bergischen Kontors von 1572 Z. 14 bei Marquardus a. a O. Bd. II S. 735.

[2]) Londoner und Antwerpener Kontorstatuten ebenda S. 239 und 329. Auch in der Gilde ging die Appellation von der Tochter- an die Muttergilde, siehe Nitzsch in den Monatsberichten der Berl. Akademie. 1880. S. 402, ferner Zeitschr. der Savignystiftung f. Rechtsgesch., german. Abt. Bd. 13, Lamprecht a. a. O. S. 403. Auf die hanseatische Literatur gehe ich nicht ein.

[3]) Vgl. Stieda, Entstehung des deutschen Zunftwesens, 1876, passim, derselbe, Das Gewerbegericht, S. 12—49, Neuburg, Zunftgerichtsbarkeit u. Zunftverfassung, 1880.

[4]) Rolle der Schmiede in Lüneburg bei Bodemann, Ältere Zunfturkunden der Stadt Lüneburg 1883. S. XXXI f.

[5]) Vgl. oben S. 22 Anm. 1 und unten S. 144 f.

Zünften[1]) ist der Einfluß dieser frühesten „Gewerbegerichte" auf die Entwickelung unserer Handelsgerichte nicht zu gering anzuschlagen; freilich haben gerade die Krämerinnungen[2]), die von ihrem kleinen Standpunkt aus das Erreichte für genügend hielten, dem werdenden Handelsgerichte Steine in den Weg gelegt.

§ 6. Fremdenrecht und Gastgericht.

Auch hier bildet den Ausgangspunkt die Gefährlichkeit des Handels, welcher im Anfang durch Fremde ausschließlich betrieben wurde, während umgekehrt Fremde meist nur des Handels wegen ins Land kamen und der Begriff „Gast" mit dem des fremden Kaufmanns nahezu identisch wurde. Der Gast bedurfte neben dem Königsschutz, von dem wir bereits gesprochen haben, des „Geleits"[3]), das sich aus diesem Schutz entwickelte und welches für die deutschen Kaufleute des Mittelalters eine sehr wichtige Rolle insbesondere auch wegen der mit demselben verbundenen Kosten gespielt hat. Vor allem bedurfte aber der Fremde, insbesondere wenn er aus einer gewissen Entfernung kam, wenn er ein wilder, wildfremder Gast war und daher nicht von seinem Wohnort zum Jahresgericht kommen konnte[4]), beschleunigter Justiz, so daß für ihn teils außerhalb der gewöhnlichen Gerichtszeiten geurteilt, teils in denselben seine Sache vor denen der Hofgenossen (bald vor, bald hinter denen der Wittwen, Waisen und Frauen) behandelt werden mußte, wie wir dies vielfach in den Weistümern finden. Es waren also zunächst nur zeitliche Ausnahmen für den Fremden vorgesehen; dabei war der von einem Fremden verklagte Bürger schlechter gestellt als der von einem Bürger verklagte Gast: ersterer sollte in der Regel „over tvere Nacht", d. h. am andern Tage, vor Gericht erscheinen, weshalb das Gericht auch den Namen „Dwernacht" führte[5]). Aus den angeführten Gründen mußte aber auch das Gericht selbst dann

---

[1]) Vgl. das Sechserbott in Basel bei Gewerbe- u. Handelszünften, Stieda, Gewerbegericht, S. 22, Geering, Handel und Industrie der Stadt Basel 1886. S. 73, 347.

[2]) S. unten § 30.

[3]) Osenbrüggen a. a. O. S. 30, Roscher, Nationalökonomie des Handels und Gewerbfleißes, 1881. S. 125 Anm. 16, Falke a. a. O. Bd. I S. 239.

[4]) „Welch Mann . . . . in den vier Meil Weges gesessen, ist kein Gast . . . ., die megen zu Ding wohl kommen" Freiberger Statut.

[5]) Osenbrüggen a. a. O. S. 43, Planck, Das deutsche Gerichtsverfahren im Mittelalter. 1879. Bd. II S. 411.

gehalten werden, wenn kein oder nicht genügend Schöffen zur Stelle waren, weshalb man auch in dieser Beziehung Ausnahmen zuließ. Endlich hat sich, insbesondere als im gewöhnlichen Verfahren der formale römische Prozeß eingeführt wurde, für das Verfahren in den Gastgerichten eine einfachere, raschere Justiz als notwendig erwiesen [1]), und hier war es von Wichtigkeit, daß auch in Italien [2]) unter der Herrschaft des römischen Rechts teils infolge von Jurisdiktionsverträgen [3]), teils ohne solche dem Fremden schleunige, summarische Justiz bewilligt, und daß seine Sache zu diesem Zwecke, selbst wenn sie an sich nicht dahin gehörte, vielfach dem Handelsgericht unterstellt wurde [4]).

Wie dies im einzelnen auf die Entwickelung der Verhältnisse in Deutschland eingewirkt hat, soll uns die Geschichte des Nürnberger Handelsgerichts zeigen, zu der wir nunmehr übergehen.

---

[1]) Für die Änderungen im Verfahren vgl. die bei Osenbrüggen S. 47 angeführten bairischen Rechte und die für ihre Zeit sehr gute altdorf. Dissertation von G. A. Schmidt, De modo procedendi, insbesondere von Gast- und Kaufgerichten, 1681.

[2]) Lattes a. a. O. § 9. Anm. 4—15 besonders Anm. 9 und § 21. S. 253, Goldschmidt a. a. O. S. 120 u. Anm. 87 mit Zit., bes. jetzt Lattes, Studii di diritto statutario. 1887 S. 20 Anm. 8 mit Anführung von circa 43 Statuten.

[3]) Wach, Der Arrestprozeß. 1. Teil. Der italienische Arrestprozeß. 1868. S. 39.

[4]) Stat. civ. von Ferrara 1566: Quando la causa del debito non sia commerciale, si soli mercanti stranieri, è lecito citare i loro debitori innanzi al foro commerciale.

Erstes Kapitel.

Nürnberg.

Erste Abteilung.

Die Entwickelung des gerichtlichen Verfahrens bis zum Privileg von 1508.

§ 7. Verfassung und Verwaltung der Stadt.

Wenn wir betrachten wollen, ob und inwieweit Nürnberg sich vor anderen Städten in der hier behandelten Frage auszeichnet, ist es nötig, an die soeben allgemein erörterten Thatsachen anzuknüpfen. Leiteten wir das Stadtrecht vom Marktrecht ab, so beginnt die Handelsgeschichte Nürnberg's mit der Verlegung des Marktes unter Kaiser Heinrich III. von Fürth nach Nürnberg[1]); betonten wir den vom Kaiser dem Bürger-Kaufmann gewährten Schutz, so reiht sich an die Rechte der mercatores von Goslar, Quedlinburg etc. die Bestimmung, daß negotiatores Bambergenses et Ambergenses eadem securitate ac libertate, qua et Norinbergenses, per universum imperium nostrum potiantur et sua peragant commercia[2]), während das Kaufmannsrecht aus dem Freiheitsbrief Friedrich II. von 1219[3]) entgegentritt: Befreiung vom Lehenrecht, Ausschluß der Kampfgerichte, Verbot des Muntmannenverhältnisses etc.; und aus

---

[1]) Mummenhoff, Altnürnberg 1890. S. 6. Roth, Geschichte des Nürnberger Handels. 1800 ff. Bd. I S. 8.

[2]) Urk. Friedr. I. von 1163, vgl. Roth a. a. O. Bd. I S. 10.

[3]) Roth a. a. O. Bd. I. S. 12 ff., Limnaeus, Iuris publici Romano-germanici libri VII, und an vielen anderen Orten.

der Bestimmung desselben Privilegs, daß den Nürnbergern für ihre Forderungen an den dominus dessen mansionarius aut mercator vel suus Vogtmann als Pfand dient, während in der Stadt nullus mercator pro alio gaphant sein soll, ergiebt sich ein neuer Beweis für die von Sohm[1]) an den Allensbacher und Radolfszeller Urkunden dargestellte allmähliche Entwickelung des Kaufmannsstandes aus den hofrechtlichen Verhältnissen.

Nürnberg war eine Reichsstadt, nur der Kaiser ihr Schutzherr, mag man dieses Verhältnis nun auf den Markt, oder, was hier wahrscheinlicher, auf die zeitlich der Entstehung der Stadt vorgehende Herrschaft des Kaisers auf der Burg zurückführen[2]). In der Hand des kaiserlichen Burggrafen lag ursprünglich auch die volle obrigkeitliche und richterliche Gewalt. Aus der schon bei Betrachtung der italienischen Verhältnisse[3]) hervorgehobenen Notwendigkeit der Stellvertretung (als Analogie darf man vielleicht auf unsere aus der Stellvertretung des Reichskanzlers hervorgegangenen obersten Reichsbehörden verweisen) erwuchsen dann wie anderwärts als Vertretungs-, Unter-Richter[4]) die Schultheißen, und dieselben erhielten dann um so mehr selbständige Bedeutung, als die Interessen des Burggrafen sich von denen des Kaisers schieden: in der bereits allegierten Urkunde von 1273 präsidiert der Officialis des Burggrafen, ein weiterer Stellvertreter desselben für dessen Recht, zugleich mit dem Schultheißen (scultetus) des Kaisers dem Stadtgericht.

Neben dem Schultheiß erscheinen seit 1256[5]) Schöffen und Rat, hier wohl zweifelsohne aus den Vertretern der Bürger für gerichtliche Zwecke hervorgegangen,[6]) was für die Bürgermeister, Schöffen und „alten Genannten“, die zusammen seit dem 14. Jahrhundert in

---

[1]) a. a. O. S. 83, vgl. Inama-Sternegg a. a. O. Bd. II S. 371 (mercator noster).

[2]) Urk. des Burggrafen Friedrich von 1265 in (v. Wölckern) Historia Norimbergensis diplomatica S. 154 und des Königs Rudolf von 1273 in Monum. Zoll. Bd. II. n. 129 und Histor. dipl. a. a. O. S. 167, Hüllmann a. a. O. Bd. III. S. 365, Hegel, Allgem. Monatsschrift 1854. S. 164 ff., Köhne, Entstehung der Stadtverfass. S. 152 ff. und für die sächsischen Burgwarde außer Gfrörer jetzt Schwarz a. a. O. S. 1 ff.

[3]) S. oben S. 3 f.

[4]) Vizedominus oft identisch mit Schultheiß, Lamprecht, Deutsche Wirtschaftsgesch. Bd. I. S. 733 f., Köhne a. a. O. S. 171, Sohm a. a. O. S. 96.

[5]) Urkunden bei Mummenhoff a. a. O. S. 20 zitiert.

[6]) Vgl. Hegel a. a. O. passim, Sohm a. a. O. S. 96 ff., Mummenhoff a. a. O. S. 20.

der Zahl von je 13, 13 und 8 den Rat bildeten (vgl. den Brief Christoph Scheurl's an Johann Staupitz cap. II), leicht nachweisbar sein dürfte[1]).

Auf den Rat ging allmählich die ganze Verwaltungs- und Gerichtszuständigkeit über; schon 1313 bestimmt Heinrich VII., daß das, was Consules et Scabini Civitatis Norimbergensis praefatae pro pace ac moderatione rerum venalium . . . statuerint (man bemerke auch hier wieder die nächste Beziehung zum Markt), Einheimische und Fremde binden sollte und daß der Schultheiß jährlich einmal coram consulibus schwören müsse, Arm und Reich gleichmäßig nach dem Wahrspruch der Schöffen Recht zu sprechen, so daß also schon damals der Schultheiß dem Rat untergeordnet war[2]); nach vorübergehender Verpfändung des Schultheißenamts an die Nürnberger Bürger Groß kam dasselbe 1427 ganz an die Stadt. Das Amt des Schultheißen, der sich im Stadtgericht in der Regel durch den Stadtrichter vertreten ließ, wurde dann lange Zeit ähnlich wie dasjenige des Podestà in Italien durch auswärtige Ritter besetzt und schließlich ganz mit dem des ersten Losungers, des Haupts der Bürgerschaft, vereinigt[3]).

§ 8. Das Schultheißengericht bis zu seiner Trennung vom Rat und das Bürgermeisteramt um jene Zeit.

Wir sahen bei der allgemeinen Betrachtung, daß das Stadtgericht sich darstellt als der eximierte Gerichtsstand der Bürger-Kaufleute. In Nürnberg hatte das besprochene Privileg von 1313 verfügt, daß kein Nürnberger in Zivilsachen vor fremde Gerichte[4]) gezogen werden dürfe; 2 Jahre später wurde dies durch Ludwig den Bayern auch auf das Hofgericht des Kaisers und auf den Fall der Evokation ausgedehnt, so lange der Schultheiß in gesetzlicher Weise

---

[1]) Die alten Genannten kamen ja erst später in den Rat; die Institution der Genannten selbst als Urkundspersonen dürfte sehr alt sein, vgl. die norwegischen „Ernannten" zum Lögthing, Hegel a. a. O. Bd. I S. 373, die Lagemannen in England, ebend. S. 53; in Gent bestand der Rat auch je aus 13 Schöffen, Ratmannen und vacui. Hüllmann a. a. O. Bd. II S. 426, Hegel a. a. O. II S. 180.

[2]) Hist. dipl. S. 227, 568, 570.

[3]) Christ. Wilh. Stromer v. Reichenbach, Geschichte und Gerechtsame des Reichsschultheißenamts 1787 passim. (v. Wölckern) Commentatio succincta 1737. Bd. I S. 139 und 155.

[4]) Insbesondere nicht vor die Offiziale des Bischofs von Bamberg nach einer weiteren Urkunde von 1313, Lang, Regesten V S. 258.

des Amtes waltet [1]); Befreiung von den Lehengerichten war schon im Privileg von 1219 enthalten. Und nachdem inzwischen die Strafjustiz des Rats, die uns hier nicht beschäftigt, weit ausgedehnt worden war, bestimmt Karl IV. 1347,[2]) daß auch die Hintersassen der Nürnberger Bürger und ihr Gut nicht vor fremden Gerichten geklagt werden können, und 1440 kommt hierzu die Exemtion vom kaiserlichen Landgericht zu Bayern und zu Franken, von anderen Landgerichten, Zehnten, Landschrannen und fremden Gerichten, 1459 die von den westfälischen Gerichten[3]). Die Befreiung vom kaiserlichen Landgericht in Nürnberg selbst war in der Schaffung des Stadtgerichts enthalten[4]); die alten Nürnberger Statuten aber faßten diese Privilegien zusammen in die Vorschrift, daz kein burger den andern laden schol für kein geriht dann fur seinen schultheizzen umb kein wertlich sach[5]).

Das Verfahren war das germanische, auf dem Prinzip der Mündlichkeit beruhende und bedurfte keiner besonderen Ausnahmen für Beschleunigung, weil es auch in gewöhnlichen Fällen für Weitläufigkeit keinen Raum bot. Immerhin finden sich 2 Ausnahmen, die beide für uns Bedeutung haben.

1. Für „Gäste" war in der Reformation[6]) bereits von 1484 bestimmt: Wenn ein Gast, abgesehen von den Kaufleuten und Lagerherren, die hier ihre Wohnung haben, eine Forderung an einen Bürger zu machen hat, die 32 Gulden Landeswährung nicht übertrifft, so braucht er gegenüber dem sonstigen doppelten „Fürbot" durch die geschworenen Fronboten hier nur ein einziges[7]), und der Beklagte muß auf das 1. Gericht danach, mindestens aber auf das 2. „unverhindert rechter eehaft" sich stellen, worauf dann bei Geständ-

---

[1]) Hist. dipl. S. 241.

[2]) Ebenda S. 328.

[3]) Wagenseil, De.. libera civitate Norimbergensi 1697. S. 257, 259; die Privilegien der Stadt sind in der Stadtbibliothek und in dem Archiv des Friedens- und Schiedsgerichts vielfach handschriftlich gesammelt; vgl. die schöne gedruckte Zusammenstellung 8° Amb. 504 der Stadtbibliothek.

[4]) Die Frage hat bekanntlich später zu langen Streitigkeiten mit Brandenburg geführt.

[5]) v. Murr, Journal z. Kunstgesch. u. Literatur Teil VI. S. 63. Vgl. Reform. 1564. Titel I Ges. 1 und von 1484 Titel I Ges. 9.

[6]) Titel I Gesetz 8 und Gesetz 2, vgl. Reform. succ. S. 328 und Anm. ** zu S. 329.

[7]) Vgl. ebenso für Straubing und ähnlich für Landshut in Rosenthal, Beiträge zur deutschen Stadtrechtsgeschichte 1883. S. 277 und 107.

nis, Ueberweisung oder Ungehorsam sofortige Exekution in Person oder Sachen erfolgt. Als Succumbenzstrafe im Falle des Leugnens ist beiderseits 1/4 des Wertes bestimmt, der Beklagte muß dem Fremden auch die Zehrung zahlen. In der Reihenfolge der Sachen werden die Gäste ebenfalls bevorzugt [1]), besonderen Vorzug genossen die „Waidgäste", die Kaufleute, die den Färbern Waid lieferten, worüber Vorschriften schon von 1377 existieren [2]): im Januar 1551 werden ihnen vom Senat ihre Freiheiten bestätigt [3]), wonach ihnen zur schleunigen Exekution verholfen werden soll vor Ungeld, Zoll und Losung, nur nach dem Liedlohn der Dienstboten [4]).

Daß Gästen wider Gäste nicht Recht gegeben zu werden brauchte, war ein allgemein in Deutschland anerkannter [5]) und jedenfalls durch das Repressalienwesen erzeugter Grundsatz, den 1440 Nürnberg ausdrücklich als kaiserliches Privileg erwarb: daß die Bürger des Rats der Stadt zu Nürnberg nicht pflichtig sein sollen, „gesten gen gesten . . . . umb sach die sich zu Nüremberg nit ergangen haben, zu Nüremberg einander verpiet'n zu lassen" [6]). Hiermit vgl. man z. B. Gebot Ruprechts von Freysing II 69: Kein gast mag den andern Gast in der stat verpieten noch anvallen, im sei dann das recht daheim verzign. Wenn aber ein Gast dem anderen seine Habe allhie „in dem Bittelstab" verbietet und die Sache hier auszutragen ist, so soll der Gerechtigkeit ihr Lauf gelassen werden [7]).

Aufs engste mit dieser beschleunigten Gastjustiz im Zusammenhang steht eine weitere Einrichtung, welche auch den Bürgern ein noch rascheres Verfahren sicherte und auf welche die Handelgerichtsbarkeit, wie wir sehen werden, direkt zurückzuführen ist.

2. Die außerordentliche Rechtsprechung des Bürgermeisters. In dieser Beziehung bestimmten die Reformationen von 1488 und 1522 die Zuständigkeit des Bürgermeisters für Zivilstreitigkeiten

---

[1]) Reform. v. 1484 Tit. I Ges. 5; noch durch Ratsverlaß vom 8. Sept. 1704 wurde angeordnet, ein Gastgericht zu halten, da Gerichtsferien seien.

[2]) Bei Siebenkees, Materialien. Bd. IV S. 694.

[3]) Papierhandschrift der Nürnb. Bibliothek 2° Nr. 399 p. 45.

[4]) Vgl. Ref. von 1564. Tit. XXII Ges. 10, ferner J. G. S. Mueller, Diss. de legibus Norimberg. ad mercaturam compositis. Altorf 1793.

[5]) Osenbrüggen a. a. O. S. 40 ff.

[6]) Urk. Friedr. III. von Pfingsten 1440 in der angeführten Privilegiensammlung u. sonst; s. auch Bader, Geschichte des Nürnb. Handels, Beil. III des Jahresberichts d. hist. Ver. f. Mittelfr. 1871/72. S. 97, vgl. Rosenthal a. a. O. S. 137.

[7]) Ref. von 1484 Tit. IV Ges. 4, vgl. auch 3.

a) in Arrestsachen,

b) für den Fall des gerichtlichen Geständnisses und zwar

ad a): Gäste sollen durch den Bürgermeister nicht anders als mit eines Rats oder Bürgermeisters Vergunst oder Erlaubnis verboten werden [1]), während in der Reformation von 1564 [2]) es schlechthin heißt: Wenn jemand einen Arrest begehrt, so soll er ihn nur mit eines Rats oder Bürgermeisters Vergunst erhalten. In den beiden ersten Reformationen [3]) ist sogar, wenn der Kläger hier erstandene oder erlangte Rechte hat, zugelassen, den Gast oder sein Hab und Gut auch ohne Erlaubnis des Bürgermeisters nur durch den geschworenen Fronboten verhaften und verbieten zu lassen [4]). Ist hier der Ausgangspunkt vom Fremdenprozeß klargestellt, so geht eine andere Bestimmung auf die Notwendigkeit schleunigen Vorgehens zurück, daß nämlich der Bürgermeister auf das Vermögen trünniger, wegen Schulden flüchtiger Bürger vorbehaltlich nachfolgender Klage vor dem Gerichte Arrest hergeben konnte [5]). Hierbei konnte zwar der Antragsteller, nicht aber der Beklagte ein Gast sein, da ja ein allgemeiner Gerichtsstand eines solchen an dem Orte des Aufenthalts nicht begründet war [6]). Ebenso ist

ad b) bezüglich der Rechtsprechung des Bürgermeisters auf gerichtliches Geständnis hin im V. Titel Gesetz 14 der Reformation von 1522 ausdrücklich bestimmt: So jemand, Bürger, Inwohner oder Gast, vor den Bürgermeister kommt und einen andern Bürger beklagt um Schulden und der Schuldner bekenntlich ist, so soll dies gelten wie vor Richter und offenem Gericht, sodaß auf richterlichen Zahlungsbefehl nach 10 Tagen [7]) ohne Rücksicht auf Appellation und Ferien eventuell bis zum Schuldturm vollstreckt werden kann.

Diese beiden Fälle beschleunigter Justiz nach altem Nürnberger Prozeß sind identisch mit jenen, die zunächst in Italien und Frankreich zur Ausbildung des Exekutivprozesses, überhaupt der

---

[1]) Ebenda Tit. IV Ges. 1, ebenso die Reformation von 1522.

[2]) Tit. IV Ges. 1.

[3]) a. a. O. IV 1.

[4]) In der Reformation von 1564: mit vorgehender des Richters Erlaubnis; vgl. Comment. succ. a. a. O. Bd. I S. 611. Über das „verhaften" s. ebenda S. 609, Osenbrüggen a. a. O. S. 40, über die Befugnisse des Fronboten, bezw. Büttel oder Weibel, bei Arresten ebenda S. 45.

[5]) Reform von 1484 Tit. IV Ges. 6.

[6]) Comment. succ. Bd. I. S. 972.

[7]) Sofortige Exekution im Falle des Titel I Gesetz 8 der Reform von 1484 und 1522.

sogenannten summarischen Prozeßarten, geführt haben: dem Fremdenarrest[1]) und der confessio in jure des instrumentum guarentigiatum[2]).

Unterscheidet sich nun, wie wir nachzuweisen versuchen, die Handelsgerichtsbarkeit in dem von uns untersuchten Zeitraum von der ordentlichen nur durch die Beschleunigung des Verfahrens, so bot dieser bürgermeisterliche, zumal wenn auch der ordentliche Prozeß sich nicht zu sehr in Weitläufigkeiten verlor[3]), Ersatz für eine eigene Handelsgerichtsbarkeit. In der That finden wir diesen Bürgermeisterprozeß in einer Reihe von Städten[4]) ausgebildet, wo er einen Ersatz für eine eigene Handelsgerichtsbarkeit bildete; in Nürnberg ist die Entwickelung über ihn hinausgegangen.

Schließlich sei noch daran erinnert, daß die Nürnberger von 1361 ab nach Privileg des Grafen Ludwig von Flandern, der Städte Gent, Brügge und Ypern dortselbst wie die Hanseaten[5]) nach eigener Gerichtsbarkeit lebten[6]); wie dieselbe ausgeübt wurde, insbesondere ob an Ort und Stelle, wissen wir nicht; doch bestand seit 1361 ebenfalls ein Haus der Nürnberger in Brügge[7]). Die Frei-

---

[1]) Vgl. Wach, Arrestprozeß S. 39, 121; Lattes, Il diritto comm. p. 92 n. 10, Studii p. 20.

[2]) Vgl. Briegleb, Gesch. des Exekutivprozesses, 2. Aufl. 1845. S. 187 f. Lattes, Il dir. comm. § 24, Studii p. 33, Salvioli, I titoli al portatore nel diritto italiano p. 116 (vgl. hierzu meine Anzeige in Z. f. Handelsrecht Bd. 30 S. 280), Goldschmidt a. a. O. S. 174. Anm. 108.

[3]) Vgl. Endemann a. a. O. S. 102; ob dessen Polemik gegen Briegleb a. a. O. § 10, wo an älteres deutsches Recht für den Exekutivprozeß angeknüpft wird, berechtigt ist, dürfte nach obigem doch zweifelhaft sein.

[4]) Insbesondere für Augsburg siehe unten § 27. Vergl. Frankf. Reform. p. I tit. XII. § 1 (älterer Bürgermeister), für Straubing und Landshut Rosenthal a. a. O. S. 125 sowie modifiziert S. 283, ferner Amberg 1505 und Kaufbeuren Gerichtsordn. s. Schmidt, De modo procedendi a. a. O. S. 17 und 48.

[5]) Siehe oben S. 19 f., Stein a. a. O. S. 108 f. u. Zitate.

[6]) Vgl. Roth a. a. O. Bd. I S. 28, Fischer a. a. O. Bd. I S. 257, nicht 455, wie Roth zitiert, Falke a. a. O. Bd. I S. 123. Der Vertrag sagt: Voort dat die vorseide borgheren in de stede vorseit met huren geselscepe, ghemeene vergaderinghe meghen hebben openbaerlihe also dicken als zy willen omme te ordinierne ende te corrigierne alle vorworden ende alle ordinanchen onder homlieden gemaect ende puniern alle mesdaden die onder homlieden ghevallen, naer haer ordinanche behonden der mesdaet die strect te life iof te lede te verliesne. Vgl. die entsprechende Stelle im hanseatischen Vertrage von 1409, Marquardus a. a. O. Bd. II S. 297.

[7]) Miltitz a. a. O. Bd. II[1] S. 321.

heiten von 1361 wurden aber noch auf Antrag des Bürgers Friedrich Amman von Nürnberg im Hause des Bürgers Potus von Brügge, des hospes des Amman, am 23. Januar 1361 notariell übersetzt.

§ 9. Stadtgericht und Bürgermeisteramt seit 1497.

I. Seit dem Übergang des Schultheißenamts an die Stadt waren 70 Jahre verflossen, während deren die städtische Gerichtsbarkeit durch den Rat und den von ihm ernannten Schultheißen ausgeübt wurde. Es war die Zeit[1]), wo mit der Renaissance das römische Recht immer mehr in Deutschland eindrang, wo die deutschen Studenten anfingen, nach den italienischen Universitäten zu ziehen, wo die deutschen Hochschulen ihre Wirksamkeit entfalteten und die an beiden Quellen mit römischem Recht erfüllten Juristen als Räte und Diplomaten in den Dienst der Kaiser und Fürsten und bald auch der Städte eintraten. „Doch dürfte sich wohl keine Stadt in Deutschland mehr Mühe gegeben haben, um berühmte Männer zu ihrem Beistand zu erhalten als Nürnberg; seit der zweiten Hälfte des 14. Jahrhunderts hatte es jeder Zeit gelehrte Juristen . . . in seinem Solde als Stadtschreiber, Syndici, Konsulenten“ [2]). Die Liste der letzteren, welche Siebenkees[3]), Stobbe[4]) und v. Kreß mitteilen, läßt sich aus den im k. Archiv befindlichen Ratschlag-, Ratsbüchern und Protokollen noch weiter ergänzen. Die Organisation dieses Konsulentenkollegiums schildert uns Dr. Christoph Scheurl, eines der berühmtesten Mitglieder desselben, in dem bereits erwähnten Briefe an Staupitz[5]) folgendermaßen: „In den Senat werden die Doktoren nicht hineingelassen. So oft die Meinungen auseinandergehen oder der Fall juristische Kenntnisse erfordert, werden 2 Mitglieder des Senats abgeordnet, welche mit den Doktoren beraten und am anderen Tage hierüber berichten. Das geschieht in der Woche 3, 4, 5 mal, so oft es nötig ist. Die Zahl dieser Konsu-

[1]) Stobbe, Geschichte der deutschen Rechtsquellen, Erste Abteilung 1860. S. 610 ff., 644.

[2]) Stobbe a. a. O. Zweite Abteilung 1864. S. 59, ferner 1 ff., R. Hagen, Deutschlands literarische und religiöse Verhältnisse im Reformationszeitalter. I. S. 94 ff., v. Kreß, Gelehrte Bildung im alten Nürnberg in: Altes und neues aus dem pegnesischen Blumenorden II. 1893. S. 17 ff., s. auch Geiger, Renaissance und Humanismus. 1882. S. 374 ff.

[3]) Materialien zur Nürnbergischen Geschichte Bd. II S. 660.

[4]) a. a. O. S. 59 Anm. 32, nach Will's Nürnb. Gelehrtenlexikon.

[5]) Kap. XXV. Die übrigen Briefe, herausgegeben von Soden und Knaake 1872, bieten für unsere Frage keine Ausbeute.

lenten ist z. Z. 5; 2 sind gestorben. Außerdem hat der Senat noch 4 andere geschworene Advokaten, die gegen öffentliche Entlohnung (allerdings nicht ausgeschlossen von der privaten wie erstere, die allein mit dem Senat zu thun haben) der Bürgerschaft Ratschläge erteilen" [1]). Bereits waren in den territorialen Hofgerichten vielfach Juristen angestellt; 1495 wurde das Reichskammergericht zur Hälfte mit Rechtsgelehrten besetzt und die Urteiler mußten schwören, nach des Reichs und gemeinen Rechten zu richten [2]). Hatte in Nürnberg bis dahin der Rat mit dem Schultheißen ohne Mitwirkung, wenn auch vielleicht nach Anhörung der Konsulenten in mündlicher Verhandlung und nach summarischem Verfahren entschieden [3]), so war bereits in der 1479 zum Abschluß gebrachten und 1484 publizierten Nürnberger Reformation [4]) das römische Recht in den meisten Gebieten zur Herrschaft gelangt, und nun, nachdem in der obersten Instanz das gelehrte Richtertum durchgedrungen war, mußte notwendigerweise der Einfluß der Konsulenten auch den gemeinrechtlichen Prozeß zum Siege führen und zugleich damit der Jurisdiktion des Rats, aus welchem ja die Konsulenten gesetzlich ausgeschlossen waren, das Ende bereiten.

Um Michaelis 1497 wurde das neue Stadtgericht gegründet [5]); die Stadtgerichtsordnung, „den Richter, die Ordnung des Gerichts, wie es mit denen des Rats (als Urteiler), den procuratores und Fronboten, damit sie des Gerichts fleißig aufwarten, soll gehalten werden, zu Unterrichtsweise" [6]) wurde bereits 1496 entworfen; der

---

[1]) Vgl. bei Wagenseil a. a. O. S. 200, zuletzt bei Hegel, Chroniken der fränk. Städte. 1. Nürnberg 1862 ff., zu dem Brief an Staupitz über die in demselben geschilderte Verfassung Nürnbergs Bader im Jahresbericht des historischen Vereins für Mittelfranken 1871/72.

[2]) Stobbe a. a. O. Bd. II S. 84/86.

[3]) Vgl. Johannes Christophorus Gatterer, Historia genealogica dominorum Holzschuherorum 1755. Diplom. p. 54, 68, 89, 122, v. Stromer a. a. O. S. 61; 1478 erhielt Frankfurt nach Ratsprotokoll von Nürnberg schon eine Gerichtsordnung.

[4]) Vgl. Wagenseil a. a. O. S. 201 ff., Stobbe a. a. O. Bd. II S. 322 A. 33, Koeler-Nutzel, Historia Codicis juris statutarii sive Reform. Norimb. 1721, Siebenkees in seinem Jurist. Magazin Bd. I 1782 S. 315 ff., Stobbe a. a. O. Bd. II S. 297.

[5]) Christoforus Scheurl, De judiciis reipublicae Noribergensis, Altd. Diss. 1690. S. 8 § 4, v. Stromer a. a. O. S. 61 Anm. n. nach Müllner's Annalen, Comment. succ. Reform. a. a. O. S. 486, Hegel, Chroniken a. a. O. Bd. I, Einleit. S. XXVIII.

[6]) Nürnberger Kreisarchiv, Ratsbuch VI S. 156 und Ratsprotokolle, 5. Heft, 1496. S. 2, beide Male nur der Titel; die Ordnung selbst ist bisher nur in der

Text dieser Ordnung ist weder in den Protokollen noch den Ratsbüchern enthalten; dagegen teile ich im Anhange zwei bisher ungedruckte Ratsschlüsse vom Veitstag 1497 und dem dritten Tag darnach (15. und 18. Juni) mit, die ich in den Protokollen[1]) gefunden habe, und wovon der erste geradezu die Überschrift „Gerichtsordnung" trägt, während wohl beide nur Ergänzungen dazu bilden sollen. Aus denselben ergiebt sich, mit welchem Mißtrauen man den Juristen gegenübergetreten ist; sie sollen keine Stimme haben, nur Ratgeber, nicht Urteiler sein[2]), und wie man schon damals die Verlängerung der Prozesse befürchtete: es soll in der Schöffen Macht stehen, zu erkennen, ob ein Teil über die vierten Schriften etwas vorbringen dürfte. Die befürchtete Weitläufigkeit des Verfahrens ist sehr bald eingetreten, wenn auch die Juristen ohne Stimmrecht blieben. „His (sc. VIII nominatis) Patres deputant Assessores tres aut quattuor Doctores, quorum est consulere et jus indicare tantum: Scabinorum, dare suffragia" [3]).

Die Reformation hatte gerade in den prozessualen Vorschriften die in den Hofgerichten rezipierten römisch-kanonischen Vorschriften übernommen[4]). Der aus dem schriftlichen Verfahren an sich schon entspringenden Verzögerung der Prozesse ist man schon sehr frühe

---

verneuerten und gebesserten Gestalt von 1549 bekannt; vgl. Comment. succincta a. a. O. I. S. 492 ff., Scheurl, De judiciis a. a. O. cap. II. § 21, möglicherweise im 5. Titel der früheren Reformation enthalten; wenigstens vermutet Stobbe a. a. O. Bd. II. S. 301 in den Worten: Der Rat habe „gemess kgl. Majestaet diese nachgeschriben ordnung fürgenommen," mit Recht eine ältere Gerichtsordnung.

1) Nürnberger Kreisarchiv, 6. Bdchen S. 24 und 33.

2) Auf die entsprechende kurze Bemerkung im Ratsbuch wie auf die Organisation von 1497 hat Hegel, Chroniken a. a. O. Bd. I S. XXVIII Anm. 3 aufmerksam gemacht; ich verweise hier noch auf folgende Bestimmungen des angeführten Ratsbuchs: von 1493 S. 29, daß 2 Schöffen anwesend sein sollen, wenn der Gerichtsschreiber Zeugen vernimmt, die das Protokoll nach Vorlesung desselben siegeln, und von 1495 bezw. 1497 zur Geschichte der Depositalordnung S. 99 und 214, wonach gerichtliche Depositen vom Richter und einem Gerichtsschreiber anzunehmen sind, von welchen jeder zu der Büchse oder Truhe einen Schlüssel haben und eignes Buch führen soll. Bezüglich des Mißtrauens gegen die Juristen vgl. schon Konstitution Friedrich III. von 1443, Comment. succ. a. a. O. Bd. I S. 40.

3) Christoph Scheurl, Brief an Staupitz, K. XXIII. Im Jahre 1500 wurde beschlossen, auch den Bauernschöffen, so sie dessen begehren, wenn sie über den schriftlichen Bauernhändeln in der Woche sitzen, einen Doktor beizugeben. Nürnb. Ratsb. VI S. 124. im Kreisarchiv.

4) Siebenkees, Juristisches Magazin a. a. O. Bd. I S. 329 f., Stobbe a. a. O. Bd. II S. 301.

entgegengetreten; vgl. die Ratserlässe über die Fragstücke der Zeugen vom 10. Februar 1525 [1]), Gerichtsordnung von 1549, die Verlässe vom 13. Mai 1556 [2]), 12. April 1557 [3]), 1. Dezember 1570 [4]), besonders aber denjenigen von 1503, vgl. Anm. 9 unten am Ende. Als man aber 1571 [5]) die artikulierten Klagen einführte und glaubte damit „ein sehr nützlich und notwendiges Werk" gethan zu haben, da war der Verschleppung Thür und Thor geöffnet, und wenn bisher „manche Rechtfertigung drei, vier oder mehr Jahre am Gericht anhängig blieb", so wurde das noch viel ärger, und seit dem Verlaß vom 16. März 1574 [6]) folgen sich die Klagen ständig. Ein Blick auf den Prozeß der Reformation von 1564, auf die Darstellung bei Scheurl, De judiciis [7]), oder in den handschriftlichen „Discursus über die Nürnberger Reformation" [8]) zeigt die Berechtigung derselben: je zur Exzeption, Replik, Duplik und Triplik werden drei Termine von je vierzehn Tagen gewährt [9]); hienach spricht eventuell der Richter schuldig, auf das Libell, bezw. die Artikel zu antworten und etwa Defensionalia vorzubringen; dann wieder die drei Termine

[1]) Lahner, Vollständige Sammlung derer . . . Additionaldekreten, 1773. S. 754.

[2]) Ebenda a. a. O. S. 765.

[3]) Ebenda S. 767.

[4]) Ebenda S. 279.

[5]) Der Verlaß d. d. 1. Nov. 1572, Lahner a. a. O. S. 237—244 sagt: nachdem ein E. Rat im nächst verschienenen Jahre unter anderen auch diese Ordnung hat publizieren lassen, daß man hinfüro artikulierte Libellos eingeben solle; dies kann sich nur auf den Erlaß vom 5. Juni 1571, a. a. O. S. 305, beziehen, wonach die Advokaten und Prokuratoren, wenn überhaupt, gleich anfangs, die artikulierte Klage stellen sollen. Scheurl, De judiciis cap. II § 23 sagt, der artikulierte Prozeß sei gewohnheitsrechtlich eingeführt. Die Reformation von 1654 schöpft hier aus dem Reichsdeputationsabschied von Speier aus dem Jahr 1600. Comment. a. a. O. Bd. I S. 753 und 95.

[6]) Lahner a. a. O. S. 261.

[7]) cap. II § 22.

[8]) Nürnberger Stadtbibliothek Will 2° 400.

[9]) Vgl. Erlaß vom 1. Novemb. 1572, Lahner a. a. O. S. 239 unter dem rubrum „Mißbrauch der Termine" über die gewohnheitsmäßige Ausnützung des Kontumazialverfahrens. Selbst als durch den jüngsten Reichsabschied von 1654 dem artikulierten Verfahren entgegengetreten wurde, behielt man es in Nürnberg bei. Zu dem Verlaß von 1572 vgl. man auch schon denjenigen von 1503, Nürnb. Kreisarchiv, Ratsbuch VI S. 255: nachdem bisher viele Sachen schriftlich und also zu merklich langem Verzug gehandelt wurden und durch vielfältige Schriften und Positionalartikel gewachsen sind, ist verlassen worden, daß die Urteiler zu ermessen haben, wieviel Artikel notwendig sind; die nichtnotwendigen seien zu durchstreichen und für jeden derselben der Prokurator mit einem Schilling zu bestrafen.

zur specificatio articulorum mit Angabe der Zeugen und Dokumente; dann handelt wieder der reus nach sechs Wochen, schließlich Beweisinterlokut, worauf ungefähr das gleiche Verfahren zur Schlußverhandlung führt. Die Reaktion gegen dieses Verfahren konnte nicht ausbleiben; sie hat zu den gesondert zu behandelnden Bestimmungen über summarisches Verfahren und Appellation, sowie im engsten Zusammenhang damit zu besonderen kaufmännischen Gerichten geführt. Bevor wir hiezu übergehen, wollen wir aber

II. die Rechtsprechung des Bürgermeisters in diesem Zeitraum betrachten. So lange der Rat rechtsprechende Behörde war, erscheint die Kognition des Bürgermeisters in schleunigen Sachen vollständig prinzipgemäß, da ja nur an die Stelle des zur Zeit nicht zu beschaffenden vollbesetzten Gerichts dessen Vorsitzender trat. Aber auch nach der Gründung des Stadtgerichts wurde einesteils der Zusammenhang mit dem Rat aufrechterhalten, indem z. B. die beiden Bürgermeister alle vierte Woche an den beiden Tischen des Stadtgerichts präsidierten[1]), andererseits aber auch die in § 8 behandelte Rechtsprechung des (jüngeren) Bürgermeisters in „causis liquidis et executivis“[2]), wobei insbesondere Tit. XI Ges. 8 der Reformation von 1564 noch vorschreibt, daß derjenige, welcher seiner Schuld geständig ist und auf den Zahlungsbefehl des Bürgermeisters innerhalb zehn Tage nicht zahlt oder Sicherheit giebt, „nach altem Gebrauch soll inhalt des obverleibten 6. Gesetzes[3]) erstlich in die Eisen geführt und nach Verscheinung dreier Tag in den Schuldturm gelegt und darin bis zu völliger Bezahlung enthalten werden“. Erwiesen sich die angebrachten Sachen als streitig, so wurden sie an die Gerichte verwiesen.

§ 10. Summarisches Verfahren.

Gegenüber den schwerfälligen Vorschriften des römisch-kanonischen Rechts mit seinen Solennitäten, seiner Einhaltung bestimmter Aufeinanderfolge der Parteihandlungen und bestimmter Termine hatte, wie wir zum Teil schon in der Einleitung[4]) gesehen haben, zunächst das italienische Statutar-, bezw. Territorialrecht[5]) und dann

---

[1]) Comment. succ. Bd. I S. 147.

[2]) Ebenda S. 148, vgl. Scheurl an Staupitz c. VII.

[3]) Tit. XI. Ges. 6.

[4]) Vgl. oben S. 8 f; 37.

[5]) Wach, Arrestprozeß a. a. O. S. 179.

die päpstliche Gesetzgebung schon seit Alexander III., insbesondere aber in der berühmten Clementina saepe auf Beschleunigung gedrängt[1]). Das durch diese Gesetzgebung geschaffene „summarische" Verfahren unterschied sich von dem sonstigen summarischen Verfahren dadurch, daß letzteres unvollständig war, sei es durch Beschränkung von Angriffs- und Verteidigungsmitteln, sei es durch Zulassung des Kalumnieneids „als eines qualitativ insuffizienten Beweismittels"[2]), während das Verfahren der Clementina saepe eben nur die formale Beschleunigung bezweckte. Die Bezeichnungen hiefür, die wir beim italienischen Prozeß auch bereits wiederholt getroffen haben, waren neben „summarie": „simpliciter", „de plano", „sine strepitu", „sine figura judicii" etc.[3]).

Auf dieses gemeine Recht bezieht sich auch die Nürnberger Reformation von 1564 Tit. VI Ges. 4 „vermög der Keyserlichen Recht", auf päpstliche und kaiserliche Rechte diejenige von 1522 Tit. V Ges. 2 bei der Anordnung des summarischen Verfahrens in einzelnen Fällen. Die „Commentatio succincta"[4]) scheidet hiebei mit Recht den summarischen Prozeß des Bürgermeisteramts sowie den des Stadt- und Untergerichts. Ersterer, den wir gesondert behandelt und aus dem an sich summarischen deutschen Verfahren hergeleitet haben, ist auch in der Reformation selbst nicht in dem Tit. VI Ges. 4, welche Sachen Summarie gehandelt werden sollen, enthalten. Was nun diesen eigentlichen summarischen Prozeß betrifft, so unterlagen ihm ursprünglich Sachen unter 32[5]), später unter 40 fl.[6]), wobei wieder ganz geringwertige Sachen bei der Organisation von 1497 den Fronboten, die auch sonst ähnliche Funktionen mit ausübten[7]), zur Entscheidung überlassen wurden, wie sich aus dem im Anhang abgedruckten Ratsverlaß — Und den Fronboten soll Gewalt geben werden ꝛc. — vom Veitstag 1497 deutlich ergiebt. In der Reformation von 1484 ist auch das Fronboten-

---

[1]) Briegleb, Einleitung in die Theorie der summarischen Prozesse, 1859 S. 15, Wach a. a. O. S. 180.

[2]) Wach a. a. O. S. 140, Briegleb, Geschichte des Exekutivprozesses, S. 87, Lattes, Studii, S. 3.

[3]) Vgl. über die Herleitung aus dem justinianischen Rechte Briegleb, Exekutivprozeß. S. 88 und Anm.*, Wach a. a. O. S. 141, Lattes, Studii, S. 10 f.

[4]) a. a. O. Bd. I S. 766.

[5]) Ref. 1522, Tit. V Ges. 2.

[6]) Ref. 1564, Tit. VI Ges. 4.

[7]) S. oben S. 38 und Osenbrüggen a. a. O. S. 45.

gericht noch nicht erwähnt; Scheurl an Staupitz[1]) kennt es, aber nicht als eigenes Gericht, und zwar geht hier die Kompetenz bis zu 5 fl., 1497 bis 3 fl., in der Reformation von 1564[2]) bis 6 fl., 1618[3]) bis 20 fl., 1622 bis 40, 1626 bis 50, 1629 bis 75, 1630 bis 100, 1713 bis 150 fl.[4]), ein Beweis, wie sehr man eines einfachen Verfahrens bedürftig war. Während die Fronboten nach der Reformation von 1484 nur Zustellungsbeamte waren und nur in dem oben S. 38 besprochenen Falle bei Gefahr auf Verzug ohne obrigkeitliche Erlaubnis vollstrecken konnten, ist es nunmehr außer Zweifel[5]), daß sie seit 1497 entscheiden durften. Nach der Reformation von 1522[6]) sollten die Fronboten die Klagen ins Gerichtsbuch einschreiben; 1576[7]) aber wurde, während sie nach dem Verlaß von 1497 die Entscheidung in ihren Eid binden durften, in Exekutionssachen verordnet, daß sie nicht für die Klage und Hauptsache, welche in Zukunft wieder in das Gerichtsmanual einzuschreiben seien, durch ihre Relation Zeugnis geben, und daß die Richter ihnen nur, soweit ihr officium geht, glauben sollten. 1623 wurde dann das Fronboten- oder Untergericht ebenfalls mit Schöffen uud rechtsgelehrten Assessoren besetzt[8]), so daß von da ab der Unterschied vom Stadtgericht hauptsächlich in der Kompetenz beruhte.

Bei der summarischen Verhandlung[9]) überhaupt sollte der Kläger nach geschehenem Fürbot seine Klage auf dem kürzesten Wege ins Gerichtsbuch einschreiben lassen; der Beklagte sollte mündlich antworten, Kläger eventuell zum Beweise zugelassen, die Zeugen im nächsten Gerichte verhört werden, worauf dann die Parteien verhandeln und zu Endurteil beschließen sollten.

Wie zu den geringschätzigen Sachen dann die kaufmännischen für die summarische Behandlung hinzukamen, ist weiter unten darzustellen.

---

1) c. XXIII a. E.

2) Tit. I Ges. 2 und Reform. succ. h. l.

3) Ratsverlaß vom 9. April, Lahner a. a. O. S. 115.

4) Verlässe bei Lahner a. a. O. S. 116 u. 117.

5) Vgl. Commentat. succ. Bd. I S. 534.

6) Titel V Ges. 2.

7) 21. April. Lahner a. a. O. S. 234.

8) Lahner a. a. O. S. 125, vgl. mit S. 96.

9) Reform. von 1564, Titel VI Ges. 4.

§ 11. Appellation und Appellationsprivilegien[1]).

Auch die Appellation gehörte zu den Errungenschaften des römisch-kanonischen Prozesses[2]), und die durch frivole Appellationen verursachte Hinausschleppung der Entscheidung fiel nicht zum mindesten in die Wagschale. Unter der Herrschaft des deutschen Prozesses hatte Nürnberg die in § 8 besprochenen Evokationsprivilegien[3]) errungen, wonach unter anderem keiner seiner Bürger außer im Falle der Justizverweigerung vor das kaiserliche Hofgericht gezogen werden konnte. Das nun, was in erster Instanz nach den Evokationsprivilegien nicht geschehen konnte, gestaltete sich anders mit dem Aufkommen der Appellationen. Da war es denn von großer Wichtigkeit, daß Kaiser Friedrich III. 1464[4]) bestimmte, daß von Urteilen, die „in dem Rate oder an dem Gericht zu Nürnberg gesprochen werden", wenn überhaupt, nur an den Kaiser appelliert werden konnte, daß aber jeder Appellant vor dem Rate oder dessen Abgeordneten einen Gefährdeeid, daß er das Rechtsmittel nicht frivol ergreife, leisten müsse; diese Bestimmung wurde auch auf Geistliche und Juden ausgedehnt[5]). Bei Nichtleistung des Eides ist die Apellation nichtig und die Urteile „durch den Rat und des Gerichts daselbst zu Nürnberg gesprochen"[6]) sollen bei ihren Kräften bleiben. Hier ist der Rat selbst noch das erkennende Organ, eine Appellation in der Stadt selbst an eine Oberbehörde unmöglich und nach Inhalt des Privilegs ausgeschlossen.

Derselbe Kaiser Friedrich III. bestätigte 1470[7]), daß gegen die Urteile des in Beleidigungs- und Körperverletzungssachen zuständigen Fünfergerichts, „und als von Alters Herkommen ist", weder an den Kaiser noch an sonst jemand appelliert werden könne, und daß eine solche Appellation an sich nichtig sei.

Als der Kaiser Maximilian I. auf dem Reichstage zu

---

1) Zu diesem § vgl. Mart. Fürwerger, De causis in foro Norimb. non appellabilibus privilegiatis. Altd. 1728 und Georg Carl Forster, De appellationibus ad suprema imperii judicia secundum privilegia et statuta civitatis Norimbergensis, Altdorf 1789, Comment. succ. a. a. O. Bd. I S. 908 f.

2) Vgl. Nürnb. Ref. Tit. X Ges. 1: Nachdem die gemaine Keyserliche Recht einem jeden beschwerdten zulassen, sein beschwerung vor dem Oberrichter fürzubringen.

3) Zusammenstellung bei Forster S. 3 Anm. d.

4) Hist. dipl. S. 681. 5) Ebenda S. 684.

6) Nach Ratsbeschluß von 1502 sollen die Urteile schriftlich fixiert werden in Gegenwart der Schöffen, denen sie vorzulesen sind. Ratsbuch VI S. 219 im Nürnb. Kreisarchiv.

7) Hist. dipl. S. 699.

Worms 1495 die Ordnung des nunmehr fest eingesetzten Kammergerichts erließ, da errang sich Nürnberg auf demselben Reichstage noch von ihm das Privileg d. d. Worms 24. August 1495[1]).

Wie im Privileg von 1464 wird davon ausgegangen, daß nach Mitteilung des Rates zu Nürnberg „vil frevelicher und mutwilliger Appellation geschehen", „nur zu Aufzug und Lengerung".

Deshalb erklärt der Kaiser, daß „hinfür ewigklich nyemanndt . . . von einiher Unterredlichen[2]) oder entlichen Urteil . . . an den gerichtern zu Nurmberg gesprochen, so die anfencklīche clage und haubtsach nit über dreyßig guldein Reinisch treffe oder wert were, an Unns, unnser Nachkommens am Reiche oder yemanndts annders noch auch kein annder gericht Appellirn dingen, beruffen oder versuchen solle oder möge, dann allein an die Personen, so Burgermeister und Rate daselbs zu Nurmberg in ziemlicher antzal . . . zu solichen Appellacionssachen verordnen sullen und mugen". Bleiben wir einmal hiebei stehen, so ergibt sich aus Vorstehendem zunächst ein weiterer Grund und wahrscheinlich der Anlaß zur Einsetzung des Stadtgerichts. Nach dem Privileg von 1464 war die Appellation allein an den Kaiser für zulässig erklärt worden, jetzt aber wurde die Appellation an das Reichsgericht von dem Streitwerte zu 30 fl. Rhein. abhängig gemacht, die geringeren, ungefähr mit den summarisch zu behandelnden zusammenfallenden Sachen aber an einheimische, vom Rat zu bestellende Personen verwiesen. Von diesem Augenblicke an war es nicht mehr möglich, daß der Rat in erster Instanz entschied, zumal nachdem er sich das Urteil in der Appellationsinstanz selbst vorbehielt und erst im Jahre 1615 aus seiner Mitte sechs Personen und zwei Konsulenten für die Appellationen delegierte[3]). Dagegen wurde bereits mit Ratserlaß vom Dezember (quinta post Lucie) 1512 eine „Ordnung wie von Urteylen, So von eines Erbarn Rats zu Nuremberg undtergerichten on Mittel einem Rat unterworffen, In Appellacion gedings oder beruffungs weys für einen Rat daselbs als Ir Obrigkett furgenommen werden sol"[4]) erlassen, deren Bestimmungen sich zum großen Teil in denjenigen der Reformation von 1564 Titel X wiederfinden.

---

[1]) Ebenda S. 746. [2]) interlokutorischen!

[3]) Scheurl, De judiciis cap. VIII vgl. mit Scheurl an Staupitz Kap. XXIII. Die Appellationsgerichtsordnung s. in der Comment. succ. Bd. I S. 932, vgl. auch Ratsbeschluß von 1501: Wenn in Appellationssachen vor dem Rat Zeugen zu verhören sind, muß einer vom Rat beim Gerichtsschreiber sein. Ratsbuch VI S. 185 v.

[4]) Kreisarchiv Nürnberg, S. I, L. 587, Nr. 7.

Bezüglich der Maximilianischen Privilegien aber bestimmte Januar 1496 der Rat [1]), daß sie auf dem nächsten Gerichte öffentlich verlesen werden sollten und daß die Ordnung, wie sie bei den älteren Herren geratschlagt wurde, ein Jahr zur Probe eingeführt werden sollte. Aus der ganzen Vorschrift aber ergiebt sich, daß mit dem Kammergericht auch die Summa appellabilis eingeführt wurde, nicht erst mit der Wormser Kammergerichtsordnung von 1521 [2]).

Fahren wir hienach in der Betrachtung des Privilegs von 1496 fort, so bestimmte der Kaiser weiter, daß die vom Rat verordneten Personen die Appellation im Namen des Kaisers entgegennehmen und entscheiden sollten, und daß gegen dieses Urteil dann keinerlei Appellation oder Supplikation mehr von keinem Gerichte, wie immer es Namen habe, angenommen werden solle. Hiermit war ausgesprochen, daß die hier fraglichen Sachen in zwei Instanzen erledigt sein müssen, und wenn wir nun sehen werden, daß die Händel der Kaufleute nach dem nunmehr zu betrachtenden Privileg von 1508 ebenso zu behandeln und summarisch zu entscheiden sind, so ergiebt sich die praktische Bedeutung des in den letzten beiden Paragraphen Entwickelten für unsere Frage von selbst.

Zweite Abteilung.

Die Privilegien von 1508 für Händel der Kaufleute hinsichtlich summarischen Verfahrens, Appellation und Laienrichter.

§ 12. Geschichte des Privilegs.

Die erlangten Freiheiten genügten dem Nürnberger Rate noch nicht: es war die Zeit, wo Maximilian I. zu seinen großen Plänen bedeutender Mittel bedurfte und gegen Gewährung derselben den Ständen die Hoheitsrechte bis zum Reichsregiment einräumte. Und in der That hat Nürnberg erreicht, daß v. Ludolf [3]) in seinem Catalogus Privilegiorum sagt: Norimberga splendidissima splendidissimis gaudet privilegiis.

---

[1]) Nürnberger Kreisarchiv, Ratsbuch VI S. 141 und Protokollbuch f. 1496 1. Bdchen. S. 24, Sabb. ante Anthoni. Probe des Verfahrens siehe Protokollbuch ebenda 1. Bdchen S. 25 und oft.

[2]) Briegleb, Einleitung a. a. O. S. 85.

[3]) Commentatio . . de jure Camerali 1718.

Was speziell die Geschichte des Privilegs von 1508 betrifft, so sind wir in der Lage, dieselbe an der Hand der Briefbücher im k. Kreisarchiv Nürnberg darzustellen, und es werden sich aus derselben nicht ganz unerhebliche Aufklärungen über die Zwecke der Reichsstadt ergeben, welche zugleich Licht auf das weitere Schicksal dieses Privilegs werfen dürften.

Nürnberg hatte zur Unterhandlung an den Kaiser den Rechtsgelehrten Erasmus Toppler gesandt, welcher, zu Nürnberg 1462 geboren, sich den Doktorhut in Italien geholt hatte, 1495 Propst zu St. Sebald geworden war und 1496 Konsulent der Stadt[1]). Die mündlichen Instruktionen, die er auf den Weg erhielt, kennen wir natürlich nicht; das Wichtigste ergiebt sich aber aus den weiteren Anweisungen. Wie bereits angedeutet, war ein Hauptpunkt, wie immer bei der Erlangung kaiserlicher Privilegien, die zu verausgabende Summe. Gleich im Anfang muß in dieser Beziehung Toppler seine Ratsherren unter Berufung auf Straßburg zu höherer Anspannung aufgefordert haben. Diese aber antworten, und hieraus ergibt sich gleich zum Beginn die Auffassung der Gerichtskompetenzen als reiner Einnahmequellen[2]), wie wir sie um jene Zeit so oft treffen: „Um die Erlangung der Privilegien wollen wir nicht eine so hohe Summe als 2500 fl. ausgeben. Wenn die Straßburger so viel geben, so ist das ganz etwas Andres, da sie Freiheiten auf 200 fl. Rheinisch jährliche Münz verlangt haben, was zum geringsten angeschlagen 4000 fl. ausmacht; wir aber wollen nur 200 fl. Hauptsache, nicht jährliches Einkommen. Für die Erlangung der Freiheiten, wie sie in ein Verzeichnis gebracht vor Eurem Abschiede Euch sind übergeben worden, dürft Ihr 800—1200 fl. ausgeben, wenn Ihr gleichzeitig die Konfirmation des Beheim'schen Lehens[3]) durchsetzt[4])." Das Geld sollte beim Rat von Straßburg angewiesen werden[5]), an welchen gleichzeitig geschrieben wurde[6]). Die Privilegien, die angestrebt wurden, waren Erhöhung der Appellationssumme zunächst auf

---

[1]) Stobbe a. a. O. Bd. II S. 60 Anm. 32 und v. Kreß a. a. O. S. 27.

[2]) Vgl. unten S. 86.

[3]) Wurde ebenfalls am 15. März 1508 erlangt; vgl. Hist. dipl. a. a. O. Bd. II S. 775.

[4]) Nürnberger Briefbuch Nr. 59 S. 7.

[5]) Vgl. Neumann, Geschichte des Wechsels im Hansagebiet 1863. S. 130 über die Bedeutung der Anweisung im Verhältnis der Gesandten.

[6]) a. a. O. S. 10.

200 fl., wie wir bereits sahen, dann Appellationsfreiheit in Sachen der Kaufleute, in Bausachen und bezüglich der „Gepot"; in letzterer Beziehung dürfte es sich um die Gebote des Rats seinen Unterthanen gegenüber[1]) und insbesondere die besprochene Judikatur des Bürgermeisters in anerkannten Forderungen handeln, in welcher Beziehung auch andere[2]) Städte Privilegien besaßen. Am 21. April 1507[3]) bringt der Rat die vier Privilegien in zwei Formen, in einem Briefe die gewöhnlichen Sachen mit Appellationssumme, im anderen die drei anderen ohne Summe. Wenn im ersten Falle keine höhere Summe als 200 fl. zu erlangen sei, so würde das nichts schaden. Auf alle Fälle aber verändere sich das Angebot, je nachdem der Kaiser bares Geld verlangt, oder ob er einwilligt, daß die Summe an seiner bisherigen Schuld gegen die Stadt gekürzt wird; dieses Gläubigerverhältnis der Stadt zum Kaiser mag zur Erlangung der Privilegien gereizt haben. Nachdem dann bezüglich des Geldes Erörterungen stattgefunden hatten[4]), erhält Toppler Freitag nach Himmelfahrt 1507 ganz bestimmte Instruktionen[5]). Anfangs solle er bezüglich der Appellationssumme 600 fl. zu erlangen suchen, dann eventuell 200 fl., aber in Sachen der Kaufhändel, Gebot und Gebäu keine Summe; alleräußersten Falles sollten die Kaufmannshändel in die Summe von 200 fl. eingezogen werden, Gebot und Gebäu aber müßten freibleiben, da diese einen Anschlag nicht vertragen; und es soll nicht allein als Begnadigung, sondern als Gesetz geschehen. Die Sache rückt nicht vor; der Rat befiehlt aber Toppler, am Hofe zu bleiben[6]), und mahnt ihn wiederholt[7]). Inzwischen waren aber Ereignisse eingetreten, welche, sicher schon von den Ratsherren zu Nürnberg vorausgesehen, die Frage der Kaufmannshändel zu einer im Moment hochbedeutsamen machten. Seit dem zweiten Viertel des 15. Jahrhunderts hatten die großen Handelsgesellschaften[8]) ins-

[1]) „oder so der Rat oder die Urtlsprecher von Amtswegen oder auf Begehren der Parteien ohn rechtlich Erkenntnis ihre Unterthanen werden gebieten in Sachen, die ihnen nach unseren und unseres Reiches gemeinen Rechten zustehen" im Wortlaut des Privilegs.

[2]) Augsburg, Lübeck.

[3]) Briefbuch n° 59 S. 41.

[4]) Briefbuch a. a. O. S. 71.

[5]) Ebenda S. 78.

[6]) Briefbuch Nr. 60 S. 29.

[7]) Ebenda S. 42.

[8]) Für die Geschichte derselben ist noch viel zu thun. Das Beste bringt Schmoller in der Zeitschrift für die gesamten Staatswissenschaften. Bd. XVI

besondere nach Vertreibung der Juden aus vielen deutschen Städten eine Thätigkeit entfaltet, welche das Ziel verfolgte, durch Vereinigung großer Kapitalmassen die kleinen Konkurrenten zu erdrücken und hierauf durch Monopolpreise sich unverhältnismäßig zu bereichern. Bereits unter Sigismund und Friedrich III. war es deshalb zu Klagen gekommen; unter Maximilian aber wurde die Herrschaft der Gesellschaften immer drückender. Das Volk wurde erbittert gegen die „Kaufwucherer"; Geiler von Kaisersberg predigte, man solle ausziehen, sie zu vertreiben [1]). Die einzelnen Gesellschaften standen wieder unter sich in Beziehungen, und wegen des Gewürzhandels nach den portugiesischen Kolonieen machte z. B. Balthasar Sprenger als „Geschickter der Furtreffen Kaufherren der Fucker, Welßer, Hochstetter, Hyrßfogel, deren im Hofe und anderer yrer Gesellschaften" [2]) 1505 mit drei Schiffen die Reise nach Indien.

Diese Gesellschaften waren wirtschaftlich und finanziell gleich beachtenswerte Steuerquellen für das Reich, und bereits 1495 war der Plan aufgetaucht, diese Quellen zu benutzen [3]). Nunmehr sollten die Kaufleute von Augsburg, Nürnberg, Memmingen und Ravensburg [4]) die Kosten des Römerzuges vorschießen und haben dies auch, wie jetzt schon hervorgehoben werden soll, gethan [5]). Alsbald ließ der Kaiser, jedenfalls auf Grund der Reichsabschiede von Lindau (1497), Freiburg (1498) und

S. 496 ff. und in seinem Jahrb. f. Gesetzg., Verwalt. u. Volkswirtschaft. Bd. XVII S. 385 ff., ferner Kluckhohn, Zur Geschichte der Handelsgesellschaften und Monopole in den Histor. Aufsätzen dem Andenken an Gg. Waitz gewidmet 1886. Vgl. jetzt Heyd, Die große Ravensburger Gesellschaft, 1890, wo aber bedauerlicher Weise die allgemeinen Verhältnisse nicht berührt werden, die auch für die einzelne Gesellschaft von großer Bedeutung sind.

[1]) Vgl. Falke a. a. O. Bd. I S. 129, Bd. II S. 21, 59, 329 ff., v. Ranke, Deutsche Geschichte im Zeitalter der Reformation, Bd. I 1852 S. 16; Kleinschmidt, Augsburg, Nürnberg und ihre Handelsfürsten 1881 S. 35, 110 f., W. Böhm, F. Reisers Reformation des Kaisers Siegmund 1886, v. Bezold, Gesch. der deutschen Reformation 1890 S. 33.

[2]) Vgl. Ruge, Geschichte des Zeitalters der Entdeckungen 1881 S. 148. Vgl. auch Heyd, Ravensb. Ges. S. 9, Kleinschmidt a. a. O. S. 29.

[3]) Ranke a. a. O. S. 161. Verteidigung der Gesellschaften bei Ulmann, Kaiser Maximilian I. Bd. II 1890 S. 620.

[4]) Die Gesellschaft der Hundtpieß zu Ravensburg ist bereits in einem Schreiben an Toppler, Briefbuch n° 59 S. 71 erwähnt.

[5]) v. Stetten, Geschichte der Stadt Augsburg, 1743—58 S. 264, Fischer a. a. O. Bd. II S. 649, Klüpfel, Urkunden zur Geschichte des schwäbischen Bundes Bd. II S. 12 und 16.

Augsburg (1500)[1]), endlich von Kostnitz (1507)[2]) über den Wucher die Gesellschaften der genannten Städte vor das Reichskammergericht vorladen, um so einen Druck auf sie auszuüben und sie gefügiger zu machen. Dabei mag daran erinnert werden, daß die großen Gesellschaften, nachdem der Reichstag zu Köln 1512[3]) und weitere 5 Reichstage gegen sie Strafbestimmungen wegen der thatsächlichen Monopolisierung einzelner Artikel ausgesprochen hatten[4]), nachdem der Landtag der österreichischen Erblande zu Innsbruck 1518 energisch gegen sie vorgegangen war (bereits seit dem Jahre 1515[5]), nachdem Karl V. in seiner Wahlkapitulation die Beseitigung der großen Gesellschaften hatte versprechen müssen[6]), daß diese Gesellschaften 1530 in der Person der Welser, Rem und Hörvart vor dem Kammergericht wegen des Monopolisierens angeklagt wurden, während sich 1522 das Reichsregiment mit den Gesellschaften beschäftigt hatte, 1524 aber die Fugger dasselbe angeklagt hatten, da es richterliche Befugnisse, die nur dem Reichskammergericht zuständen, hätte ausüben wollen[7]). Die Ladung vor das Kammergericht im Jahre 1507 war demnach keine ganz leere Drohung.

Der Kaiser schrieb im Spätjahr 1507[8]), wie an die anderen beteiligten Städte, so auch an den Rat von Nürnberg, und beanspruchte, daß die Kaufleute des Reiches ihm unmittelbar unterworfen sein sollten. Das war also das gerade Gegenteil dessen, was die Nürnberger als Privilegium anstrebten. Nürnberg begriff sofort die volle Tragweite dieser Forderung, brachte die Sache bei dem schwäbischen Bunde, dem es angehörte, augenblicklich durch seinen Gesandten Jörg Holzschuher an, der vorstellen mußte[9]),

---

[1]) Neue Sammlung Bd. II S. 31 ff., 46 ff.

[2]) Briefbuch n° 60, S. 202^{v} ff. Vgl. Kluckhohn a. a. O. S. 677 Anm. 2.

[3]) Ebenda S. 141 ff.; vgl. Falke a. a. O. Bd. II S. 337.

[4]) Im gleichen Jahre wurde ein Kaufmann Bartholomäus Rein, der als Mitglied des augsburgischen Geschäfts der Hochstetter mit geringem Kapital ein großes Vermögen gewonnen hatte, eingekerkert. Falke a. a. O. Bd. II S. 337. Vgl. Schmoller, Zeitschr. f. d. ges. Staatsw. XVI S. 500 ff.

[5]) Falke a. a. O. Bd. II S. 129, I S. 338 und Kleinschmidt a. a. O. S. 40

[6]) v. Bezold a. a. O. S. 197, 295, 405.

[7]) Falke a. a. O. Bd. II S. 339, Kleinschmidt a. a. O. S. 41, v. Bezold a. a. O. S. 405.

[8]) Nürnberger Briefbuch Nr. 60 S. 124^{v}. Über die gleichzeitigen Verhandlungen Maximilian's mit Ulm siehe Schmoller am letztangeführten Orte S. 500. Schreiben Maximilian's an Augsburg s. bei Simonsfeld, Fondaco tedesco Bd. I 1887 S. 357.

[9]) Briefbuch n° 60 S. 124.

daß Irrungen, die zwischen den Kaufleuten und Gesellschaften oder zwischen dritten Personen und denselben entstünden, nach dem kaiserlichen Schreiben vor dem Kammergericht und nicht den Städten auszutragen wären; „denn sie (die Kaufleute) wären Kaiserl. Majestät und nit uns unterwürfig und zugewandt". Dadurch aber entstünden für alle Kommunen, wo Gesellschaften und Kaufleute seien, Beschwerden und Nachteil. Erasmus Toppler wurde von dem Schreiben [1]) des Kaisers unterrichtet und angeeifert, „nun noch mehr Fleiß zu thun, die verzeichneten Freiheiten, deren Kopie beihändig, zu erlangen". Den Mitbeteiligten [2]) gegenüber wurde seitens des Nürnberger Rats vorgeschlagen, die Unzuständigkeit des Kammergerichts geltend zu machen, insbesondere weil die Kaufleute mit ihren Namen nicht benannt seien, und demgemäß die Prokuratoren des Kammergerichts zu bevollmächtigen, während Nürnberg selbst sich dahin verteidigte [3]), daß in der Stadt keine Gesellschaft vorhanden sei, sondern allein Kaufleute, die ihr Gewerbe mit ihren Brüdern und nächst gesippten Freunden ausüben. Hier finden wir eine Unterscheidung zwischen den Arten der Handelsgesellschaften, wie sie mit vollem Rechte bereits Falke [4]) gemacht hat: die durch einen bestimmten, von den Teilnehmern unterschriebenen Vertrag für bestimmte oder unbestimmte Zeit eingegangene Gesellschaft im Gegensatz zu derjenigen, welche durch Erweiterung der Familien auf Grundlage des ungeteilten Familienvermögens sich bildete, wie wir das in Nürnberg bei den Imhoff, Ebner, Volkamer, Kreß [5]) finden. Aber einesteils gehen die beiden Arten ineinander über, indem zu der Gesellschaft der Stammfamilie einzelne mehr oder minder verwandte Teilhaber hinzutreten [6]) und die Familien selbst

---

[1]) Ebenda n° 60 S. 150; es ergiebt sich aus dem Briefe, daß der Kaiser, bereits früher der Kaufleute halben geschrieben hat, und die Wahrscheinlichkeit, daß das Privileg mit Rücksicht auf die Pläne des Kaisers erstrebt wurde, wird dadurch noch größer. Vgl. unten S. 56.

[2]) Schr. nach Ulm, Briefbuch a. a. O. S. 158, Klüpfel a. a. O. S. 13.

[3]) Schr. nach Augsburg und Instruktion des Gesandten Ortlin, Briefbuch a. a. O. S. 164^{v} ff.

[4]) a. a. O. Bd. II S. 330 ff.

[5]) Für das Imhoff'sche Geschlecht um jene Zeit vgl. die Aufzeichnungen Andreas J. über sich selbst in seinem Geschlechtsbuch im v. Imhoff'schen Archiv. Vgl. Schmidt, F. Gust. Ad., Handelsgesellschaften in den deutschen Stadtrechtsquellen des Mittelalters 1883. S. 3 ff., Schmoller in seinen Jahrb. Bd. XVII S. 385.

[6]) Paul Behaim tritt 1548 zur Gesellschaft Endres Imhoff und Gebrüder mit einer Einlage von 4686 fl., davon 3500 fl. zu Gewinn und Verlust,

die Handelsgesellschaften von Zeit zu Zeit erneuern[1]); anderenteils hatte Nürnberg bereits 1464 durch seinen Diplomaten Jobst Tetzel unter dem Vorbringen, daß etliche Bürger ihr Hab und Gut ohne Geding zu Gewinn und Verlust in Gesellschaft gelegt hätten, den Handel aber selbst nicht betrieben, nach der Flucht der Hauptleute jedoch persönlich belangt worden seien, Privilegien[2]) gerade für diese zweite Art der Gesellschaft erlangt; so erscheint diese Art der Verteidigung als nicht gerade glücklich. Inzwischen hatte sich aber die Stellung der Nürnberger anderweitig gestärkt. Während auf Sonntag nach Sebastian wegen der Gesellschaften ein Tag für alle freien Städte nach Speier ausgeschrieben war[3]), wandte sich der Kammermeister Balthasar Wolff von Wolffsthal, Ritter, k. k. Rat[4]) ꝛc., zuerst an den Edlen Anton Tetzel; dieser schrieb ihm zweimal Antwort und legte die Korrespondenz dem Rat vor. Danach habe der Kaiser, dem die Rüstung der Stadt Nürnberg zum Romzuge sehr gut gefallen habe, wegen des Regiments und der Kaufmannshändel viel mit Wolff gesprochen, und dieser habe die großen Ausgaben der Stadt hervorgehoben. Der Kaiser habe das so beherzigt, daß er Nachts darüber nachgedacht habe, damit Nürnberg nicht zurückginge, und habe er deshalb Frankfurt eine seiner Messen nehmen oder Nürnberg einen Zoll auf seine eroberten Flecken gewähren wollen, was dann Wolff, vielleicht auf Anraten des Kaisers, der Nürnberg von den anderen Städten wohl trennen wollte, meldete. Anton Tetzel antwortete[5]) im Auftrage des Rats, daß die Übertragung der Messe mehr Unheil als Nutzen stiften könne; dagegen habe Nürnberg den Propst Toppler schon lange beauftragt, eine Konfirmation der Beheimschen Belehnung zu erwirken, auch etliche Privilegien zu erlangen, an denen der Stadt viel gelegen sei und die zur Abstellung viel spennig irriger Sachen dienlich wären. Zur Erlangung dieser Anliegen wird Wolffs Hülfe — mit oder ohne den Propst — erbeten, letzterer aber im gleichen Sinne instruiert[6]).

Rest fest verzinslich, Mitt. d. Vereins f. Gesch. d. Stadt Nürnberg, 1881. S. 74. Ähnlich Willib. Pirkheimer.

[1]) Vgl. die erhaltenen Dokumente der 2. Imhoffschen Gesellschaft von 1551.

[2]) Hist. dipl. S. 681.

[3]) Briefbuch n° 60 S. 174.

[4]) Ulmann a. a. O. S. 355 Anm. 2. Wolff war von Maximilian 1500 den Nürnbergern zum Schultheißen vorgeschlagen worden. Ulmann a. a. O. S. 613.

[5]) Briefbuch a. a. O. S. 182.

[6]) Ebenda a. a. O. S. 180.

In einer Zedula zu dem Briefe an Wolff schreibt[1]) Tetzel — und daraus ergiebt sich, daß außer dem gleichsam offiziellen Text des Hauptbriefs bereits vorher über die Kaufmannssachen verhandelt wurde —:

„Als auch Euer Ehrw. in Ihrer Schrift anzeigen, daß Ihr nicht mocht bedenken, was die Freiheit der Kauffleute unze zu den Sachen das Anlehen betreffend, darum die k. k. Majestät gegen unsere und der andern dreier Stadt in Forderung und Handlung steht, dienstlich sein mög, geben wir E. E. darauf diesen Bericht, daß die k. k. Majestät in denselben Sachen ihren höchsten Grund darauf stellt, daß die Kaufleute J. Majestät ohn Mittel unterworfen seien. Wo nun dem also, so müßten dieselben Kaufleute ohn Mittel vor dem k. Kammergericht Rechtfertigung ihrer Sachen nehmen; wo aber wir dieselben privilegia erlangten, also daß alle Kaufmannshändel hieselben durch Recht entschieden werden, so hätten wir wahrhaftig und gegründet Ursachen, der k. Majestät ihr Meinung und Vorhaben zu benehmen, denn alsdann wären wir der unterthänigsten Hoffnung, Ihre Majestät würden unserer Kaufleute Rechterbietung vor uns bringen lassen und Ihrer Majestät Brief und Freiheit nicht entgegenhandeln."

Deutlicher konnte man sich über die thatsächlich beabsichtigte Wirkung nicht aussprechen. Daß das Privileg mit Rücksicht auf diese Wirkung überhaupt nachgesucht wurde, das dürfte sich aus einer anderen derartigen Zedula ergeben[2]), wo die Geschichte der Frage im Zusammenhange nochmals erörtert wird. Danach hatte der Kaiser die Gesellschaften der Kaufleute in den vier Städten um ein „tapfer Anlehen" ersucht und als Grund angegeben, es sei durch die Stände des Reichs auf dem Reichstage zu Kostnitz[3]) bewilligt worden, daß die Gesellschaften der Kaufleute dem Kaiser unmittelbar unterworfen seien, und es dürften auch ohne den Kaiser keine solchen Gesellschaften errichtet werden, welche eher nachteilig als ersprießlich seien und kein Mitleid mit dem Reiche hätten. Der Kaiser hatte sich nicht an die „gemeinen Kaufleute" sondern nur an etliche, die Tucher, Imhoff, Hirßvogel und Futterer gewandt, hatte aber einen ablehnenden Bescheid er-

---

[1]) Ebenda S. 196.

[2]) Briefbuch a. a. O. S. 202v.

[3]) Vgl. Ulmann, Kaiser Maximilian Bd. II S. 623.

halten. Nun hat der Kaiser nur auf die Gesellschaften insgesamt sein Begehr gerichtet. Auf einem durch Augsburg berufenen Bundestage wurde der Kaiser um Einstellung seines Vorgehens ersucht, aber vergebens; im Gegenteil verlangte der Kaiser in einer an die Versammlung gerichteten Botschaft Zurücknahme des Beschlusses, welche aber nicht erfolgte. Jetzt erst ließ der Kaiser die schriftliche Zitation der Gesellschaften auf einen Termin vor das Kammergericht ergehen, wo sie dem k. Fiskal [1]) wegen des Anlehens Antwort stehen sollten. Es hat daher die Frage der Zuständigkeit der Kaufleute vom Reichstage zu Kostnitz [2]) ab ständig gespielt, und man wird dem Rate zu Nürnberg wohl zutrauen müssen, daß er sich der Bedeutung des von ihm gewünschten Privilegs von Anfang an bewußt war.

Inzwischen hatte der Kaiser den Ritter Paul von Lichtenstein [3]) nach Augsburg geschickt und die Gesellschaften der vier Städte dahin beordern lassen. Es wurden 80 000 fl. Anlehen vorgeschlagen, „ihnen den Kaufleuten in Jahresfrist der nächsten 20 000 Ztr. Kupfer [4]) je ein Zentner um 4 fl. oder, wenn dem Kupfer Abgang sei, etlich Silber kaufsweise zu liefern". Aber die Kaufleute gingen nicht darauf ein, und die Unterhandlungen zogen sich in Ulm und Speier weiter fort; Nürnberg aber suchte immer noch durch Toppler beim Kaiser, der ihm ja eine besondere Gnade erweisen wolle, durchzusetzen [5]), daß er seine Kaufleute von den andern sondere, indem nun weiter geltend gemacht wurde, daß das Hauptgut der Nürnberger Gesellschaften gar klein sei im Vergleich zu dem der großen Gesellschaften, und daß sie von den kaiserlichen Erblanden nichts genießen [6]).

Im Januar 1508 wurde dann in Ulm ein Bundesabschied erlassen, der die Annahme des Lichtenstein'schen Angebots durch die Städte Augsburg, Memmingen und Ravensburg voraussehen ließ. Nunmehr wurden auch die Instruktionen Topp-

[1]) Vgl. Endemann, Von dem alten Reichskammergericht 1893. S. 15: Der Fiskalprokurator eben 1507 eingeführt.

[2]) Eigentlich schon von dem zu Worms 1495 ab, Ulmann a. a. O. S. 622.

[3]) Vgl. über ihn Ulmann a. a. O. Bd. I S. 813, II S. 624.

[4]) Über das Kupfer- und Silbergeschäft der Fugger und Thurzo mit den Habsburgern im Anfang des 16. Jahrh. s. Kleinschmidt a. a. O. S. 31 ff.

[5]) Briefbuch a. a. O. S. 202^{V} ff.

[6]) Dort waren die Klagen besonders groß, vor allem in Wien, wo sie sich aber gerade gegen Nürnberg und Augsburg richteten, s. Falke a. a. O. Bd. I S. 129.

ler's geändert[1]). Er sollte allerdings primär bitten, von dem Begehren des Anlehens gegen die Nürnberger Kaufleute abzusehen, ev. um eine Verschreibung, daß der Kaiser deshalb in Nürnberg nicht mehr ansuchen wolle, weiter um die Freiheiten und die Lehenskonfirmation, endlich daß das zum Römerzuge ausgehobene Kontingent nach Hause ziehen könne. Wenn die drei Punkte zugestanden werden, bewilligt Nürnberg bis 8000 fl. frei und nicht anlehensweise, — wenn zwei Punkte durchgehen, 6000 fl., da die kaiserliche Majestät Geld braucht. Die Erledigung ist wegen der Kaufleute durch reitende Boten anzuzeigen. In einer Zedula wird Toppler ermahnt, zu eilen und keine Kosten zu sparen, da Dr. Matthias Neithart, der Städte Hauptmann, auf Sonntag nach Lichtmeß Tag gesetzt habe. Nunmehr vollziehen sich die Ereignisse rasch. Anfang Februar 1508[2]) teilt der Rat seinem Abgesandten mit, daß die freien und Reichsstädte einen Tag nach Speier verraumt hätten und daß Nürnberg auch dort vertreten gewesen sei. Die Städte hätten das Anlehen angenommen gegen des Kaisers Verschreibung[3]), daß das Anlehen auf keiner Pflicht beruht und sich nicht wiederholt. Der Kaiser hat das bewilligt, und nun kann sich auch Nürnberg nicht ausschließen. Wenn daher Toppler nach dem vorigen Briefe schon etwas gethan und erreicht hat, dann ist es recht, wenn nicht, soll er sich nicht weiter ereifern, da Nürnberg nach zwei oder drei Tagen sich direkt an den Kaiser oder Lichtenstein wenden wolle. Am 14. März 1508 wurden die Freiheiten bewilligt und 1520 von Karl V. bestätigt[4]), nachdem die mit der Verbringung der Reichskleinodien nach Aachen beauftragten Hans Ebner und Bernh. Groland zugleich den Befehl erhalten hatten, Bestätigung der Privilegien zu erbitten[5]).

§ 13. Inhalt des Privilegs und Gründe, warum dasselbe in Vergessenheit geriet.

Das Privileg beginnt wie die früheren Appellationsprivilegien damit, daß nach Mitteilung des Rats in Nürnberg „viel frevenlicher, mutwilliger und ungegrünter Appellation" geschehen und für-

[1]) Briefbuch a. a. O. S. 229.

[2]) Ebenda a. a. O. S. 247.

[3]) Lünig, Reichsarchiv XIII S. 120, datiert erst vom 24. März 1508. Ulmann a. a. O. Bd. II S. 624. Am 9. März schreibt Maximilian an Augsburg, Nürnberg hätte zugestimmt s. Simonsfeld a. a. O. Bd. I S. 361.

[4]) Hist. dipl. S. 879.

[5]) Ratsbuch von 1520 S. 248.

genommen werden etwa allein zu Verlängerung und Aufzug der Sachen, zu Gefährd und merklichem Schaden derjenigen, die solches behabt und erstanden haben. Hierauf wird (neben der Frage der Appellationsfreiheit in Sachen der Gebäu) erörtert,

1. daß ettliche Bürger, Inwohner und Andere in Ausführung der Kaufhändel vor den Gerichten zu Nürnberg die Länge und Verzug mit viel unnotdürftigen Einreden gebrauchen, dem anderen Teil zu merklichem Nachteil und Schaden, wiewohl nach des Kaisers und des Reiches Satzungen und beschrieben Rechten es sich gebühre, alle Gebrechen, so erwachsen aus der Kaufleut Händel in Kaufen, Verkaufen, Rechnungen und Gesellschaften mit allen ihren Anhängen und Umständen mit dem Kürzesten, Summarie und allein aus den Geschichten zu entscheiden, die Schäden zu verhüten, so aus den Längrungen und dem Verzug gewöhnlich erwachsen. Deshalb wird geboten, daß hinfüro ewiglich in Sachen der Kaufleut Händel vor den Gerichten zu Nürnberg mit dem Kürzesten und summarie soll prozediert und gehandelt werden.

Daran schließt sich

2. die Vorschrift, daß (neben der Erhöhung der Appellationssumme auf 600 fl.) in Sachen der Gebäu und der Kaufmannshändel nicht an das Kammergericht appelliert werden könne, Alles bei Strafe von 50 Mark lothigen Goldes. Als Gründe werden hiezu speziell angeführt, daß durch die Appellationen die Kaufleute von den Händeln gezogen werden und in Abfall ihrer Nahrung kommen.

Endlich wird

3. als Überzeugung des Kaisers ausgesprochen, daß niemand geschickter ist zu entscheiden die obgemeldeten Gebrechen der Kaufleut und Kaufmannshändel als die verständigen Kaufleute und daß „der beder Sachen halb (auch der Gebäu wegen) ein groß menig und anzall" Personen täglich bei dem Augenschein der Gebäu und Händel mag erfunden werden.

In diesen drei Grundsätzen, summarischem Verfahren, Beschränkung der Appellation und Laienrichtertum, ist alles dasjenige enthalten, was eine spätere Zeit als Eigentümlichkeiten der kaufmännischen Gerichte betrachtete. Hier erscheinen wie im Anfang im italienischen Rechte[1]) die Vorrechte streng subjektiv[2]) als solche der

---

[1]) S. oben S. 6, 7.

[2]) Goldschmidt, Handbuch des Handelsrechts Bd. I 2. Aufl. S. 48, 438, 471. Endemann in Zeitschr. f. Handelsrecht a. a. O. B. V S. 348, 353.

Kaufleute. Zur Begründung dieses Spezialrechts, das als Gesetz, nicht nur als Privileg), bewilligt werden soll, nimmt der Rat, und das ist höchst interessant, Bezug auf das gemeine Recht, und zwar nicht etwa für das Recht eigener Gerichtsbarkeit, wie Endemann[2]), sondern auf die Grundsätze des beschleunigten Verfahrens[3]). Nicht das Handelsgericht treffen wir als das frühere und den summarischen als den von diesem eingeführten Prozeß, sondern im Anschluß an den bisher nur in geringfügigen Sachen und in denen der Fremden bestehenden beschleunigten Prozeß das summarische Verfahren in Handelssachen. Wir haben letzteres in Italien[4]) immer wieder als den hervorstechenden Zug der die Handelssachen judizierenden Gerichte angetroffen, und das Gleiche ist, soweit nicht lediglich nationale Vorrechte in Betracht kommen, der Fall in Spanien[5]), Frankreich[6]), England[7]) ꝛc. Dieses thatsächlich in Übung befindliche Verfahren war besonders von Baldus, Bartolus und Durantis aus dem römischen Rechte begründet worden, und nun berief man sich auf dasselbe als gemeines Recht. Die Beschränkung der Appellation aber war eine Folge dieses summarischen Verfahrens, wie wir ja sahen, daß im Anfange die Fälle der Appellationsfreiheit fast zusammenfielen mit denjenigen des summarischen Verfahrens: der Grund in beiden Fällen war eben die Beschleunigung der Rechtspflege.

Der Ausspruch bezüglich des Laienrichtertums ist gemacht zur Begründung der Appellationsfreiheit, bezieht sich daher nur auf die zweite Instanz, da ja in erster an sich schon Schöffen urteilten; aber er ist merkwürdig genug für die Zeit Maximilians, der vor kurzem[8]) in Antwerpen ein groß angelegtes kaufmännisches Schiedsgericht kennen gelernt hatte.

Man hätte nun glauben sollen, daß diese Privilegien, in denen die Gedanken einer neuen Zeit schlummerten, viel Staub auf-

---

[1]) S. oben S. 51.

[2]) an dem oben angeführten Orte S. 355.

[3]) Vgl. Joh. Hieronym. Wurffbein, Tractatus de differentiis juris civilis et Reform. Noricae, 1665 p. 167: exemptae ab appellandi licentia causae mercantiles, Kauffhändel, in quibus de simplici et de plano procedi debet.

[4]) Vgl. oben § 2 sub I—V.

[5]) Vgl. oben § 3 sub I a. E.

[6]) Vgl. oben § 3 sub II, 1, 3, 4, 5.

[7]) Vgl. oben § 3 sub III.

[8]) S. oben § 3 a. E.

gewirbelt hätten; aber das Gegenteil davon ist richtig. Als der Rat[1]) am 26. März 1508 die Publikation der Privilegien befahl, da geschah dies mit den Worten, die kaiserlichen Freiheiten, so ein E. Rath jetzt erlangt hat, daß Niemand von Endurtheilen an des E. Raths Gerichten gesprochen, da die anfängliche Hauptsach der Clag über 600 fl. nit betrifft, an das kaiserliche oder ein anderes Gericht dann für einen E. Rath appelliren solle, solle man über den Gerichtsring verlesen; bezüglich der Freiheit der Gebäu finden wir einen Beschluß vom Frühjahr 1512, daß die Appellation in diesen Sachen nach „eines E. Raths neu erlangten Freiheiten" an den Rat zuzulassen sei; bezüglich der kaufmännischen Händel finden wir völlige Vergessenheit, die auch bei Bestätigung des Privilegs durch Karl V. nicht behoben wird. Die Gründe dafür sind meines Erachtens, daß die Anregung zu dem Privileg nicht aus dem Bedürfnisse, sondern aus dem Streben des Rates nach Macht- und Einkommenserweiterung, insbesondere aber aus taktischen Gründen gegenüber Maximilians Gesellschaftspolitik hervorging, daß letzterer Grund hinfällig wurde, nachdem Maximilian anerkannt hatte, daß ihm ein Recht gegenüber den Gesellschaften nicht zustehe, und daß daher der Rat, wie wir am Schlusse des vorigen Paragraphen sahen, selbst auf die Privilegien in der von ihm vorgeschlagenen Form kein besonderes Gewicht mehr legte. Dennoch sollten sich aus dem Privileg noch fruchtbare Bildungen entwickeln, nachdem einmal eine Vertretung des Kaufmannsstandes, die jetzt noch mangelte und deren Fehlen ebenfalls zum Verkümmern des Privilegs beitrug, erstanden war.

§ 14. Wiederauffindung des Privilegs bezüglich der Appellation.

Im Jahre 1540, sonach 32 Jahre nach Erlangung des Privilegs, kam nicht etwa ein Vertreter des Kaufmannsstandes, sondern ein Ratskonsulent auf das Privileg, soweit es die Appellation in Kaufmannssachen betraf, zurück, wie im folgenden nach den Ratsprotokollen, Rats- und Ratschlagbüchern zu berichten ist; für die Zwischenzeit war irgend welche Erwähnung der Vorrechte nicht nachzuweisen.

Im genannten Jahre war der ein Jahr darauf verlebte[2]) Advokat und Ratskonsulent Dr. Hepstein gelegentlich der langan-

---

[1]) Protokollbuch 1507 13. Bdchen S. 13^{v}.

[2]) Verstarb 2. Dez. 1541; bei seinem Tode wurde Obsignation angeordnet; vgl. Ratsbuch zu diesem Jahre S. 330^{v}.

dauernden Händel mit Brandenburg viel mit historischen Studien, insbesondere den Privilegien behufs einer an das Kammergericht zu richtenden Triplik beschäftigt. Diese Thätigkeit dauerte etwa vom Mai bis September 1540, indem Hepstein zunächst zu dem Urteil Besserungen erteilte [1]), dann, nachdem das Urteil ans Kammergericht gefertigt war [2]), nach burggräflichen Briefen, darin Burggraf Johann stehen sollte, recherchieren ließ [3]) und in den weiteren Stadien die Sache betrieb [4]); im September bat ihn der Rat, über die gefundenen Briefe zu Weißenburg halber zu berichten, weil sie in der Sache hochdienlich sein möchten [5]). Im Zusammenhange damit steht, daß auch die im Juli 1540 erlangten Bestätigungen Karl V. über den Gerichtsstand Nürnbergs erster Instanz bei den Städten Windsheim und Weißenburg von Hepstein entworfen wurden [6]). Gelegentlich dieser Arbeiten muß nun Hepstein auch auf das Privileg von 1508 gestoßen sein. Denn am 2. September 1540 [7]) beschloß der Rat „das durch Dr. Hepstein begriffene Gesetz", daß in Rechtfertigungen, Kaufmannshändel belangend, ans Kammergericht nicht soll appelliert werden, bei Poen 50 Mark Golds, nach Laut eines Rats Freiheiten, also bleiben zu lassen und zur Reformation im 10. Titel des 3. Gesetzes bringen, auch am Gericht publizieren zu lassen nach den Erklärungen Dr. Hepsteins. Zugleich sollte unter Zuziehung des Genannten beratschlagt werden, wie man die Reformation bessern und wen man dazu brauchen möchte. In handschriftlichen Sammlungen der Additionaldekrete [8]) findet sich ebenfalls der folgende Ratsschluß vom 2. Sept. 1540:

Nachdem ein E. Rat unserer Herren als die Obrigkeit nach der Vorrede der Reformation die darin verleibten Statuta und Ordnungen zu ändern, zu mindern und zu mehren sich vorbehalten haben. Demselben nach wollen gedacht unsere Herren das 3. Gesetz des 10. Titels vorgemeldeter Reformation nachfolgender

---

[1]) Protokollb. 1540 Bdchen II S. 25 und 27 (19 Mai).

[2]) Ebenda S. 28^{V}.

[3]) Ebenda sub 20. Mai.

[4]) Ebenda Bdchen 6 S. 12^{IV}, 15 und Ratsbuch 1540 S. 158^{V}.

[5]) Ebenda Bdchen 7 S. 7^{V}. Vgl. Briefbuch 1540 Schr. v. 23. Okt. 1540 nach Weißenburg und Ratsbuch 1540 S. 175.

[6]) Protokollbuch, 2. Bdchen S. 5^{V}, Briefbuch Juli 1540. S. 184.

[7]) Protokolle 1540 Bdchen 6 S. 19, Ratsbuch a. a. O. S. 159.

[8]) Stadtbibliothek 2° Nr. 399 S. 28 und Archiv des Friedens- u. Kommerzgerichts n° 776, nicht bei Lahner, weil in der Reformation von 1564 enthalten.

Weis hiemit gemehrt und kraft ihres deshalb habenden k. und k. Privilegs geordnet haben: „Auch soll hinfüren von anher bei oder in entstehenden Kaufmannshändeln, Käufen, Verkäufen, Gesellschaft und was dem anhängig belangend, desgleichen auch in Gebäusachen an kein ander Gericht oder Ort appellirt werden denn allein vor einen E. Rath." Hierauf folgt die Appellationsfreiheit bis 600 fl., von dem summarischen Prozeß ist aber keine Rede.

Am 10. September 1540[1]) wurde dem Dr. Hepstein auf seinen Anzeigebericht, wie ers mit der Spezifikation zu den Freißsachen fürgenommen, die Zufriedenheit des Rats ausgesprochen, „doch möcht' nit Schad' dabei sein, Dr. Gugels Gutbedünken auch darin zu hören, sonderlich der Privilegien halb"[2]). Gugel und Hepstein wollten sich bereden, und letzterer erklärte sich bereit, die Freiheiten in Ordnung zu bringen[3]). Von beiden rührt dann der im Anhang[4]) abgedruckte Ratschlag vom 23. Juli 1540[5]) her, wo die Appellationsfreiheit in Handelssachen zuerst praktische Anwendung gefunden hat. Zugleich wurde angeregt, die Privilegien beim Reichsgericht insinuieren zu lassen. Trotz der gefaßten Beschlüsse schlief aber, wie es scheint, die Sache wieder ein. In einer Neuner'schen Appellationssache wider Martin Pfinzing und seine Mitverwandten in Sachen der Mansfeldt'schen Gesellschaft, also in einer Handelssache, wurde am 4. August 1543[6]) Zulassung ans Kammergericht beschlossen, ebenso wiederholt am 3. September ejusd.[7]); am 7. September 1543[8]) beriet dann Sebald Haller mit den fünf Konsulenten, wie die Freiheiten des Eides und der Kaution halber in den Appellationssachen an das Kammergericht wieder in Gang gebracht und gehandhabt werde, wobei Dr. Kötzler erklärte: der Publikation solcher Privilegien halber sei bei ihm kein Zweifel. Bezüglich der Appellation an den Rat, die in der Pfinzing'schen Sache allein in Betracht kommen konnte, erklärten die Gelehrten, die Reformation gäbe ein lauter Maß; dabei ließen sie es auch be-

---

[1]) Protokoll 6. Bdchen, S. 29^{v}.

[2]) Dr. Christoph Fabius Gugel, Konsulent und späterer Mitarbeiter a. d. Reform. von 1564, 1530—86 s. Stobbe a. a. O. Bd. I S. 304 Anm. 27.

[3]) Protok. 7. Bdchen S. 5^{v}.

[4]) Vgl. im Anhang die Beil. III.

[5]) Ratschlagbuch Nr. XI S. 48 vgl. S. 114.

[6]) Protokollbuch 1543 n° 5 S. 26^{v} und

[7]) Ebenda n° 6 S. 28.

[8]) Ratschlagbuch n° XI S. 255—260.

wenden. Am 16. November 1543[1]) wurde „der lange Rathschlag" der Gelehrten vom 7. September 1543 verlesen, was in Zukunft wegen des Eides und der Kaution in Appellationssachen zu thun sei, und wurde beschlossen, dieweil die Reformation deshalb etwas unlauter, die Publikation der Privilegien nach der gelehrten Meinung so bald als möglich vor Gericht zu veranlassen, doch zuvörderst durch Dr. Gugel aus solchem Ratschlag einen Auszug und Verzeichnis machen zu lassen, welcher den anderen Gelehrten auch vorzutragen sei. Hierauf[2]) wurde beschlossen, zur Besserung der Reformation die hierzu bestellten Gelehrten zusammenzufordern, daneben dem Claudius Cantiuncula[3]) und einem anderen Juristen je ein Exemplar zur Begutachtung zu senden; zugleich aber sollte die Freiheit wegen Eides und Kaution in Appellationssachen[4]) am ersten künftigen Gerichtstage publiziert, dem Gericht und dem Richter aber angesagt werden, daß sie fleißiger daran sein sollen als bisher, beim Rat solle zum besseren Gedächtnis Eintrag im Vierteljahrsmanual erfolgen.

Die Erinnerung des Rats an die Freiheiten Friedrich III. und Maximilians mit den Privilegien von 1464 und 1495 wurden dann von Sebald Haller und Hans Starck als von Rats wegen dazu verordnet, öffentlich im Gericht verlesen und publiziert[5]). Vom Privileg von 1508 geschieht keine Erwähnung, bis auf den im folgenden erwähnten Fall.

§ 15. Wiederentdeckung des Privilegs hinsichtlich des summarischen Verfahrens.

Das Bedürfnis des summarischen Verfahrens stellte sich früher bei den Bausachen ein, und es erging daher am 26. Januar 1542, also während der eben erzählten Verhandlungen, ein Rechtserlaß[6]), daß in Bausachen, abgesehen von Ausnahmefällen, mündlich und summarisch gehandelt werden solle. Bezüglich der kaufmännischen

---

[1]) Ratsprotokolle 9. Bdchen S. 15v.

[2]) 22. Dez., Prot. 10. Bdchen S. 26v.

[3]) Vgl. über dessen Gutachten Stobbe a. a. O. Bd. II S. 304.

[4]) Das Privileg von 1495, das hier allein in Frage kommt, ist sofort publiziert worden, s. oben S. 49.

[5]) Vgl. die Papierhandschrift der Nürnb. Stadtbibliothek 2° 399 Amb. S. 31 f.

[6]) Kodex Nr. 776 des Archivs des Friedens- und Kammergerichts, ferner die in voriger Anmerkung zitierte Papierhandschrift S. 29v.

Händel gab ein Prozeß von Paul Imhoff und Konsorten wider den Holzschuherischen Kurator Wolf von Thil und Sigmund Tetzel als Holzschuherische Gläubiger und Interessenten wegen des Guts, Hütten- und Hammerwerks Entzendorf den Anlaß. Gegen das Urteil des Stadtgerichts appellierten Paul Imhoff und Konsorten an das Kammergericht. Darauf erging auf eingeholtes Gutachten an die Appellanten der Bescheid [1]), daß „ein E. Rath die Fortsetzung ihrer eines E. Raths aller Handirung und Gewerbssachen halben und was denselben anhängig, privilegirten Jurisdiktion zu Abbruch an das k. Kammergericht vorgenommene Appellation nicht gestatten könne"; würde nicht freiwillig davon abgestanden, so würde mit der Strafe des Privilegs gegen sie vorgegangen, wovor die Übertreter verwarnt würden. Hier ist also das Privileg bezüglich der Appellation vollständig beobachtet. Zugleich wird fortgefahren [2]): Nachdem sich aus den ausgeübten Holzschuherischen [3]) auch andern dergleichen bei E. Rath appellationsweis fürkommenen Kaufmannssachen dieser nicht geringe Mißbrauch bisher befunden hat, daß in denselben den Partheien mit Gebung der Termine und sonst große Weitläufigkeit verstattet worden, da in solchen Sachen doch vermög E. E. Raths Privilegien simpliciter et de plano procediert werden soll, ist verlassen, hiewegen das Stadtgericht zu erinnern und neben Zustellung einer Kopie der Privilegien, zu ermahnen in den privilegierten Sachen schleunig, summarie et de plano zu verfahren.

Zugleich wurde, wie sich aus den Ratsprotokollen ergiebt, nunmehr die Appellation in obiger Sache im summarischen Verfahren weitergeführt, der Holzschuher'sche Kurator und seine Genossen, die ein schriftliches Begehren der Legitimation halben übergeben hatten, hiermit zurückgewiesen, mit der Auflage, auf der Appellanten Erklärung selbst Antwort zu geben [4]), und als sich der Prozeß doch in die Länge zog, wurden die Prokuratoren zur Beschleunigung gemahnt [5]).

---

[1]) Protokoll 1582 Bdchen n° 2 S. 36.

[2]) Dieser Teil des Ratsverlasses vom 2. Juni 1582 ist bei Lahner a. a. O. S. 310 abgedruckt.

[3]) Bei Lahner a. a. O. steht „H***".

[4]) Prot. 1582 Bdchen 3 S. 61^{v}, vgl. Bdchen 4 S. 9, Bdchen 5 S. 48, Bdchen 7 S. 3, Bdchen 10 S. 9 und 43.

[5]) Protokoll 1582 Bdchen 11 S. 36^{v}.

Dritte Abteilung.

Die weitere Entwickelung bis zur Banko-Ordnung von 1621.

§ 16. Die Entstehung einer Vertretung des Kaufmannsstandes.

Wir haben gesehen, wie in Italien, Spanien, Frankreich, England, den nordischen Reichen und den Niederlanden die Entwickelung der kaufmännischen Gerichtsbarkeit in engem Anschluß an die Organisationen des Kaufmannsstandes (Innungen, kaufmännischen Konsuln, privilegierten Meßvereinigungen, Hansen, Kollegien) sich vollzieht, und wie von der Doktrin[1]) die Handelsgerichtsbarkeit geradezu davon abgeleitet wird, daß die Kollegien das Recht eigener Gerichtsbarkeit hatten. In Nürnberg hatte der Rat die Privilegien für die Kaufleute als solche erlangt, städtische und Handelsinteressen fielen im Anfange vielfach zusammen. Nach der eingetretenen Differenzierung der Berufszweige mußte aber die Entwickelung einen ganz andern Gang nehmen, wenn eine Vertretung des Kaufmannsstandes vorhanden war, welche die Aufrechterhaltung und Erweiterung der Handelsvorrechte als ihre Aufgabe betrachtete und zugleich in ihrem Kreise die verständigen Männer darbot, welche am geschicktesten sind, die Gebrechen der Kaufleute zu entscheiden.

Bereits im Jahre 1508 unterschied der Rat, wie wir erzählt haben, daß der Kaiser sich an die einzelnen und nicht an die „gemeinen Kaufleute" [2]) gewandt habe; es mußte also doch wohl bereits eine Stelle damals gegeben haben, welche man als Vertreter des Kaufmannsstandes angehen konnte. Den „gemeinen Kaufleuten" in Nürnberg entspräche der „meene Kopmann" in Hamburg, wo die Vereinigung der Großkaufleute um die damalige Zeit so hieß[3]), ferner „der gemeine Kaufmann" in Wisby als Vereinigung der dorthin handelnden Kaufleute[4]), bei der Hansa ꝛc. Diese Vereinigungen entstanden meist aus den gemeinschaftlichen Reisen der Kaufleute, von denen an anderem Orte gesprochen wurde, und hatten einen landsmannschaftlichen Charakter. Das änderte sich,

---

[1]) Endemann, Beiträge in Zeitschr. f. Handelsr. Bd. V S. 355.

[2]) S. oben S. 56.

[3]) Kirchenpauer, Die alte Börse, ihre Gründung und ihre Vorsteher. Hamburg 1841 S. 9.

[4]) Hegel a. a. O. Bd. I S. 309.

als etwa vom Ende des 15. Jahrhunderts ab die Bedeutung der Faktoreien[1]) und damit der landsmannschaftlichen Vereinigungen im Auslande abnahm, als die Waren mehr vom Platze aus (abgesehen vom Meßhandel) versendet wurden und speziell für Deutschland der internationale Handel selbst mehr und mehr abnahm[2]). Statt der Loggien und Gerichte der Einzelkaufleute verbreitete sich von Antwerpen aus, wo zuerst „die Verabredungen und Bestellungen der Kaufleute den Austausch von Ware gegen Ware" (Falke) verdrängen, die Börse[3]) als Zusammenkunftsort sämtlicher Kaufleute und das Schiedsgericht derselben[4]); 1549 entsteht die Börse von Toulouse, 1556 die von Rouen, 1558 die von Hamburg, 1566 die von London, 1570 die von Bourges, 1586 die von Amsterdam. In diesem Zusammenhange ist es gewiß kein Zufall, wenn 1558 die Kaufmannschaft in Hamburg um einen Platz zu Zusammenkünften, den sie mit gesammelten Geldern einfrieden läßt, am 9. Februar 1560[5]) aber die Kaufmannschaft in Nürnberg unter Berufung auf Antwerpen und Venedig um Anbringung eines Glöckchens, des Bourseglöckleins[6]), zur Abläutung des Verkehrs auf dem Herrenmarkte bittet. Nachdem der Rat den Kauf- und Handelsleuten auf ihr Supplizieren vergönnt hatte, um 11 Uhr vormittags und 5 Uhr nachmittags den Markt abzuläuten, beschloß er am 16. März 1560[7]): „also wollen die Kauf- und Handelsleute menniglich, so dieses betrifft, erinnert und ersucht haben, sich eines Raths zugelassener Ordnung gemäß zu verhalten"; der Übertreter soll einen Schilling in Gold in eine gemeine Büchse legen; ev. würde vom Rate mehrere Straf erteilt werden. In dieser Marktordnung lagen vereint korporative und obrigkeitliche Momente. Bisher (und ich nehme nicht mit Ehrenberg an, daß jetzt zum erstenmal die Kaufleute von Nürnberg als

---

[1]) Kirchenpauer a. a. O. S. 5, Falke a. a. O. Bd. II S. 80.

[2]) Falke a. a. O. Bd. II S. 135.

[3]) Ehrenberg in der Zeitschr. f. Handelsrecht Bd. XXX S 403, vorher Kirchenpauer a. a. O. S. 1 ff., Frank, Nachrichten über die Börse in Lübeck 1873 S. 1 ff.

[4]) Siehe oben S. 20.

[5]) Vgl. Marckbuch I am Herrenmarkt, Nr. 759 des Archivs des Friedens- und Kommerzgerichts S. 1 ff. Roth a. a. O Bd. IV S. 288 ff. Ehrenberg, Die alte Nürnberger Börse, in Mitt. des Vereins f. Gesch. der Stadt Nürnberg 8. Heft S. 69.

[6]) Roth a. a. O. Bd. IV S. 292.

[7]) S. Roth a. a. O. Bd. IV S. 296.

Berufsgemeinschaft auftreten) waren die Ältesten am Markt, wie in Hamburg, Breslau und anderen Städten, die gegebenen Vertreter des Kaufmannsstandes; jetzt wies aber die Verwaltung der Büchse, die Anstellung des Abläuters, die Miete des seit 1. Mai 1563 gemieteten doppelten Ladens als Marktgewölbe[1]) auf eine korporative Verwaltung, die Strafe des Rats auf obrigkeitliche Mitwirkung hin. In der That werden den Ältesten am Markt am 31. Januar 1562 zwei Herren vom Rate zugeordnet, „die sie in vorfallenden Mängeln und Gebrechen jedesmal zu Hilf und Rat nehmen sollen", während am 1. Mai 1566 die Ältesten beschlossen, daß ihrer fünf (es waren also mehr) „von Handelsleuten" zu Verwaltern der Marktordnung deputiert werden sollten[2]). Aber neben diesen mehr lokalen Obliegenheiten kamen den zu Marktherren Deputierten sofort höhere volkswirtschaftliche Aufgaben zu. Einmal das Geleitswesen, von dem wir schon früher gesprochen haben: 1356 wurde das Geleitsrecht für die Reichsstraßen bis zu den nächsten großen Messen Leipzig, Frankfurt a. M. von Nürnberg nach heftigen Streitigkeiten mit dem Burggrafen gewonnen[3]), und nun kam die Regelung und die Führung der Geleitsrechnung den Marktherren zu; das Frankfurter „Gelaidtsbuch" beginnt 1572[4]), dazu kam das Leipziger Geleite[5]) ꝛc." Im Zusammenhange damit, daß die Kaufleute, abgesehen von diesen Messen, nicht mehr ihre Waren so wie früher zu den Austauschplätzen selbst begleiteten, steht das Aufkommen des Fracht-[6]) und Botenwesens, welches beides den

---

[1]) „dieweilen sie (die Ältesten am Markt) zuvor nur den einen Laden innegehabt" scheint darauf zu deuten, daß schon vor 1560 das Marktgewölbe bestand; wäre es damals erst eingerichtet worden, würden wir bei der herrschenden Begeisterung davon wissen.

[2]) Ehrenberg am letztangeführten Ort S. 83. Vgl. auch Papierhandschrift. Amb. 2° Nr. 13 der Nürnb. Stadtbibliothek. Wie und auf was Weise .... verordnete Marksvorsteher ... an- und aufkommen.

[3]) Vgl. Falke a. a. O. Bd. I S. 199, Roth a. a. O. Bd. IV S. 54—82.

[4]) Archiv des Friedens- und Kommerzgerichts Nr. 733—35.

[5]) Vgl. ebenda Nr. 337/38 und Manual der ehrenvesten und fürnemen E. Edlen Ehrw. und Hochweisen Raths des hl. römischen Reichs Stadt Nürnberg zur Zeit verordneten Marktvorgeher der Kauf- und Handelsleute, Bd. II Nr. 739 passim, Bd. III Nr. 740 Entwurf zu einer Leipziger Gelaidtsordnung von 1634, Bd. III S. 75/76.

[6]) Vgl. ebenda Bd. IV S. 33—35 wegen der Fuhrleute zwischen Nürnberg und Hamburg, ebenda S. 142: jede Stadt solle eigene Boten anstellen dürfen.

Marktherren anheimfiel. Und zwar waren es anfangs einzelne Boten, dann übernahm die Kaufmannschaft die Regelung, und es ist auffallend und doch einleuchtend, wie dies in zwei so entfernten Plätzen wie Nürnberg und Hamburg gleichzeitig geschah. Von Hamburg aus gehen von 1570 an die Boten nach Antwerpen, und am 10. Juli 1578 entsteht die Botenordnung für Antwerpen, 1586 für Köln, 1593 für Leipzig, 1602 eine allgemeine Botenordnung [1]). In Nürnberg tritt neben der Leipziger [2]) 1575 die Wiener Pottenordnung auf Antrag der Wiener Handelsleute ins Leben, 1579 die von Antorff (Antwerpen) [3]), 1581 die von Hamburg [4]), während einzelne Boten nach diesen und andern Orten früher und ein eigenes Botenwesen seit 1576 erscheinen [5]); dazu kommen Boten nach St. Gallen [6]) 2c. Wie früh sich aus dieser Beaufsichtigung des Botenwesens die jetzt noch den Nachkommen der Marktvorgeher zustehende richterliche Kompetenz der Entscheidung von Streitigkeiten im Frachtwesen entwickelt, und wie hierin Nürnberg auch auf andere Städte eingewirkt hat, ergiebt sich daraus, daß am 6. Juli 1587 [7]) gelegentlich eines Streits zwischen den von Nürnberg nach Antwerpen gehenden Boten, nachdem derselbe der Botenordnung gemäß verabschiedet worden, die Nürnberger Marktherren einige Kaufleute von Frankfurt a. M. ersuchen, gleichfalls die Stelle von Marktherren unter den Kaufleuten von Frankfurt einzunehmen, und was für Streit wegen der Botenordnung dort vorwalten, auch sonst zwischen den Handelspersonen von Frankfurt vorfallen sollte, das solle vor ihnen erörtert werden; wenn aber der Streit zu schwer ist, sollen die Frankfurter die Sache an die Nürnberger (als die Prinzipale) senden [8]).

So war eine durch den Verkehr selbst mit Autorität ausgestattete Vertretung des kaufmännischen Standes herangewachsen, und es bedurfte nunmehr nur noch eines Ereignisses, das die Wahrung der kaufmännischen Privilegien in ihre Hand legte.

---

[1]) Kirchenpauer a. a. O. S. 42.

[2]) Marckbuch I S. 75.

[3]) Ebenda S. 92.

[4]) Ebenda S. 119.

[5]) Roth a. a. O. Bd. IV S. 476.

[6]) Manual Bd. III S. 203. S. unten S. 153 f.

[7]) Marckbuch I S. 151^{V}.

[8]) Vgl. Handschrift Amb. 2° Nr. 20 S. 13^{V} Pörsch-Ordnung: geringe Sachen, auch Fuhrleute und dergl. Leute betr. bleiben bei den Marktsvorgehern

§ 17. Münzverschlechterung und Bankgründung [1]).

Seit Mitte des 16., besonders aber zu Anfang des 17. Jahrhunderts [2]) entstand einesteils durch die von Anfang an schlechte Ausprägung der Münzen seitens der meisten Reichsstände, andernteils durch das „Kippen und Wippen" dieser an sich schlechten Stücke in ganz Deutschland eine ungeheure Geldkrise; die guten und groben Sorten wurden im Werte unerhört gesteigert und damit die Preise der Waren, denen sie als Wertmesser dienten. Um die Verluste bei dem jedesmaligen Bezahlen zu vermeiden, zirkulierten Anweisungen von Privaten, welche aber das Übel nur noch vermehrten, da der Gläubiger bei der definitiven Zahlungsaufforderung von einem an den andern gewiesen wurde [3]). Daß hierbei zahlreiche Streitigkeiten vorkommen mußten, leuchtet an sich ein. 1607 machte der kaiserl. Rat und Reichspfennigmeister Zacharias Geizkofler den Vorschlag, zur Abhülfe Banken zu errichten [4]), und 1619 wurde die Hamburger Bank gegründet, nachdem 1609 Amsterdam wesentlich aus anderen Gründen vorangegangen war [5]). Wie die Verhältnisse in Nürnberg lagen, ergiebt sich am besten aus der nachfolgenden, im Auftrage des Nürnberger Rats gefertigten [6]) Zusammenstellung:

„In Nürnberg haben golten"

	Thaler		Dukaten	
1593	72	Kreuzer	112	Kreuzer
1602	74	„	120	„

---

welche am Herrenmarkt, auch an Daniel Schnabels Haus ein Gewölb innehaben, Klag und Antwort zu vernehmen, und zu deren Bezahlung des Zinses die Mäkler zu gewissen Zeiten bei den Kaufleuten sammeln; hierzu Ehrenberg a. a. O. S. 85.

[1]) Vgl. v. Poschinger, Bankgeschichte des Königreichs Bayern 2. Lieferung 1875.

[2]) Falke a. a. O. Bd. II S. 384: schon die Klagen gegen die großen Gesellschaften kamen mit daher.

[3]) Vgl. den Kodex „Ankommen des Bancho" im germanischen Nationalmuseum, ferner die Papierhandschrift der Nürnb. Stadtbibliothek Amb. 2° No. 13, beide am Anf. Vgl. die Erklärungen des Marktherrn Viatis in den Akten des Kreisarchivs S. I L. 117 Nr. 1 und 2 Z. 16: Schaden durch viel Überweisung.

[4]) Will, Der Nürnbergischen Münzbelustigungen erster Teil 1764 S. 63.

[5]) Falke a. a. O. Vgl. aber Extrakt aus dem Buch der Ordnungen der Stadt Amsterdam vom 15. Juli 1600 gegen Münzverschlechterung. Arch. d. Merk.-, Fr.- und Komm.-G. Nr. 1501.

[6]) Nürnb. Kreisarchiv S. I L. 116 Nr. 17 Z. 130.

„In Nürnberg haben golten"

	Thaler		Dukaten	
1605	75	Kreuzer	124	Kreuzer
1606	76	„	126	„
1607	80	„	128	„
1608	80	„	130	„
1609	82	„	135	„
1610	84	„	135	„
1612	84	„	136	„
1613	85	„	140	„
1614	86	„	141	„
1615	90	„	144	„
1616	90	„	150	„
1618	92	„	152	„
1619	96	„	160	„
1620	124	„	192	„
1621	144	„	220	„
1. März „	150	„	240	„
1. Mai „	180	„	285	„
21. dito Bcho.	195	„	300	„
1. Juli 1621	240	„	360	„
1. Sept. „	300	„	540	„
1. Nov. „	360	„	600	„
1. Jan. 1622	420	„	660	„
1. Febr. „	480	„	720	„
1. März „	540	„	900	„
1. April „	600	„	960	„
1. Mai „	600	„	1200	„
16. Juni „	195	„	300	„

Damit stimmt, was Will[1]) berichtet, daß gegolten habe

	Der Reichsthaler	Der Dukaten
1622	10—12 fl.	16 fl. 20 kr.
1582	1 fl. 8 kr.	1 fl. 45 kr.[2]).

---

[1]) a. a. O. Teil I S. 37, v. Poschinger a. a. O. S. 10. Vgl. auch Scheurl de judiciis a. a. O. cap. XII § 3 nach Wurffbein a. a. O. S. 343.

[2]) Vgl. Tab. bei Roscher, Gesch. d. Nationalökonomik 1874. Der Thaler galt:

1616/17	90 kr.	1620	124—140 kr.
1618	92	1621	140—270 „
1619	108—124	1622	Febr. u. März 600 kr.

Diese Zuckungen zeigen zur Genüge die Krankheit der damaligen Volkswirtschaft, und es ist begreiflich, wenn die Nürnberger Kaufleute dringend um Abhülfe bitten und solche insbesondere von der Gründung eines Banko [1]) erhoffen. Für die gepflogenen Verhandlungen wird im allgemeinen auf v. Poschinger Bezug genommen, soweit nicht im folgenden abweichende Ansichten zum Ausdrucke zu bringen sind. Am 10. August 1621 wurde die Girobank zu Nürnberg eröffnet. Die Banko-Ordnung vom 16. Juli 1621 [2]) beruht wesentlich auf den Prinzipien, daß für den Banko „Ihre Herrlichkeiten auch selbsten gut sein und respondirn wöllen" und durch Deputierte die Aufsicht ausüben, daß alle Handelszahlungen und Depositengelder über 200 fl. in Banko geschehen müssen, und Umgehungen dieser Bestimmung bei Strafe verboten sind, daß die Einzahlungen und Abhebungen mindestens zur Hälfte in grober Münze nach bestimmter Valvation zu geschehen, die Wechsel gewisse Erfordernisse zu erfüllen haben (die Banko-Ordnung ist insofern zugleich Wechselordnung), und bestimmt unter dem 15. Absatz:

> Ihme auch bey den verordneten deputirten Herrn und Marcksvorgehern (alß allda alle vom Bancho herrührende Strittigkeiten sollen erörtert und ein Ehrnvester Rhat damit verschonet werden), wann er deßwegen Cleger würdt, nicht verholffen werden.

§ 18. Das Vorbild für die Nürnberger Bank und für die Entscheidung von Streitigkeiten bei derselben.

In der letztangeführten Verordnung haben wir den Punkt gefunden, durch welchen den Marktvorgehern, als den Vertretern des Kaufmannsstandes, die Entscheidung zunächst ganz bestimmter Arten von Handelssachen überwiesen wurde. Es fragt sich nun, wie man darauf gekommen ist, und diese Frage ist identisch mit jener nach dem Vorbilde der Nürnberger Bank überhaupt. Wenn wir zur Beantwortung zunächst die Überlieferung zu Rate ziehen, so behaupten Zeiler [3]) und nach ihm Will [4]) und Roth [5]), daß die Bank von Venedig vornehmlich zum Muster genommen worden

---

[1]) Zur Geschichte des Bankwesens in Nürnberg vgl. jetzt auch Ehrenberg a. a. O. S. 72 ff.

[2]) Statt aller Bezugnahme auf Handschriften s. Abdruck bei v. Poschinger, Beilagen V und Lahner a. a. O. S. 173.

[3]) Germania S. 104; ich habe dieses Buch des fruchtbaren Schriftstellers nicht erhalten können.

[4]) a. a. O. S. 33 f.

[5]) a. a. O. Bd. IV S. 306.

sei, während außer Will und Roth Wurffbein[1]), Scheurl[2]) und andere erklären, daß Venedig, Amsterdam und Hamburg zu Rate gezogen, Venedig aber vorzugsweise nachgeahmt worden sein soll. Ganz besonders ins Gewicht fallen die von Will[3]) und Hildebrand-Scheurl[4]) veröffentlichten gleichzeitigen Gedächtnismedaillen auf die vier vornehmsten Banken Europas, von denen die in Nürnberg 1624 geprägte die Wappen Venedigs an erster Stelle, dann Amsterdams, Hamburgs und Nürnbergs zeigt. Bezüglich Venedigs soll zwar nicht auf die oft erwähnte Ähnlichkeit[5]) in der Verfassung der beiden Freistädte Bezug genommen werden; wohl aber dürfte man erwarten, daß das, was der Rat bei der Bitte um die Vormundschaftsgesetze Venedigs an den Dogen schrieb: Cum igitur a Mercatoribus subditis nostris intelleximus, hac de re . . . sapienter ab illustribus Dominacionibus in Civitate Vestra provisum esse[6]), noch mehr auf die Bankverhältnisse zutreffe.

Dem allen steht die positive Angabe v. Poschingers[7]) gegenüber: Nürnberg wendete den Blick auf Amsterdam und Hamburg. „Die vielfach verbreitete Ansicht, daß sich Nürnberg die Bank von Venedig hierbei zum Muster genommen habe, erweist sich nach Lage der Akten als unstichhaltig." Aufgabe der folgenden Zeilen soll es sein, an der Hand der Akten zu zeigen, daß hier der Autor der Nürnberger Bankgeschichte sich im Irrtume befindet. Schon in den ersten Tagen, wo das Bankprojekt erörtert wurde, am 25. November 1615[8]), wurden Bartholomäus Viatis und Martin Peller mit ihren Vorschlägen gehört, und es mag hier nur kurz erwähnt werden, daß Bartholomäus Viatis der Ältere 1538 in Venedig geboren, 1550 eingewandert war und seine Tochter an Martin Peller verheiratet hatte[9]). Bartholomäus Viatis beteiligt sich wiederholt an der Agi-

---

[1]) a. a. O. S. 343.

[2]) a. a. O. cap. VII. § 3. Vgl. Wie . . . bancho publ. . . an- und aufkommen S. 10: Venedig, Amsterdam und Hamburg imitiert.

[3]) a. a. O. S. 33.

[4]) Jura peculiaria quaedam Reipublicae Norimbergensis sub moderamine H. Hildebrandi Joh. Carol. Scheurl Altd. Differt 1716. S. 67.

[5]) Vgl. Wurffbein an Dietherr.

[6]) Vgl. Birkner, De judicio tutelari Altd. 1745.

[7]) a. a. O. S. 11.

[8]) Nürnb. Kreisarchiv S. I L. 117 Nr. 1 und 2 Z. 3.

[9]) Falke a. a. O. Bd. II S. 24.

tation für Einführung der Bank[1]), daneben auch Cesare Calandrini[2]). Doch kann auf dies alles kein entscheidendes Gewicht gelegt werden. Ausschlaggebend aber ist Folgendes. v. Poschinger geht[3]) kurz mit den Worten: „Aus dem Jahre 1620 datiert bereits ein „„Unvorgreiflicher und auf Verbesserung gestellter Begriff, was zur Aufrichtung eines Bancho gehörig, von Nöthen und in Acht zu nehmen sein will““, über einen ununterschriebenen, bescheiden gehaltenen Vorschlag hinweg und erwähnt später ein vom Rate erholtes Gutachten, welches sich über alle einzelnen Punkte verbreite. Thatsächlich ist, wie wir sehen werden, dieser erste, auf Verbesserung gestellte Begriff ein, von berufenster Hand herrührender, bereits bis ins kleinste ausgearbeiteter Plan, welcher den späteren Beratungen zu Grunde gelegt und mit ganz wenigen Abänderungen ausgeführt wurde. Jenes weitere von v. Poschinger erwähnte Gutachten[4]) ist die Zusammenfassung einer hierüber in Anwesenheit von Endreß Imhoff, Paumgartner, Wilh. Imhoff, Pfinzing, Fürer, Gabr. Holzschuher, Jakob Welser und Hans Ch. Tucher am 23. Jan. 1623 abgehaltenen Konsultation, welche sofort beginnt: „.. Als hat Herr Endreß Imhoff Herrlichkeit, waß zu Aufrichtung eines Bancho gehörig, von Nöthen und in Acht zu nehmen sein wolle, vornehmlich aber ... wie eines und das andere zu Venedig observiert wird, begriffen, zu Papier gebracht und den anderen Herren Deputierten vorgelegt. Diese haben dann die Sache abgehört darüber diskuriert und ihre vernünftigen Gedanken nach Anlaß obgedachten Herrn Imhoffs übergebenen unvorgreiflichen Gutachtens eröffnet.“ Hieraus ergiebt sich also mit vollständiger Sicherheit, daß Endreß Imhoff[5]) der Verfasser des „unvorgreiflichen Begriffs“ ist, daß dieser die Grundlage der Beratung bildete und nach venezianischem Muster entworfen war. Wollte man hieran noch zweifeln, so würde der Inhalt des Entwurfs es bestätigen, zumal sämtliche Ämter ꝛc. mit italienischen Namen (governatore, ministri, intacho etc.) belegt sind. Bezüglich des uns

---

[1]) Eingabe vom 25. April 1621, Akten a. a. O. Z. 9 (Bezug auf venetian. Wechsel) und ebenda Z. 16, wo Viatis und Peller klagen, daß sie einen Wechsel von Venedig länger als 3 Monate nicht hätten anbringen können. Viatis sagt: „an mich als unschuldigen ältesten Marktvorgeher am Markt“.

[2]) Akten a. a. O. Z. 6, 12 und 15.

[3]) a. a. O. S. 12.

[4]) Akten a. a. O. Z. 8.

[5]) Der Beweis kann auch durch die Schrift geliefert werden.

hauptsächlich interessierenden Punktes heißt es in dem Gutachten von 1620: 3 Herren aus dem Rat wären zu deputieren und jedem 300 fl. zu reichen. Von solchen 3 Inspektoren und dem zugeordneten Advokaten oder Ratgeber sollen alle Diffikultäten, so sich zu dem Bancho und einigen Intacho und zwischen den Kaufleuten und einigen ministri des Bancho ereignen möchten, dezidiert und determiniert und des Herrn Bürgermeisters damit verschonet werden. Ein Buchhalter, Notar, Anzeige der compagnieri bei den Gesellschaften sei erforderlich; bei den gedachten Inspektoren oder E. E. Rat stünde es, was sie für einen Konsulenten dazu deputieren und gebrauchen wollen. Schließlich wird beigefügt, daß noch allerlei nötig sei, wozu man sich auch erboten haben will.

Wörtlich übereinstimmend mit Imhoffs Vorschlag beschloß dann auch die Kommission[1]), daß von den Herren Inspektoren und dem zugeordneten Advokaten alle Diffikultäten, so sich ꝛc. ereignen möchten, dezidiert und determiniert und also des Herrn Bürgermeisters damit verschont werden solle. Der governatore möge um mehrer Autorität willen aus meiner Herren Mitte genommen und wüßte die Kommission keinen Besseren als Herrn Endreß Imhoff und wollte sie dem Rat anheimstellen, ob dieser Herrn Endreß Imhoff ersuchen wollte, diese Last und Mühsal auf sich zu nehmen. Und als die Banko-Ordnung fertig war, wurde beschlossen[2]), sie zuerst Herrn Endreß Imhoff lesen zu lassen und S. E. zu vermelden, daß meine Herren vorhaben, dieselbe also publizieren zu lassen.

Wer war nun Endreß Imhoff, und hatte derselbe insbesondere Gelegenheit, die venezianischen Einrichtungen zu kennen? Diese Frage beantwortet uns das Stammbuch der Familie v. Imhoff[3]) durch die eigene Hand Endreß Imhoff's. Dieser, der dritte seines Namens, geboren 1562, wurde von seinem Großvater Andreas I., der 35 Jahre lang das hohe Amt eines Losungers bekleidete, erzogen, bis er, wie die Söhne seines Geschlechts, sehr frühe, schon mit 15 Jahren, nach Venedig gesandt wurde. Zwei Jahre erlernte er dort die Sprache, dann wurde er auf Kosten des höfischen Handels in das deutsche Haus gebracht, woselbst er bis 1581 verblieb. Nach einem Aufenthalt zu Hause und einer Reise zur Frankfurter

---

[1]) Akten a. a. O. Z. 8.

[2]) am 16. Juli 1621, dem Tag der Fertigung. Akten a. a. O. Z. 36.

[3]) Für die Mitteilung der Abschriften hieraus danke ich H. Major Frhr. v. Imhoff auch an diesem Orte bestens.

Messe kehrte er an das Lager zu Venedig 1582 zurück, welches er dann allein verwaltete. Es folgten Reisen nach Aquileja, Rom, Neapel ꝛc. und dann wiederholter längerer Aufenthalt in Venedig, bis er, nach dem Tode seines Vaters 1598 nach Hause zurückgekehrt, 1602 in den Rat, 1617 zum Stande der Älteren, 1622 zum dritten obersten Hauptmann, 1624 zum Losunger und 1633 zum Reichsschultheißen gewählt wurde und am 25. Mai 1637 starb. Vom Jahre 1604 ab ist er etwa zehnmal als Gesandter der Stadt zu den Münzprobationstagen und über vierzigmal zu sonstigen Gesandtschaften, insbesondere bei den Städtetagen, verwendet worden. Bemerkenswert ist eine vertrauliche Sendung im Jahre 1612 zu Herrn Zacharias Geitzkofler, welcher, wie wir oben [1]) berichtet haben, 1607 die Schaffung von Banken angeregt hat. Das Verständnis Imhoffs für das Münzwesen ergiebt sich am besten aus den Gutachten, die er weiter über die andauernde Münzverschlechterung abgegeben hat [2]), und in welchen er darauf hinweist, daß die Hauptsache die Schaffung guten Geldes ist, während die Wechsel, die Waren und schließlich die Preise der Handwerker sich all danach richten.

Die Rücksichtnahme auf die venezianischen Verhältnisse zeigt auch das von Calandrin mitunterzeichnete Gutachten der Marktvorsteher und des erwählten Ausschusses [3]), welches wegen der Gefahren für die Stadt den Gedanken anregt, daß die Bank auf Einen aus der Mitte der Stadt proprio nomine angerichtet würde, wie es bei den Venedigern gebräuchlich. Daniel Hopffer der Ältere schlägt zum Bankier den Bernhart Nödtl vor, „so auch wegen der Bank zu Venedig gute Kundschaft hat“ [4]). Es wurde auch beschlossen, ihn zu ernennen [5]); später aber wurde ein anderer genommen. Zur Verbesserung des Münzwesens schlägt auch Daniel Hopffer wie Imhoff vor, lauter Speziesthaler in die Bank zu legen, dann würden sich die Wechsel danach stabilisieren, aber ohne Zwang, „wie es in Venedig auch ist“ [6]).

Der beste Beweis schließlich für unsere Frage ist zu führen aus dem Inhalt der in Frage kommenden Bankstatuten. Die Bankordnung von Amsterdam, die von Calandrin im August

---

[1]) S. oben S. 70.

[2]) Nürnb. Kreisarchiv S. I L. 116 Nr. 17 Ziff. 6, 18 und 20.

[3]) Akten S. I L. 117 Nr. 1 und 2 Z. 15.

[4]) Ebenda Z. 20.

[5]) Ebenda Z. 21.

[6]) Akten S. I L. 116 Nr. 17 Z. 26.

1620 nach Abgabe des Imhoffschen Gutachtens beigebracht[1]), und die von Hamburg, welche erst am 16. Mai 1621 gesendet wurde[2]), enthalten von einer Rechtsprechung in Banksachen überhaupt nichts.

Dagegen bilden in Italien die das Depositengeschäft betreibenden Bankiers fast überall Korporationen, wie sie in § 2 erwähnt wurden, mit eigenen Beamten und eigener Rechtsprechung nach Handelsrecht[3]) — man vergleiche z. B. die Statuten von Florenz, Bologna, Perugia, Piacenza, Pisa[4]). In Genua sind alle auf die Banchieri bezüglichen Streitsachen der Rechtsprechung der Mercanzia unterworfen[5]); in Piacenza sollten alle Streitigkeiten zwischen den Bankiers und den Einlegern summarisch durch den Stellvertreter des Podestà entschieden werden[6]). Was speziell Venedig betrifft, so waren in früherer Zeit ebenfalls die consoli de' mercanti zur Entscheidung der Streitigkeiten erster Instanz bestellt; seit 1524 entstand aber als spezielle Aufsichtsbehörde des Staates über die Banken das Kollegium der provveditori sopra banchi, welche alle Streitigkeiten zwischen den Bankiers und ihren Kunden zu schlichten hatten[7]).

So tritt das italienische kaufmännische Innungsrecht mit dem Gutachten Endreß Imhoffs in die deutsche Rechtsgeschichte ein, um einen immer wachsenden Einfluß auszuüben.

Hervorgehoben mag noch werden, daß dem Vorschlag Imhoff's, auch einen Rechtsgelehrten zum Banko zu deputieren, der Ausschuß der Handelsleute entgegentrat[8]): das sei nicht für ratsam zu erachten, sondern das beste sei, zu beschließen, daß, was für Differenz und Stritt von dem Banko entstehen oder herrühren möchten, dieselben durch die Marktherren und Marktvorgeher entschieden werden möchten, um vielerlei Weitläufigkeit dadurch zu verhüten. So

---

1) Ebenda Ziffer 5 und 6.

2) Ebenda Z. 23; der junge Roth, welcher von den Hamburger Bankstatuten Kenntnis hat, sollte nach Beschluß vom 26. April 1621 einvernommen werden, Z. 10 ebenda.

3) Alessandro Lattes, Il diritto commerciale S. 201, Goldschmidt, Universalgesch. S. 161, Lastig, Entwickelungswege, S. 140.

4) Lattes a. a. O. S. 217 Anm. 21.

5) Stadtrecht von 1498 (IV, 16).

6) Stadtrecht von 1336 (VI, 127) und 1391 (VI, 126).

7) E. Lattes, La libertà delle banche a Venezia. 1869. doc. n. 1, 8, 23, 24, 31, 32.

8) Akten am letzt angeführten Orte Z. 34.

wurde denn die Bestimmung in die Banko-Ordnung aufgenommen, bald aber wieder davon abgegangen.

Vierte Abteilung.

Die Erörterung der strittigen Währungsfragen vor dem Bankoamte.

§ 19. I. Bis Trinitatis 1622.

Am 31. Juli 1621 wurden den Marktvorgehern zwei weitere Kaufleute adjungiert, und nachdem es „von Nöthen gewest, die Zahl der Marktherren zu erstrecken, wurde diese Wahl in der bei Ersetzung der Ämter gebräuchlichen Ordnung vorgenommen, und wurden schließlich Sigmund Gabriel Holzschuher und Jakob Welser zu Marktherren erkiest" [1]). Beide hatten bereits an der Schaffung der Banko-Ordnung hervorragenden Anteil gehabt, vor Holzschuher hatten die Beratungen der Kaufleute stattgefunden [2]). Endreß Imhoff scheint abgelehnt zu haben, und so tritt an seine Stelle als Präses Sigm. Gabr. Holzschuher, welcher [3]), am 19. Februar 1575 geboren, nach großen Reisen Direktor des Münzwesens und älterer Bürgermeister [4]) geworden war, sich durch große Kenntnis des Metallwesens auszeichnete und neben andern Gesandtschaften deshalb in der Mansfeldischen Sache an den kurfürstlichen Hof von Sachsen gesendet wurde. Vor den Obermarktsherren und Marktsherren sollten nun die in Banksachen sich erhebenden Streitigkeiten erörtert und der Rat, bezw. Bürgermeister, mit verschont

[1]) Akten S. I L. 117 Nr. 1 und 2 Z. 41; unrichtig Roth a. a. O. Bd. IV S. 321. Scheurl a. a. O. § 3 nach Wurfbein nennt richtig Sigm. Gabr. Holzschuher. Vgl. übrigens das Marckbuch a. a. O., Ankommen des Bancho mit den Bildnissen der Dignitäre; Wilhelm Imhoff erscheint auch von 1621—30 als Obermarktherr.

[2]) Akten wie vor Z. 31.

[3]) Joannes Christophorus Gatterer, Historia genealogica Dominorum Holzschuherorum. 1755 p. 160 § XXI, ferner Leichenrede auf S. G. Holzschuher, gedruckt 1643, in der Nürnb. Stadtbibl. Will II 861.

[4]) Nach den Aufzeichnungen Imhoffs 1622, nach der Leichenrede 1617, nach der Biographie Gatterer a. a. O. 1620.

werden, d. h. es handelte sich ausschließlich um Banksachen, für welche die Einleger, ähnlich wie zuerst in Italien, durch das Innungs-, hier durch das Bankstatut zwangsweise an die oberste Bankbehörde als Schiedsrichter verwiesen waren. Die Hauptschwierigkeit, welche sich sofort erhob, resultierte aber nicht aus dem Bank-, sondern dem Münzwesen, insbesondere nach den beiden Richtungen, wer Bankobezahlung zu fordern und zu leisten habe und ob für Forderungen aus früherer Zeit Bankobezahlung zu geschehen habe[1]). Soweit es sich um Bankosachen handelte, schlugen die Deputierten und Banchieri[2]) zunächst die gütliche Vergleichung vor, falls diese aber resultatlos bleiben sollte, Zu- und Abschreibung der Hälfte und Entscheidung ex aequo et bono bezüglich der allein strittigen zweiten Hälfte (weil ja die eine Hälfte in guten, die andere in geringen Sorten zu leisten war). Wenn aber Parteien solcher gebotenen Moderation nicht nachkommen wollten, die möchten ihre Anforderung rechtlich gegeneinander ausführen, sollten aber vor Weitläufigkeit und großem Schaden verwarnt sein. Beim Rat[3]) aber beschwerte sich der Bürgermeister, daß viele Klagen vor ihn kämen wegen Gelder, die auf das Ziel — es war Allerheiligen 1621 — ausgeborgt waren vor Aufrichtung des Banko, und welche nun die Gläubiger mit Banko wollten bezahlt haben. Hier handelte es sich nicht mehr um Banksachen, sondern um an und für sich liquide, dem Bürgermeister zur Entscheidung anheimfallende Streitigkeiten, und ebenso da, wo z. B. Krämer und negotiierende Handwerker sich der Bankwährung nicht unterwarfen[4]). Es konnten daher diese Fragen auch nicht von den Marktherren entschieden werden; der Bürgermeister aber legte die Sachen dem Rate vor, welcher die Gutachten der Konsulenten erholte und sodann dekretierte[5]). Den Marktvorgehern wurde aber, wie es Imhoff bereits früher vorgeschlagen hatte, ebenfalls ein Konsulent zugeteilt und hierzu Dr. Jakob Scheurl als zu den Münz- und Probationstägen deputierter ordinarius „mit Vorwissen und Einwilligung der Kaufleute gewählt“, welchem am 15. Februar 1622 Herr Dr. Johannes Christoph Oelhafen, der fast ständige Begleiter Endreß Imhoffs au seinen Gesandtschaftsreisen, adjungiert wurde, „weil die Handelsleute

---

[1]) v. Poschinger a. a. O. S. 23 und Anm. 1a.

[2]) Akten S. I L. 116 Nr. 17 Z. 17.

[3]) Akten ebenda Z. 40.

[4]) Vgl. Oelhafen in den Akten H. I L. 116 Nr. 16 Z. 6.

[5]) Vgl. ebenda.

für ratsam erachtet haben, daß neben Herrn Dr. Scheurl noch ein Hochgelehrter zum Banko verordnet wird" [1]). Johann Christoph Oelhafen war es, der die Entwicklung der Handelsgerichtsbarkeit unter mancherlei Anfechtungen weitergeleitet hat (man vergl. nur seinen Gegenbericht samt angehängter ausführlicher Deduktion von dem Ursprung und Prozeß gedachten Bankos, 40 eng und abgekürzt geschriebene Seiten füllend, den wir schon wiederholt zu zitieren hatten), und so ist es wohl angezeigt, zu erheben, welchen Bildungsgang er vorher durchgemacht hat. Joh. Christoph Oelhafen [2]), geb. 23. Oktober 1574, besuchte das Gymnasium in Altdorf, die Universitäten in Straßburg und Marburg, verlebte dann von 1593 ab eine Zeit lang in den Niederlanden, Friesland, England, reiste dann nach Italien, wo er über zwei Jahre in Bologna studierte, Frankreich, wo er sich besonders in Orleans und Poitiers länger aufhielt, und Spanien und kehrte 1599 nach Hause zurück, wo er das Amt eines Konsulenten sofort erhielt, das er aber erst antrat, nachdem er ein Jahr am Kammergericht praktiziert und sich in Basel den Doktorhut geholt hatte. Wenn von ihm gerühmt wird, daß er die Rauheit der Gerechtigkeit mit der Würze der Billigkeit auszugleichen verstand [3]), so war er der rechte Mann für die ihm jetzt übertragene Stelle. Denn gerade darum handelte es sich, daß durch strikte Auslegung der Gesetze eine große Anzahl von Existenzen geradezu vernichtet worden wäre, weshalb die ganze Tendenz der Gesetzgebung immer und immer wieder dahin zielte, auf dem Wege der Billigkeit durch Verhandlungen mit den Parteien auszugleichen. Es wurde daher mit Verlaß vom 20. Dezember 1621 [4]) zwar die Banko-Ordnung auch für den Fall, daß die Waren schon vor Publizierung des Bankoedikts gekauft seien, aufrechterhalten; aber wenn einer erklären sollte, daß ihm sein Verderben darauf stehe, so soll er zum Beweise mit Handelsbüchern und Eid zugelassen, dann soll der Gläubiger einvernommen und zwischen ihnen, was Recht und Billigkeit erfordert, ferner nach Beschaffenheit der Sachen dekretiert werden.

---

[1]) Vgl. ebenda, ferner Akten S. I L. 116 Nr. 17 Z. 87.

[2]) Gedächtnisrede zur frommen Erinnerung an Dr. Johannes Christoph Oelhafen von Tobias Oelhafen von Schölnbach am 28. Juni 1631 gehalten, im Auszug 1891 übersetzt von Sigmund Christoph von Oelhafen, jetzt kgl. Oberamtsrichter in Nürnberg, dem ich für die Mitteilung auch hier bestens danke.

[3]) Ebenda S. 13.

[4]) v. Poschinger, Beil. VI, Lahner a. a. O. S. 174.

Bestimmter lautete ein anderer Verlaß[1]) vom gleichen Tage, wonach außer den Kaufleuten andere Bürger an die Banko nicht gebunden sein sollten, während bis Trinitatis (16. Juni) 1622 eine einzige, ganz zu beobachtende Währung für alle Bürger unter Verrufung der schlechten und Neuprägung guter Münzen eingeführt, bis dahin aber dem Schuldner verboten wurde[2]), in fraudem creditorum das Geld aufzukünden. Aber nun kamen zu den alten Zweifelsfragen nur noch neue, wann beide Teile kündigen könnten, wie es mit den vor dem neuen Verlaß rechtskräftigen Schulden zu halten ꝛc. Als Oelhafen Ende Februar sein Amt antrat, forderte[3]) er vor allem eine genaue Instruktion, was für Personen und Sachen dem Banko zugethan seien. Er geht davon aus, daß die Banko-Ordnung wie die Bank selbst nur für Kaufleute bestimmt ist, daß die Gerichtsbarkeit der Bank aber von der des Bürgermeisters abgeleitet sei, weil die Banko-Ordnung ausdrücklich sagt, daß der Rat mit diesen Sachen verschont sein sollte; die Jurisdiktion des Delegaten könne daher nicht weiter gehen, als die des Deleganten. Auf diesen Ausführungen basierte der Ratsverlaß vom 19. März 1622[4]), welcher die Bestimmung der Banko-Ordnung, was für Bezahlungen in Banko zu leisten, dahin erläuterte, daß dem Banko

1. aktiv und passiv, im Geben und Nehmen, die Handelsleute, deren Verleger und Faktoren;

2. aktiv, im Nehmen, die Rentiers bezüglich der Depositogelder unterworfen seien.

Und nun folgt eine Unterscheidung nach der objektiven Seite, daß die Bankobezahlung auf 3 Hauptfällen, 1) Kaufen und Verkaufen samt Handelszahlungen; 2) Wechseln; 3) Deposito- und Interessegeldern, deren man sich „im Handtiren zum Gewinn" bedient, beruhe, und endlich die Verbindung dieser Fälle mit den causis mercantilibus et privilegiatis. Damit war ein bedeutender Fortschritt in der Klärung der verworrenen Verhältnisse, gleichzeitig aber zum Erhalt eines Begriffs der Handelssachen, geschehen. Die Vermutung, daß alle Angelegenheiten der Kaufleute auch Handels-

---

[1]) v. Poschinger a. a. O. Beil. VII.

[2]) Vgl. auch Akten S. I L. 116 Nr. 16 Z. 96.

[3]) Akten S. I L. 116 Nr. 16 Z. 6 und S. I L. 116 Nr. 17 Z. 91. Die Eingabe ist vom 2. März 1622, mitunterzeichnet von Dr. Scheurl.

[4]) v. Poschinger a. a. O., Beil. IX, Lahner a. a. O. S. 174; vgl. Akten S. I L. 116 Nr. 16 Z. 93.

sache seien, wurde ausdrücklich ausgeschlossen und bestimmt, daß Gelder z. B. aus Hypotheken, Erbschaften ꝛc. vom Banko eximiert seien, wenn auch actor und reus Kaufleute oder sonst dem Banko zugethan seien. In zweifelhaften Fällen endlich sollten die Deputierten mit beiden Parteien gütlich handeln, damit so viel als möglich alle Weitläufigkeit abgeschnitten würde.

Auch bezüglich der Aufkündung „in fraudem creditorum" erklärte Oelhafen[1]), daß das selbstverständlich kaum zu beweisende „in fraudem" gegenstandslos sei, daß ebensowohl in fraudem debitorum gehandelt werden könne und eben niemand zugelassen werden solle, sich vor dem bestimmten Termine seiner Verschreibung zu liberieren. Es wurde dann am 3. Mai 1622[2]) bestimmt, daß, wenn der Gläubiger kündet, er das laufende Geld nehmen muß; die Kündigung des Schuldners sollte aber erst für später und ratione contractus angenommen werden. Inzwischen war dann der Termin Trinitatis herangekommen, und weil dann nur eine Währung sein sollte, so konnte man erwarten, daß die Währungsstreitigkeiten in der Bank aufhören würden — nach 13 Sessionen und 46 Bescheiden; die Deputierten wären auch, wie Oelhafen[3]) sagt, kontent gewesen, den Laden zu schließen.

§ 19a. II. Allgemein.

Gerade jetzt mehrten sich aber die Streitigkeiten. Eine Klage Christoph Dorns gegen Max Friedrich Pfundt Gebrüdere und Mitverwandte, Bürger und Handelsleute dahier[4]) (bereits früher war eine Sache Dorn's gegen Hans und Lorenz Schlumpff anhängig gewesen und nach Oelhafens Vorschlag vorbeschieden worden) machte viel Arbeit, und dazu kam eine Reihe weiterer solcher Rechtsfälle[5]). Am 4. Juli[6]) zeigte daher der jüngere Bürgermeister dem Rate an, daß sehr viele Klagen wegen der Bezahlung mit neuem Gelde vor ihn kämen, und es sei bereits eine Reihe von kleineren Posten durch ihn mit Zuziehung des Dr. Har-

---

[1]) S. I L. 116 Nr. 17 Z. 46.

[2]) Ebenda Z. 56; Scheurl hatte eine allgemeine Regelung widerraten, ebenda Z. 86.

[3]) a. a. O.

[4]) Akten a. a. O. Z. 57—60.

[5]) Siehe dieselben mit den Gutachten Scheurls, Oelhafens und Dr. Fetzers a. a. O. Z. 85.

[6]) Ebenda Z. 83.

desheimb entschieden worden; nun seien aber große Posten anhängig, und da bedürfe es eines Dekrets, danach man sich zu richten habe. Es wurde hierauf beschlossen, dergleichen Sachen zur schriftlichen Handlung zu weisen, die Gegenpartei sodann zu hören, und wenn verschiedene Fälle zusammenkämen, sie durch das Kollegium der Konsulenten „bedenken“ zu lassen, wobei sich ergeben würde, ob und wie man zu „einem gemeinen Dekret, danach man sich in anderen gleichmäßigen Fällen regulieren könnte“, gelangen könnte. Wie man sieht, beginnt man, statt nach festen Prinzipien, von Fall zu Fall zu handeln. Nachdem Dr. Scheurl am 22. Juli 1622 um Gutachten ersucht war und solches neben Oelhafen und Fetzer[1]) abgegeben hatte, wurde die Notwendigkeit eines allgemeinen Dekrets wiederholt betont[2]), schon deshalb, weil der Rat wegen der Menge der Sachen so viel zu thun bekommen würde, daß er nicht alles expedieren und andere wichtige Sachen darüber liegen lassen müsse. Am 31. Juli 1622[3]) wurde dann durch Memorial an die Herren Deputierten zu den erörterten Schuldsachen unter Bezugnahme auf die 24 anhängigen Sachen wiederholt erinnert, die Ratsstube mit dergleichen Händeln zu verschonen. Die Parteien würden auch dabei leicht gleichsam aus dem Stegreif übereilt. Es wurde daher J. H. anheimgestellt, zu befehlen, daß hinfüro dergleichen Händel in Banko zu weisen seien und die Ratsstube damit zu verschonen, weil ohnedies gewisse Herren Konsulenten als Ratsdeputierte zum Banko zugeordnet seien. Dieser Gesichtspunkt war offenbar der ausschlaggebende, und so erging der Erlaß vom 1. August 1622[4]), hinfüro die Streitigkeiten bezüglich der Währungsfragen in Banko zu erörtern. Als Richtschnur wurde dabei aufgestellt, das Dekret über die vollständige Bezahlung in gutem Gelde von Trinitatis ab im Auge zu behalten, doch dem Debitor ein paar Jahre, oder wenigstens so viel als in der Obligation steht, Zeit zu geben, bei dem gar armen Manne aber consideratis circumstantiis „ein Umsehen zu haben“. Das war nun freilich magere juristische Kost, und die Billigkeit drohte das Recht totzuschlagen. Ganz selbstverständlich sollten bei der Überweisung nur solche Sachen getroffen werden, die an sich dem Rate zustanden; wie weit freilich diese

---

[1]) Vgl. vor. Seite Anm. 5.
[2]) Akten a. a. O. Z. 84.
[3]) Ebenda Z. 61.
[4]) v. Poschinger a. a. O., Beil. XI, Lahner a. a. O. S. 175.

wegen der Währung strittigen Sachen liquid waren, ist eine andere Frage.

Eine Hauptschwierigkeit bildete nach wie vor der Fall der Kündigungen von Darlehen, der mit dem Dekret vom 3. Mai 1622 keineswegs erledigt war. Am 24. Juli [1]) rieten die Hochgelehrten wiederholt, daß der Gläubiger nur künden dürfe, wenn der debitor also beschaffen sei, daß der creditor ihm nicht traute, für welchen Fall das tempus contractus entscheiden solle; sonst solle niemand schuldig sein, sein Kapital anzunehmen. Dr. Hardesheimb war freilich nicht damit einverstanden; aber der Rat, den er gab, die Parteien zur gütlichen Traktation, ev. zur schriftlichen Handlung zu weisen, alle circumstantias mit Fleiß zu betrachten und ex aequo et bono zu entscheiden, war weder neu noch besonders ergiebig. Zunächst verlegte man sich aufs Bitten und trug am 14. August 1622 [2]) den Deputierten auf, mit den Gläubigern, die schlechtes Geld hergegeben hatten und jetzt gesetzlich gutes verlangen durften, zu handeln, daß sie die debitores nicht so unbilligerweise übernehmen, sondern etwas fallen lassen sollten, da eine solche Unbilligkeit nicht ungestraft hingehen könne; jedenfalls müßten sie dem Schuldner längere Zeit geben. Ähnlich lautete dann ein nach langen Verhandlungen am 6. Dezember 1622 [3]) erflossenes Dekret, welches unter Bestätigung derjenigen vom 31. Mai und 20. Dezember 1621, 26. und 28. Juni 1622 erklärte: der Rat hofft, daß nicht vorzeitige Aufkündigungen erfolgen; andernfalls würde er die Billigkeit dergestalt in acht nehmen, daß alles, was in fraudem creditorum gereicht, vermieden wird; das einzige, dem Recht und der Billigkeit Entsprechende, die Zeit des Vertrages entscheiden zu lassen, wollte man im Interesse der Währung nicht zugeben. Daß nun erst recht alles anstürmte und um Erläuterung des Mandats vom 6. Dezember bat [4]), ist leicht zu glauben. Am 5. Februar 1623 [5]) wurde, wiederum in einer Sache der Pfundt'schen Gesellschaft, diesmal gegen Ursula Dr. Lazari Tuchers Ehewirtin, beschlossen, den Pfundt den Tucher'schen Gegenbericht vorzuhalten, und wenn nichts hilft, sämtliche Hochgelehrte zu hören und all-

---

[1]) Akten a. a. O. Z. 84.
[2]) Ebenda Z. 89.
[3]) Akten Z. 96, Lahner a. a. O. S. 536.
[4]) Akten a. a. O. Z. 97.
[5]) Ebenda.

gemeine Grundsätze über die Aufkündung aufstellen zu lassen. Diese Konsultation, welche am 19. Februar [1]) beschlossen wurde, fand in Anwesenheit Holzschuhers, Imhoffs, Nützels und von 7 Doktoren statt [2]). Außer den genannten lagen zwei weitere Streitigkeiten, Lazarus Tuchers gegen Michael Fenn und Joh. Clammersfelders gegen Seb. Öheimb vor. Man kam zu dem an sich positiven, wenn auch sophistischen Resultat, daß die Aufkündigung z. Zt. an sich schon in fraudem creditoris sei, weshalb die Beklagten (sich entweder vergleichen oder) Bezahlung in den Sorten thun sollen, wie das Darlehen gemacht wurde; die Entscheidung selbst war richtig, wenn auch nicht die Begründung. Es war ein versteckter Übergang zum tempus contractus [3]). Die 3 vorgenannten Bürgermeister nahmen am 5. Mai 1623 den Entscheid an und fügten wiederholt bei [4]), daß solche Sachen an Banko zu weisen seien, wobei gegenwärtiges Dekret in acht zu nehmen; für Dr. Scheurl, der nicht mehr aufs Rathaus kommen konnte, wurde bis auf weiteres Dr. Hülß den Deputierten zugeordnet. In einer Konsultation vom 7. Mai 1623 [5]) traten neue Bedenken hervor; man fühlte zu gut das schwache Fundament der Entscheidung, und Dr. Rem beantragte, das Dekret im Banko zu belassen und es höchstens dem Stadtgericht und den anderen Ämtern, sowie den Landpflegstuben mitzuteilen. Auf Vorschlag Oelhafens wurde dann beschlossen, das Dekret lediglich als Instruktion für die Deputierten zu behandeln, es nicht verkünden und drucken und selbst dem Stadtgericht nicht insinuieren zu lassen.

Deshalb schließt das Dekret vom 21. Mai 1623 [6]): Also haben J. H. den zum Banko deputierten Herren Befehl und Instruktion erteilt, wie es im einen und dem andern Fall gehalten werden soll, dahin sie denn alle und jeden, welcher solcher Aufkündigung und Bezahlung halber in Streit gerät, gewiesen, um allda sich entscheiden zu lassen.

---

[1]) Akten a. a. O. Z. 98.

[2]) Ebenda Z. 100 vgl. mit S. I L. 116 Z. 16 n° 6 S. 10 v.

[3]) Das giebt Oelhafen in seinem Gegenbericht selbst zu.

[4]) S. I L. 116 Nr. 17 Z. 101.

[5]) Ebenda Z. 95.

[6]) Akten a. a. O. Z. 94, Lahner a. a. O. S. 455.

Fünfte Abteilung.

Die Abgrenzung der Zuständigkeit gegenüber dem Stadtgericht.

§ 20. Die Kompetenzstreitigkeiten zwischen Stadtgericht und Bankoamt.

Wie wir gesehen haben, war die Entwickelung der Rechtsprechung des Bankoamts nach den Bedürfnissen des Augenblicks erfolgt, ohne daß man prinzipielle Unterschiede gemacht hätte. Man wollte für die vielfachen und von den Parteien nicht verschuldeten Währungsstreitigkeiten den Weg des Prozesses vermeiden, letzterer selbst sollte nicht in Betracht kommen, und so finden wir bis hieher in den Akten das Stadtgericht kaum erwähnt. Freudigen Blickes war dort mit Rücksicht auf die von den Prozessen abfallenden Sporteln die Rechtsprechung der Bank nicht betrachtet worden. Nunmehr, da mit Verlaß vom 21. Mai 1623 alle Sachen wegen Aufkündigung und Bezahlung ohne Vorbehalt dem Banko zugewiesen waren, ohne Insinuation dieses Dekrets an das Stadtgericht, kamen am 25. August 1623 [1]) Richter und Schöffen des Stadtgerichts um genaue Feststellung der Kompetenz ein, und die durch diesen Konflikt bewirkte Klärung war ebenso notwendig als nützlich. Das Stadtgericht beansprucht nicht die Bankosachen nach dem Verlaß vom 19. März 1622, macht aber darauf aufmerksam, daß bei ihm selbst Klagen der Bezahlung wegen von nicht „bankmäßigen" Personen, z. B. des Wirts Hans Wegner gegen den Schneider Hans Fritz, anhängig seien, und bittet um Bescheid, darauf aufmerksam machend, daß „diejenigen Handlungen, so ihrer Art und Eigenschaft nach auf Zeugenverhör oder Decision per iuramentum beruhen und de simplici et plano vielleicht nicht als füglich können erörtert werden, sondern juris ordinem et figuram justiciarii processus unumzwinglich erfordern", nirgendwo anders als am Stadtgericht auszutragen seien, während der Bankoschreiber bisher Zeugen vernommen habe und das Stadtgericht die auswärtigen Zeugen dahin sogar habe laden müssen. Dadurch aber geschehe den Gerichtsschreibern an ihren ohnedies durch die Winkelschreiber geschmälerten Gefällen und dem Ärario großer Abbruch. Wie sehr man die Berechtigung dieser

---

[1]) Akten S. I L. 116 No. 16 Z. 1.

Eingabe anerkannte, geht daraus hervor, daß sofort am 25. und 29. August 1622[1]) befohlen wurde, der Hochgelehrten Bedenken einzunehmen, welche Sachen eigentlich an den Banko oder vor die Herren Bürgermeister, das Stadtgericht und das Vormundsamt gehören, damit die Jurisdiktiones nicht konfundiert und andere Inkonvenientien verhütet werden. Oelhafen, der geistige Urheber der bisherigen Gesetzgebung, und Hülß geben zwar einen summarischen Gegenbericht[2]) und sodann den bereits erwähnten ausführlichen Gegenbericht[3]) (Oelhafen ist der Verfasser, da er von sich häufig in der 1. Person spricht) ab; aber gerade bei Oelhafen wird nunmehr durch den Gegensatz das Bild der Bankothätigkeit klarer und durch ihn den andern verständlicher. Die Bankodeputierten sollen hiernach nur diejenigen Fälle, soweit sie überhaupt an sie zu gelangen haben, expedieren, die ex aequo et bono sich in der Güte entscheiden lassen oder de simplici et plano zu entscheiden sind, während die ordentliche Gerichtsbarkeit dem Stadtgerichte verbleibt. Danach fordert Oelhafen unter Wiederaufnahme und Berichtigung seiner Angaben vom 2. März 1622[4]) für das Bankoamt die Streitigkeiten über den modus solutionis nur insoweit, als sie nach Art und Beschaffenheit des summarischen Bankogerichts dahin gehören, daher nur in denjenigen Sachen, welche entweder in Kaufmannssachen nach Anleitung des privilegii super causis mercantilibus oder sonsten zwischen armen, unvermöglichen Bürgern[5]) celerrimae expeditionis sind, wie sie dahin nur vom Rat und Bürgermeister, deren cognitio auch summaria ist, verwiesen werden und wobei die Parteien gleichsam gefragt werden, utrum cedere an contendere velint. „Der Banko aber ist kein ordinarium judicium mercatorium, deren man in Italia, Gallia, Hispania viele hat und Rotas sive consules mercatorios sive consejos de los mercadores zu nennen pflegt, auch Straccha[6]) einen sonderbaren Traktat[7]) darüber drucken lassen, dazu ich mich, als einmal aus dem Notstall entlediget, nimmermehr hätte bereden lassen". „Der Banko ist respectu Senatus ein subsidium extrajudicialis cognitionis et

---

1) Akten S. I L. 116 No. 17 Z. 106 und S. I L. 116 No. 16 Z. 4.

2) Akten No. 116 Z. 5.

3) Ebenda Z. 6.

4) S. oben S. 81.

5) S. oben S. 44 ff.

6) Summarischer Bericht: Wie man ihn ex Straccha einbildet.

7) Man bemerke, daß der erfahrene Rechtsgelehrte noch kein deutsches Handelsgericht kennt.

respectu dicasterii praeparatio ad judicium", dabei de simplici et plano, ex aequo et bono und ohne Kosten verfahren wird.

Daß mit dieser Auffassung der Beschluß vom 21. Mai nicht zusammenstimmte, das sah Oelhafen wohl ein; er berief sich auf den Befehl, „der vollzogen werden mußte", während es sich doch darum handelte, ob es korrekt war, diesen Beschluß anzuraten und zu erlassen. Daß Eide (7) und Versicherungen an Eidesstatt beim Banko abgenommen wurden und auch Beweise angehört wurden, das giebt er ebenfalls zu, beruft sich aber auf die Praxis vor den Eigenherren und Schöffen: der Rat habe entschieden, was dem Bürgermeister zu schwer gewesen sei, und nur Weitläufigkeiten seien ans Stadtgericht remittiert worden. „Solchen Prozeß habe ich, Dr. Oelhafen, von den Herrn Dr. Hue, Straßburg, Heldt und Burchardt gelernt".

Es wurde denn sofort ein Ratsdekret am 1. September 1622 (vor der Abgabe des Oelhafen'schen Gegenberichts) von den Hochgelehrten entworfen[1]), wonach die Verlässe vom 1. und 14. August 1622 und 21. Mai 1623 über die Zuständigkeit des Banko nicht privative, sondern nur kumulative zu verstehen seien, nämlich nur für diejenigen Fälle, die ex aequo et bono sich in der Güte entscheiden lassen und altiorem indaginem nicht requirieren. Wenn aber Zeugenverhör oder Dezision per iuramentum oder ordo juris et figura judiciarii processus oder falls eine quaestio juris dubia im Klaglibell deprehendiert sei, so sollt der Lauf rechtlichen Prozesses eröffnet werden; dringende Sachen aber seien an Banko zu weisen.

Die weiteren Verhandlungen zogen sich wegen der Abwesenheit Oelhafens, dessen Rückkunft man zu erwarten beschloß[2]), in die Länge und wurden wieder mit den Streitigkeiten über tempus contractus oder solutionis verquickt[3]). In letzterer Beziehung hatte inzwischen Kurfürst Johann Georg I. von Sachsen am 4. April 1622[4]) über die Rechtsprechung der Gerichte unter Angabe von Normen Bericht gefordert und am 31. Juli 1623[5]) eine eingehende Regelung erlassen, welche zum Muster genommen[6]), und im De-

[1]) Akten Nr. 16 Z. 4.

[2]) Akten Nr. 17 Z. 107 und 108.

[3]) Vgl. Konsultation v. 27. Dez. 1623 a. a. O. Z. 110.

[4]) Lünig, Codex Augusteus. 1724 Bd. I S. 1066.

[5]) Ebenda Bd. II S. 783.

[6]) Vgl. Konsultationen vom 4. Sept. 1623 a. a. O. Z. 126 u. vom 27. Dez 1623 eod. Z. 110.

kretum vom 20. Februar 1624[1]) „nach dem Exempel anderer des H. Römischen Reichs löblichen Ständen" — Straßburger Verordnungen und ein Münzbefehl an alle Beamte und Räte der Städte zu Thüringen und Franken d. d. Koburg 15. Mai 1623 wurden ebenfalls konsultiert — beobachtet wurden. In der Frage der Zuständigkeit aber suchte Oelhafen die Verweisung der strittigen Bezahlungen an das Bankogericht mit der Motivierung zu retten, damit die Appellation nicht an das Kammergericht, sondern zunächst an den Rat gerichtet werde. Es wurde auf Antrag Dr. Tüschelins beschlossen, daß die Gläubiger in Güte durch die Herren Deputierten vernommen werden und, wenn dies nicht zum Ziele führt, die Sache dann durch die Herren ans Stadtgericht verwiesen würde[2]). Dieser Beschluß, welcher wiederum nicht publiziert werden sollte, wurde als Relation dem Rate vorgelegt, aber — zusammen mit der Frage des tempus solutionis oder contractus — verworfen[3]). Und nun war es Oelhafen, der in wahrhaft staatsmännischer Weisheit unter Verzicht auf die Erörterung der strittigen Zahlungen im Banko, welche nicht mehr so nötig sei, wenn sämtliche Ämter Instruktionen über die Behandlung dieser Frage erhielten, und welche auch früher nur per decretum dem Banko überwiesen worden sei, die Wahrung der von ihm stets hochgehaltenen Privilegien auf andere und sicher zweckentsprechende Weise unternahm[4]). Er machte am 11. Februar 1624 auf die Frage als sehr wichtig aufmerksam, daß bei den Konsultationen sich ergeben habe, wie die Konsulenten selbst verschiedener Ansicht darüber seien, welche Sachen als Handelssachen zu erachten seien, nachdem im Privileg nur vom „Kaufen, Verkaufen, Gesellschaften und was denen anhängig" die Rede sei. Man habe auch erfahren müssen, daß die Appellanten sich der Auffassung des Rats, daß eine Handelssache vorliege, widersetzten. Da sei zu einer Konformität nicht eher zu gelangen (und zur Ausdehnung der Privilegien), als wenn man die Streitigkeiten der Kaufleute zunächst an den Banko und erst, sofern sie da summarisch nicht erörtert werden könnten, an das Stadtgericht zur Ausführung überweise; wenn dann an das Kammergericht appelliert werden wolle, habe man exceptionem fundatam, daß es eine Merkantilsache sei, weil die Parteien sich coram consulibus mercato-

[1]) Lahner a. a. O. S. 539.

[2]) Akten a. a. O. Z. 110.

[3]) Ebenda Z. 116.

[4]) Akten a. a. O. Z. 119.

rum[1]) eingelassen hätten. Wenn die Kaufhändel aber alsbald bei Rate erörtert würden, hörte man gar bald die Klage, daß die 1. Instanz präjudiziert und kein anderer Weg als nach Speier sei. So aber müßten die Beschwerten zuerst an den Rat appellieren und bei weiterer Beschwerde der Exzeption ratione privilegii gewärtig sein. Das war süße Musik für die Ohren der Ratsherren. Am 20. Februar 1624 wurde Oelhafen mit dem Entwurf eines bezüglichen Dekrets betraut[2]); derselbe zirkulierte nach Beschluß vom 2. März[3]) bei den Hochgelehrten, wurde am 17. März 1624 mit einer geringfügigen Abänderung genehmigt und am 31. März 1624 publiziert[4]). v. Poschinger sagt über dieses Dekret: „Hiermit war der erste Ansatz zu dem später in hohes Ansehen gelangten Nürnberger Bankogericht erfolgt."

Sechste Abteilung.

Die Zeit von 1624 bis zur Konstituierung des Merkantil- und Bankogerichtshofes 1697.

§ 21. Äußere Geschichte.

Der Rechtsgelehrte, der sich dagegen verwahrte, den Banko so gestaltet zu haben wie die consules mercatorum der von ihm durchreisten Länder Italien, Frankreich und Spanien hatte nun doch eine Organisation in Vorschlag gebracht, gemäß deren er das Gericht als consules mercatorum bezeichnete.

Wie Oelhafen in der Eingabe vom 2. März 1622 gefragt hatte, welche Personen und Sachen dem Banko unterworfen seien, so ist jetzt die Kompetenz subjektiv, falls beide Parteien oder der Beklagte Kaufmann, Krämer oder negoziierende Handwerker sind, und gleichzeitig objektiv bestimmt, falls die Hauptklage von Kaufmannswaren, Kaufen und Verkaufen derselben, Schäden, Rechnungen,

[1]) Also dann wären es consules mercatorum wie in Italien, Gallien, Spanien und bei Stracha!

[2]) Akten a. a. O. Z. 123.

[3]) Akten a. a. O. Z. 124.

[4]) v. Poschinger, Beil. XII. Lahner a. a. O. S. 176.

Bilanzen, strittigen Handelsbüchern und deren Beweisung, Wechseln, Verpflichtung und Schuldigkeit der Faktoren, bedingtem Gewinn und Verlust, Fleiß und Unfleiß, Obligation und Bezahlung der Kapitalien, Abrichtung der Deposito- und anderer Gelder, deren man sich im Handel zum Gewinn gebraucht, und was dergl., insbesondere aber von solchen Streitigkeiten herrühren, die mehr aus den Handelsbüchern, Gesellschaftsverschreibungen und vernünftigen Marktsgewohnheiten als den beschriebenen scharfen Rechten entschieden werden können. Damit war allerdings das nur für Kaufleute selbst gegebene Privilegium von 1508, wie es im Eingang des Dekrets vom 31. März 1624 heißt, in „bessern Flor und Wachstum gebracht". Dabei sollten die Kaufmannssachen dann an das Stadtgericht verwiesen werden, wenn sie in der Güte nicht verglichen werden konnten oder auch auf Zeugschaften, Kompaßbriefen und anderen weitläufigeren Ausführungen oder auf einer juristischen Streitfrage beruhten. So war das Bankoamt ein kaufmännisches Einigungsamt mit summarischer Gerichtsbarkeit geworden. Im Jahre 1629[1]) wurde das eigenmächtig erweiterte Privileg auch thatsächlich von Kaiser Ferdinand II. nach der objektiven Seite erstreckt, indem es auf die Münzstreitigkeiten ausgedehnt wurde. Was die Verweisungen an das Stadtgericht betrifft, so berichten bereits die Schriftsteller[2]), daß in dieser Zeit bei eingehenderen Sachen die Beweisartikel mit den Fragestücken der Parteien an das Stadtgericht gesendet und dort erledigt wurden, worauf der Rotulus an das Bankoamt zurückgeschickt wurde, welches den Bescheid verfaßte und publizierte. Auch die Einsicht behandelter Fälle führte zum gleichen Resultat, indem z. B. kurz nach dem Verlaß vom Jahre 1624 in einer Sache Schröckh gegen Hanold[3]) die Entscheidung auf das Jurament eines Zeugen gestellt, in einer Sache Kaspar Anckelmann in Hamburg[4]) gegen Martin Schubhardt, Kaufmann in Nürnberg, durch Bankobescheid vom 15. Dezember 1627 die Klage für den Fall der Leistung des Parteieides abgewiesen wurde, wobei in beiden Fällen die Beweiserhebung

[1]) Vgl. Archiv des Merkantil-, Friedens- und Schiedsgerichts No. 105, ferner Hist. dipl. a. a. O. S. 1016.

[2]) Scheurl, De judiciis a. a. O. Kap. VII § 6, Hildebrand-Scheurl Iura peculiaria a. a. O. S. 66, Joh. Ad. Beck, Tractatus novus vom Wechselrecht 1729 Kap. XIV § 7.

[3]) Akten a. a. O. No. 17 Z. 131.

[4]) Kreisarchiv S. 24 No. 4/5.

durch das Stadtgericht erfolgte[1]). Der Charakter des Gerichts als Vorbereitung zum Prozeß wurde dadurch allerdings von Anfang an wesentlich verrückt und dem eines wirklichen Gerichts sehr nahe gebracht. Dabei sehen wir, daß unter den nämlichen Parteien (z. B. Anckelmann/Schubhardt wie vor) gleichzeitig Prozesse ähnlichen Inhalts am Stadtgericht und Bankoamt anhängig sind.

Der Banko selbst hatte wechselnde Schicksale. Im Jahre 1635 mußte ihm die Kaufmannschaft pekuniär beispringen; als Gegenleistung und Kontrolorgan wurde ein Ausschuß von 12 Personen mit Dekret vom 21. Januar 1635[2]) den Marktvorgehern adjungiert, aus denen diese sich ergänzten. Diese Adjunkten hatten direkt nichts mit der Rechtsprechung zu thun, unterzeichneten aber die speziell zu betrachtenden Parere des Bankoamts[3]). Die „Banko- und Wechselordnung" vom 8. September 1654[4]) brachte für die Verfassung des Bankoamts als rechtsprechende Behörde nur die Bestätigung der früheren Verlässe. Als dann der Banko immer mehr Anfechtungen erlitt, wurde sowohl am 10. März 1684[5]) als am 25. März 1685[6]) von den Marktvorgehern und Adjunkten erklärt, daß das Bankogericht sehr nützlich sei und von allen Seiten anerkannt werde. Auch am 7. Juni 1688[7]) erklärten sie, daß zur Erhaltung dieses rechtsprechenden Organs, wenn es fehlen sollte, jedermann am Platz gern beitragen würde. Inzwischen hatte in Deutschland, wie sich aus den folgenden Kapiteln ergeben wird, die Idee der Handelsgerichte in Theorie und Praxis weitere Fortschritte gemacht: in Bozen, Braunschweig und Leipzig[8]) waren solche Gerichte ins Leben getreten, und am 12. April 1697[9]) beschloß der Rat der Stadt Nürnberg auf mehrmals beschehene Erinnerung, wie das Bankoamt in seinem Esse und mehreren Autorität zu erhalten sein

---

[1]) Ähnlich war es zwischen Bürgermeisteramt und Stadtgericht, s. Verl. v. 31. Mai 1630 bei Lahner a. a. O. S. 379.

[2]) Vgl. v. Poschinger a. a. O., Beil. XVII.

[3]) Vgl. Beck a. a. O. § 4 und unten § 23.

[4]) v. Poschinger a. a. O. Beil. XXIV.

[5]) Ebenda S. 64, Akten S. II L. 93 No. 12 Z. 44.

[6]) v. Poschinger a. a. O. S. 71, Akten a. a. O. Z. 65.

[7]) Akten ebenda Z. 93.

[8]) Vgl. die Anzeige der Kauf- u. Handelsleute in Leipzig v. 27. Jan. 1683 betr. Einrichtung des Handelsgerichts, mit Konzept der Antwort, Sammelakten des Archivs des Merkantilgerichts.

[9]) Protokolle des Raths 1697/8 Bdchen 1 S. 29, vgl. Archiv des Merkantilger. No. 13.

möchte, aus Anlaß der von den Herren Hochgelehrten ausgestellten Bedenken[1]), das Bankoamt für eine Instanz zu erkennen und ihm zugleich Gewalt zu erteilen, Eid abzuhören, Zeugen zu vernehmen, Kompaßbriefe unter des Schultheißen Namen und Siegel auszustellen, während die Namen der Konsulenten und Marktvorsteher in das Ämterbuch eingetragen werden sollten. Dr. Peller wurde beauftragt, die Ordnung, „worin man sich im Handel vor solcher Instanz zu richten und was dabei zu beobachten", wie er sich erboten habe, zu verfassen; sein Entwurf über die Pflicht des Ehrlöbl. Bankogerichts, der von Dr. Scheurl noch durchgesehen worden war[2]), wurde am 27. April 1697 genehmigt, und die Angestellten des Gerichts in Pflicht genommen[3]). Hiernach haben die Handelsleute neben den Doktoren, welche die Bedenken und Dezisionen überreichen, als judices zu fungieren; die Marktvorsteher insbesondere haben die Handelsgewohnheiten zu erklären, wo wider deren Gebrauch gesprochen werden sollte, solches zu kontradizieren, ihre Handelsjura zu schützen und keinen Abbruch zu gestatten. Mit Beschluß vom 21. Oktober 1697[4]) wurde die Merkantil- und Bankogerichtsordnung[5]) ebenfalls nach dem Entwurf Pellers und Scheurls genehmigt, und damit, beziehungsweise schon mit dem Beschlusse vom 12. April 1697, war das Bankogericht ein vollständiges Handelsgericht geworden, welchem alle Funktionen und Rechte eines ordentlichen Gerichts für seinen Wirkungskreis zustanden, wie sie aus der Kammergerichtsordnung, derjenigen der Stadt, der Reformation und dem Reichstagsabschied von 1654 erfließen.

In der Gerichtsordnung wird wiederum an erster Stelle auf die Privilegien von 1508 und 1520 Bezug genommen und erklärt, daß eine Remission ans Stadtgericht bei der Besetzung des Gerichts nicht mehr für nötig erachtet werde. Die Zuständigkeit wurde im 2. Kapitel[6]) bestimmter dahin ausgedrückt, daß mindestens der Be-

---

[1]) Die Ratschlagbücher für diese Zeit sind leider verloren gegangen.

[2]) Prot. a. a. O. S. 103^{v}.

[3]) Akten a. a. O. S. 115; Entwurf einer Bancogerichts- oder Amts-Ordnung bei Roth a. a. O. Bd. IV S. 314 bezieht sich in der Hauptsache auf die zu schwörenden Eide und ist höchst wahrscheinlich mit dem am 27. April 1697 genehmigten Entwurf identisch.

[4]) Protokolle h. l.

[5]) Vgl. Kreisarchiv VII Pack 23/9, wiederholt im Druck.

[6]) Vgl. auch Beck a. a. O. Kap. XIV § 5.

klagte Kaufmann sein und die Sache den im wesentlichen schon im Edikt von 1624 bezeichneten Charakter haben müsse; damit trat die subjektive Seite des Privilegs auch äußerlich wieder mehr hervor.

Was den neuen Namen des Gerichts betrifft, so ist es an sich natürlich, daß man bei der über die Bank weit hinausreichenden Bedeutung des Gerichts einen allgemeineren Namen wählte; „Bankogericht“ war es schon seit 1624 nicht mehr. Speziell den Namen „Merkantil“-Gericht aber dürfte Nürnberg von dem im nächsten Kapitel ausführlich zu behandelnden Merkantilmagistrat zu Bozen entnommen haben, da, wie wir sehen werden, vielfache Beziehungen zwischen Nürnberg und Bozen bestanden und sich überdies nachweisen läßt, daß gerade damals der Rat von Nürnberg mit dem Merkantilmagistrat von Bozen in Korrespondenz stand und dessen Einrichtungen genau kannte. Der Name Merkantil- und Bankogericht erscheint meines Wissens zuerst in der Gerichtsordnung selbst; vorher ist immer nur vom „Banco“ die Rede. Während diese Gerichtsordnung nach Protokollband 8 S. 1 genehmigt wurde, zieht sich durch die Bände 6—10 eod. ein Streit der Gutthäterschen Gebrüder in Nürnberg mit Franciscus Aste in Roveredo und Handelskonsorten; Bd. 6 S. 83 warnt aber der Rat die Gutthäterschen Gebrüder vor Interzession, da die oberösterreichische Regierung in Innsbruck nach der Bozener Marktordnung und den Privilegien derselben gebunden sei, die Sentenzen des Merkantilmagistrats zu exequieren. Hiernach dürfte die ausgesprochene Vermutung nicht zu gewagt erscheinen.

Die weitere Geschichte des Merkantil- und Bankogerichts bis zur französischen Revolution zeigt keine großen Veränderungen. Die Wechselordnung vom 26. Februar 1722[1]) brachte neben einer größeren Betonung der Schiedsgerichte keine wesentliche Änderung der Gerichtsverfassung. Zu der Kompetenzbestimmung[2]): Wenn in Wechsel oder andern Handelssachen sich Differenzen ereignen ...., so solle solches bei dem löbl. Banco-Gericht als in foro competenti geschehen, fordert Beck[3]) noch weiter, daß wenigstens der Beklagte Kaufmann sei, so daß, wenn dies richtig ist, keine Kompetenzausdehnung vor-

---

[1]) Vgl. v. Poschinger a. a. O., Beil. LIX, die Banko-Ordnung vom 26. Aug. 1721 ebenda Beil. LVIII.

[2]) Kap. X § 1.

[3]) a. a. O. § 9; nach Verlaß v. 14. Nov. 1763, ähnlich schon 23. Juli 1701, Lahner a. a. O. S. 8 bezw. 7, sind Merkantil-, Wechsel- und Handelssachen ans Bankogericht zu weisen.

liegen würde. Im Jahre 1802 begann eine kaiserliche Subdelegationskommission auch am Bankogericht ihre Thätigkeit und verlangte Bericht, wie den Mängeln abzuhelfen sei. Über die Handelsgerichtsordnung vom 7. Januar 1804 und die nach der Besitzergreifung Nürnbergs durch Bayern (3. September 1806) erfolgte Verordnung vom 18. Mai 1809 vgl. Nürnberger[1]), zu der Verordnung vom 27. Juni 1809 betr. die Formation des Merkantil- und Friedensgerichts noch v. Poschinger[2]).

§ 22. Der Prozeß des Bankoamts.

Über den Prozeß des Bankoamts sind wir durch die Aufzeichnungen im zweiten Marktbuch am Herrenmarkt, 1690 von Marktvorsteher Andreas Ingolstädter verfaßt[3]), und die Manualien der Marktvorsteher, beide, wie bereits öfter zitiert, im Archiv des Merkantil-, Friedens- und Kommerzgerichts, insbesondere aber durch den ebenfalls bereits wiederholt erwähnten Gegenbericht Oelhafens gut unterrichtet. Das Gericht stellte dar eine Verbindung des Einigungsamtes vor den Marktvorstehern mit dem Kollegialsystem. Erstere entschieden auf Anrufen der Parteien, besonders auch in Sachen der Boten, Fuhrleute rc., auf dem Markte oder in ihrem Gewölbe. Dabei ergiebt sich aus dem Manual der Marktvorsteher[4]), daß dieselben ihre Entscheide dadurch stärkten und event. unanfechtbar machten, daß sie die Parteien sich nicht nur durch Kompromiß einigen, sondern auch durch Handschlag an Eidesstatt geloben ließen, bei dem Entscheid zu beharren, ohne Supplikation, Appellation und Reduktion. Wurde aber von den Parteien ein Prozeß am Bankoamt selbst anhängig gemacht[5]) oder von den Marktvorgehern, dem Bürgermeister, dem Rat, der Losungs-, Vormund- oder Landpflegstube, dem Almosenamt, Klara- und Katharinenkloster dahin verwiesen, so wurden die Parteien persönlich vorgelassen, um ihre Sache, mit oder ohne Anwälte, mündlich oder schriftlich, anzubringen. Es wurde dann die Gegenpartei gehört, eventuell in deren Gegenwart die Aussagen der Zeugen (vor 1624) confrontando summariissime ver-

---

[1]) Insbesondere: Beiträge und andere Anmerkungen zur praktischen Erläuterung der Handelsgerichtsordnung 1846.

[2]) a. a. O. S. 149 Anm. 10.

[3]) Vgl. auch die zitierte Pörsch-Ordnung in der Nürnb. Stadtbibl. Amb. 2° No. 20.

[4]) Vgl. Archiv des Merkantil-Gerichts No. 738 Bd. 1, 18, 26.

[5]) Das Folgende nach Oelhafen a. a. O.

nommen; dann ließ man die Parteien abtreten, die Konsulenten wurden konsultative[1]) gehört, die Deputierten hielten Umfrage und die Entscheidung wurde per majora auch wohl wider die Meinung der Konsulenten gefällt, worauf in einfachen Fragen die Publikation erfolgte, während in zweifelhaften Fällen, oder wenn die Entscheidung nach dem Rechte „hart und unerbittlich" war, die Parteien einzeln vorgerufen wurden und ihnen „mit Glimpf" zugesprochen und die Gütlichkeit angemutet wurde, ohne einigen Zwang. War die Sache intrikat, betraf zweifelhafte Rechtsfragen (diese sind später dem Stadtgericht vorbehalten) oder hohe Personen, so wurde die Entscheidung des Rats erholt[2]) oder Verweisung dahin ausgesprochen[3]). Desgleichen erfolgte, wie schon früher bemerkt, Verweisung ans Stadtgericht für größere Beweiserhebungen.

§ 23. Die Parere des Bankoamts.

Welche Bedeutung das Amt für die damalige Zeit erlangt hat ersieht man am besten aus den zahllosen, in den 10 Bänden der Marktvorsteher-Manuale enthaltenen Gutachten, welche aus dem In- und Ausland bei ihm erholt wurden; daneben wurden auch direkt vom Rat solche Parere erbeten und erteilt[4]). In einer Zeit, wo diese kaufmännischen Gutachten ihrer Wirkung nach den Responsis Prudentum gleichgestellt wurden[5]), wo auch die Reichsgesetzgebung seit 1671 die Erholung derselben verlangte und wo die Reichsstädte begehrten, daß auch die höchsten Gerichte solche Gutachten hören und nicht bei Seite setzen sollen[6]), beweist dieser ungeheure Rechtsstoff den Einfluß des Nürnberger Gerichts. Auf den stylus mercatorius, dem sie ihre Entstehung danken, nehmen diese Parere häufig Bezug[7]). Bald nach der Ernennung von Adjunkten werden sie

---

[1]) Amtsordnung: die Doktores sollen die Konfirmation der Dezisionen von 3 Räten und Handelsleuten erwarten.

[2]) Vgl. auch Manual Bd. I S. 6.

[3]) Ebenda Bd. III S. 194.

[4]) Vgl. z. B. die Ratsprotokolle 1697/98.

[5]) Vgl. Beck a. a. O. § 4 und Zitate, Paul Jakob Marperger, Neu eröffnetes Handelsgericht, S. 68 (in einem Anhang S. 1—256 sind Parere von Savary und anderen beigefügt). Vgl. auch Anh. zu Beck a. a. O. und „Schriftliche Beantwortung einiger v. Wechsel u. Wechselbriefen herrührenden Zweifel 1703 mit Parere."

[6]) Vgl. Goldschmidt, Handbuch Bd. I 2. Aufl. S. 47/8.

[7]) Manual Bd. III S. 25, 84, 98, Bd. IV S. 43, 81 und oft.

von diesen mit unterschrieben [1]); aber auch andere „im Handel wohl verständige und erfahrene" Kaufleute geben die verlangten Gutachten neben den Marktvorstehern und Adjunkten [2]). Wie nahe diese Erholung von kaufmännischen Gutachten dem kaufmännischen Schiedsgerichte kommt und welchen Einfluß sie auf die Entwickelung der Handelsgerichte haben mußte, ergiebt sich z. B. aus einer Bitte vom 7. Mai 1639 [3]): Weil beide Parteien erbötig sind, sich unparteiischer, verständiger Kaufleute judicio zu submittieren, wird um Gutachten ersucht ꝛc.; die Marktvorsteher erklären aber, daß es hier auf den Beweis ankäme, und verweisen die Petenten an Schiedsrichter. Auch deshalb wird das Gutachten wohl abgelehnt [4]), weil auf hiesigem Wechselplatze (es handelt sich um das Giro der Wechselbriefe) nicht in usu. Die Anfragenden sind meist private Firmen und Rechtsgelehrte, aber auch z. B. Dezember 1642 [5]) Ratmannen der Stadt Breslau; andererseits werden auch Urteile zur Nachprüfung vorgelegt [6]). Den Orten nach, woher diese Gutachten erbeten werden, finden wir neben Nürnberg alle bedeutenden Handelsplätze der damaligen Welt: zwischen Genuesen und Venezianern [7]), zwischen Veronesen, Venezianern und Regensburgern [8]), von Frankfurt, Hamburg, Amsterdam ꝛc. wird das Gutachten der Marktvorsteher erbeten. So wird auch das Parere wohl von denselben in italienischer Sprache erteilt [9]), wie auch italienische Parere mit übersendet werden. Überhaupt nimmt die Gewohnheit allmählich überhand, diese Gutachten in einer Reihe von Handelsstädten zirkulieren und unterschreiben zu lassen; so werden wohl [10]) die Handelserfahrenen in den „Korrespondentplätzen" um Gutachten ersucht; in einer anderen Sache wird mitgeteilt, daß in Frankfurt folgendermaßen, in Köln, Augsburg, Hamburg, Wien, Antwerpen folgendermaßen entschieden wurde [11]). Schließlich füge ich für die Bedeutung der Parere folgende Beispiele an. Am

[1]) Ebenda S. 66 ff.
[2]) Ebenda S. 103, 129 und oft.
[3]) Ebenda S. 109 ff.
[4]) Ebenda Bd. IV S. 49.
[5]) Ebenda Bd. IV S. 124, ebenso Innungen v. Regensburg, Bd. III S. 119.
[6]) Ebenda S. 315.
[7]) Ebenda S. 232.
[8]) Bd. III S. 174.
[9]) Bd. III S. 84 und öfter.
[10]) Bd. III S. 86.
[11]) Bd. III S. 183.

21. Februar 1640 wird angefragt[1]), ob ein Parere, über das der andere Teil nicht gehört wurde, diesen bindet, und ähnlich beschwert sich im Jahre 1647[2]) ein Salzburger, daß er ohne Gehör verurteilt wurde. Ihm wurde geantwortet, daß man bisher Ausspruch nach hiesigem Markt- und Kaufmannsgebrauch gethan habe, so auch in diesem Falle. Die Entscheidung sei kein Endurteil, sondern Billigkeit, und an einem anderen Orte möge wohl anders geurteilt werden. Schwerer wiegend war es, daß die Marktvorsteher einmal, nachdem im Bankoamt eine Sache behandelt war, in derselben Rechtsfrage ein mit der Entscheidung nicht übereinstimmendes Parere abgaben, was ihnen die Mahnung zur Vorsicht eintrug[3]). Sie fügen dann auch oft ihrer Entscheidung Klauseln über die Richtigkeit des Thatbestandes bei[4]).

Zu vergleichen sind auch die Nürnberger Parere, abgedruckt bei Beck a. a. O. Anh. S. 448 ff., endlich im allgemeinen noch Kletke, Wechsel- und Merkantil-Prozeß. 1858.

---

[1]) Bd. III S. 147.
[2]) Bd. IV S. 274.
[3]) Bd. IV S. 306.
[4]) Bd. IV S. 350 und öfter.

Zweites Kapitel.

Bozen.

§ 24. Die Märkte in Bozen.

Die Kaufleute der oberdeutschen Städte, insbesondere Nürnbergs[1]), zogen seit der zweiten Hälfte des 13. Jahrhunderts nach Venedig auf der alten Handelsstraße über Füssen und Innsbruck[2]), deren Hauptzollstätten sich an der Klause bei Brixen und zu Bozen befanden[3]). An letzterem Orte mündete, von Meran kommend, auch die Straße aus dem Engadin. So bildete sich naturgemäß in Bozen ein Austauschplatz zwischen den Händlern der Lombardei und denen des Nordens. Seit 1202 hören wir daher von den dortigen Messen[4]); am Anfang des 14. Jahrhunderts finden wir dort italienische Verkäufer, und Florentiner haben zeitweise das Wechselwesen und Leihhaus in Bozen zum Betriebe gepachtet[5]). Aus Deutschland war es besonders Augsburg, welches, mit großen Mauthrechten ausgestattet, diese Straße nach Venedig in Stand hielt und auf derselben das Kommissionsgeschäft betrieb[6]), und es war vergebens, daß 1461 Bischof Peter von Augsburg die Bürger dieser Stadt vom Handel nach Bozen und Meran abzubringen suchte[7]). Im Jahre 1502 erstattete der Bozener Amtmann Hans Abinstorffer an die Raitkammer in Innsbruck

---

1) Hüllmann a. a. O. Teil I S. 383, 385.

2) Ebenda S. 348.

3) v. Hormayr, Gesch. Tyrols II, 279 f. Urk. von 1239.

4) Falke a. a. O. Bd. I S. 116. Franz Martin Meyer, Anfänge des Handels und der Industrie in Österreich 1882 S. 33.

5) Hüllmann a. a. O. S. 351.

6) Kleinschmidt a. a. O. S. 22.

7) Fischer a. a. O. Bd. II S. 481.

einen Bericht, betreffend die Bozener Marktabgaben[1]), und wohl noch früher zu datiren ist die Vorstellung des Jörg Runggar zu Bozen[2]) an die Regierung wegen des Marktrechts auf seinem Hause. Am 12. Mai 1583 berichtet Ferdinand von Khuepach[3]) über eine den Bozener Märkten durch das eifersüchtige Venedig wegen der möglichen Übertragung von Seuchen drohende Gefahr, in welcher Nürnberg eine Hauptrolle spielt. Die in Verona (Pern) befindliche Deputation alla sanità, eine den modernen sehr ähnliche Sanitätsbehörde, hatte gemeldet, daß Nürnberger aus verdächtigen Orten Waren nach Bozen brächten, und es wurde daher von Venedig über Bozen der Verruf ausgesprochen. Khuepach pflog Untersuchung und teilte die Konzepte seiner Schreiben nach Verona und Venedig mit: danach haben die Diener des Nürnberger Kaufmanns Viatis erklärt, daß die Waren von den Fabrikationsorten direkt und nicht von Pontiebe kämen. Dies war nach Verona zurückgemeldet worden; die Kommission hatte aber nur erklärt, sie wolle es ihren Herrn nach Venedig melden.

Die „Marktberuefung" zu Bozen[4]) für die drei Märkte Mittfasten, St. Gilgtag und St. Andreastag, d. h. die Anordnung und Verkündung der einzelnen Märkte, geboten von Kaiser Rudolf II. (1576—1612), ist uns in einer dem Ende des 16. Jahrhunderts angehörenden Abschrift erhalten.

Am 23. Juni 1600[5]) fordert die oberösterreichische Kammer von Balthasar Lindegger und anderen Zollamtleuten, besonders der Stadt Rovereit, Bericht in folgender Sache. Die deutschen und meisten italienischen Kaufleute, welche auch hier schon in zwei landsmannschaftlichen Gruppen auftreten, hätten um Abstellung des nach und nach eingerissenen, nicht befreiten, berufenen, noch publizierten vierten (Pfingst-) Marktes und um Verlegung der drei anderen Märkte von 4 zu 4 Monaten mit Rücksicht auf den

---

1) K. K. Statthalterei-Archiv Innsbruck. Max. XIII, 300.

2) Ebenda Pest.-Arch. XVI, 31.

3) Ebenda Pest.-Arch. IX, 163.

4) Ebenda. Leop. No. 23 Lit. B. P.

5) Ebenda. Kopialbücher, Abt. „Gemaine Missiven" 1600, prima pars S. 822. Diese Kopialbücher, vom Ende des XV. bis Ende des XVIII. Jahrh. in ununterbrochener Reihe fortlaufend und in eine Reihe von Abteilungen: Von d. fürstl. Durchlaucht, Geschäft von Hof, Guettbedünckchen, Embieten und Befehl ꝛc., zerfallend, haben uns reiche Ausbeute geliefert.

nueen Kalender gebeten; es erschien dies wegen der Wechsel[1]) nicht ungünstig und würde mit den andern Messen von Frankfurt, Nürnberg, Leipzig, Hamburg und Linz besser passen[2]), so daß die in Bozen gekauften Güter dahin gebracht werden könnten. „Ihr selbst wißt am besten, wie die italienischen Messen aufeinander folgen und mit denen in Bozen korrespondieren," weshalb genauer Bericht erfordert wird. In einem weiteren Auftrage[3]) wird nun die Zuziehung eines Mannes angeordnet, des David Wagner, der jahrzehntelang der Vertrauensmann der Regierung geblieben ist, selbst Kaufmann war[4]) und die Bedürfnisse des Marktes genauestens kannte. Wagner scheint sich gegen die beantragte Änderung ausgesprochen zu haben; jedenfalls blieb es beim Alten; nur die Kammer erstattete 1601 noch ein Gutachten[5]), wie die Bozener Märkte besser zu gestalten seien.

Erste Abteilung.

§ 25. Die Judikatur Wagners.

Die wirtschaftliche Krisis, die wir in den zwanziger Jahren des 17. Jahrhunderts in Nürnberg beobachtet haben, vor allem die Geldkrisis, herrschte genau ebenso in Bozen und führte dort zu ähnlichen Resultaten wie in Nürnberg. Nur mußte man dort noch energischer zu Werke gehen, weil der Markt Bozens besonders den Venezianern ein Dorn im Auge war und sie jeden gemachten Fehler zu ihren Gunsten benutzt hätten. Im Mai 1625 klagt die fürstliche Durchlaucht[6]), daß Venedig durch seine Praktiken den Bozener Markt ruinieren wolle, und das Regiment schlägt am 16. Juli 1625[7]) als bestes Mittel gegen die Ränke der Venezianer die mög-

[1]) Deren Verfallzeit ja hienach gestellt zu werden pflegte.

[2]) Am 16. Jan. 1668 beschweren sich die Kaufleute von Nürnberg, Augsburg, Köln, Hamburg und Frankfurt a. M. gegen Verlängerung des Leipziger Markts, weil Konfusion unter den Messen entstünde, mit Rücksicht auf Lyon, dann weil Augsburg und Nürnberg den Botzener Markt nicht besuchen, weniger die Gelder dahin disponieren könnten. — Hasse, Geschichte der Leipziger Messen. 1885. S. 126.

[3]) Wie vor. Gem. Missiven. S. 825.

[4]) Vgl. S. 104, 107. Im Jahre 1636 leiht er 30 000 fl. aus.

[5]) K. K. Statthalterei-Archiv, Leop.

[6]) Ebenda. Kopialb. Von d. Fürstl. Durchl. S. 407, 462.

[7]) Ebenda. An die Fürstl. Durchl., 1625/6, S. 236. Vgl. auch Riezler, Geschichte Bayerns 3. Bd. S. 514 und 774.

lichste Begünstigung des Handels, vor allem der Welschen, vor. Als Ratgeber diente dabei der Kammer nach wie vor David Wagner, nach dessen Antrage z. B. auch bei der Bewerbung des Juden Simon Cuzzer um eine Sensalstelle vorgegangen wurde[1]). Bald ergab sich die Gelegenheit, den Handel zu begünstigen, da im Herbste 1626 Beschwerden der deutschen und welschen Kaufleute einliefen[2]). Insbesondere ließen die gesamten Kauf- und Handelsleute welscher Nation den Marktkommissaren am Egydimarkt mehrere Gravamina überreichen, welche wir bei der Besprechung im einzelnen noch näher kennen lernen werden. Der Hof übergab die Beschwerden der Kammer mit dem Auftrage, Bericht zu erstatten, wie durch Kommissare mit Zuziehung der bedeutendsten Handelsleute Abhülfe zu schaffen sei. Die Kammer begutachtete am 25. Oktober 1626[3]) ein langsames Vorgehen wegen der großen Bedeutung der Sache. Was die einzelnen Punkte betrifft, so figuriert als erster die Bitte der Kaufleute, daß sie etliche aus ihrer Mitte nach ihrem Belieben erwählen und deputieren könnten, die volle Gewalt haben sollten, zur Abhandlung allerhand vorkommender Kaufmannssachen „Decisiones zu machen“. Bisher stand die Gerichtsbarkeit dem Landrichteramt zu Bozen, allerdings unter Zuziehung von Schöffen[4]), zu. Die Kammer warnt, diesem Amte und seinen Gesellen zu präjudizieren, die Kommissare sollten zunächst mit dem Landeshauptmann an der Etsch, Jakob Andreas von Brandiß, konferieren. Die weiteren Bitten lauteten, daß Wechsel und Bezahlungen in keinen kleineren Sorten als ¼ Thaler angenommen zu werden brauchten, daß der Thaler im Werte zu 90 Kr. ungeändert verbleibe, damit man die Kontrakte danach richten könne, und daß, wenn der Wert geändert würde, dies nur für die Zukunft, nicht für die Vergangenheit wirken sollte (also Vorsorge vor dem tempus solutionis!), daß nicht Fuhr- und Kaufleute wegen Contrebande gestraft würden, daß die Verzollung bei der Einfuhr erfolgen solle, wobei die Petenten sich bereit erklärten, beim Kaufe deutscher Waren den Zoll wieder gutzumachen — hier wurde begutachtet, die beteiligten Deutschen zuerst zu hören —. Die fernere Bitte der Welschen, daß sie in ihren Gewölben außerhalb der Wirtshäuser speisen dürften, veranlaßte zum Hinweise auf die

---

[1]) Ebenda. Missiv. an Hof Guettachten,' 30. April 1626, S. 67.

[2]) Ebenda. Ausgangene Schriften, 17. Sept. 1626.

[3]) Ebenda. Missiv an Hof S. 173.

[4]) Vgl. unten S. 105, 109.

Privilegien von Bozen, wobei besonders auch auf die nichtkatholischen Deutschen Rücksicht zu nehmen sei. Endlich beschwerte man sich über die Höhe des Briefportos und der Zölle, besonders in Rovereit, und über die „Zuelandung“ mit dem Floße zu Neumarkt wegen des Niederlaggeldes; die Schlußbitte ging auf möglichste Freiheit. Es war schon ein erklecklicher Wunschzettel, von welchem für uns das Bemerkenswerteste ist, daß die Bitte um die Marktjudikatur zuerst von der welschen Seite ertönte. Das Gutachten der Kammer wurde [1]) unter Gebot der Geheimhaltung und mit dem Auftrage zurückgegeben, mit den Kommissaren sich zu verständigen. Am 2. Dezember 1626 [2]) erstattete die Kammer nach Einvernahme der Kommissare, Regiments- und Kammerräte Anselm von Velß zu Prißheimb und Dr. Carrara zu Niederhauß weiteren Bericht, der sich aber im allgemeinen nur auf das bisherige Gutachten bezog, riet, die Welschen auf den Mittfastenmarkt zu vertrösten, da die deutschen Handelsleute mit ihren gravaminibus, „von denen sie Andeutung thun“, noch nicht eingekommen sind, und bemerkte bezüglich der Wahl von „consules“, ihre und des Landeshauptmanns Ansicht gehe dahin, daß zunächst zu prüfen sei, ob die Klagen gegen das Landgericht zu Gries und Bozen berechtigt seien oder nicht; wenn das Landrichteramt gehörig besetzt würde, so würden viele Klagen vermieden; die Kaufleute hätten es bereits im Brauch, vorfallende Sachen auf Ettliche aus ihrer Mitte zu kompromittieren. Ob eine matricula, wie an anderen Orten üblich, zu ergreifen, sei der weiteren Beratung zu überlassen. Inzwischen ergingen Verfügungen [3]) der Kammer an den Postmeister wegen der kleineren Beschwerden. Nunmehr übergaben auch die Deutschen dem Landeshauptmann an der Etsch und Dr. Horatio Carrara ihre Beschwerden, welche an den Hof eingesendet wurden. Dieselben decken sich vollständig mit denen der Welschen; nur bezüglich der Streitsachen genügt es ihnen, wenn den früher gegebenen landesfürstlichen Verordnungen nachgelebt und durch Stadt- und Landgericht, jedoch unter Zuziehung von Kaufleuten, gehandelt und damit dem kaufmännischen Stylo nachgelebt würde; bezüglich der Zollerhebung bei der Einfuhr beschweren sie sich überhaupt, daß die Welschen ihre Waren nicht mehr in Bozen, sondern an den Ur-

[1]) Wie vorher. Geschäfte von Hof, 1626, 29. Okt. und 10. Nov., S. 226/7 Von der Fürstl. Durchl., 1626, S. 852.

[2]) Missiv an Hof S. 177.

[3]) Wie vorher. Embieten und Befehl, 1626, 2. Dez.

sprungsorten kaufen, eine Klage, die im Gange des Welthandels begründet war und immer mehr an Bedeutung gewann [1]). Die Verhandlungen wurden am 11. Januar 1627 an die oberösterreichische Regierung [2]) zur Begutachtung geleitet, und Regierung und Kammer berichteten [3]) unter Bezugnahme auf die Gutachten vom 15. Oktober und 2. Dezember 1626, daß eine kommissarielle Beratung notwendig sein dürfte, da die Italiener auf Ausschluß des Landrichters in Handelsstreitigkeiten beständen; bezüglich der Klagen der Deutschen wurde bemerkt, daß wegen des billigen Geldes in den letzten Jahren so viele Waren in Deutschland gekauft worden seien, daß jetzt kein Bedürfnis vorliege. Am 4. Mai 1627 erging dann Mandat zu Handen der oberösterreichischen Regierung und Kammer [4]). Den Antrag wegen Erhebung des Zolls bei der Einfuhr hatten die Welschen nach Vereinbarung zurückgezogen; den übrigen Anträgen der Deutschen und Welschen wurde im allgemeinen entsprochen. Bezüglich der Judikatur der in den Bozener Märkten zwischen den Kaufleuten vorfallenden Streitsachen wurde bestimmt, daß, nachdem deutsche und welsche Kaufleute sich hintangestellt ihrer zuvor gethanen Beschwerden einer Meinung verglichen und gebeten haben, daß zu solcher Judikatur ein Kommissar, und zwar, weil es ein des Wechsels- und Kaufmannsgebrauchs verständiger Mann sein müsse, in specie der Rat David Wagner dergestalt bewilligt werde, daß ihm von jedem Gegenteil zwei Assessoren aus den Kaufleuten beigegeben und, da eine Appellation beschehen würde, samt denselben noch drei andere Beisitzer von jedem Gegenteile zugeordnet werden. Wagner hat „nach beschehner starker Zumutung" eingewilligt, und zwar nur für ein Jahr und nur für solche Fälle, welche die Kaufleute durch andere als handelskundige Leute zu erörtern für beschwerlich erachten. Wagner ist nunmehr in Pflicht zu nehmen. Die andere Handlung vor dem Landrichter ist zu fördern, und sind hierbei die Beisitzer in mehrerer Anzahl von den Kaufleuten zu nehmen. Und wenn sich mit dem Amte künftig eine Veränderung ergeben sollte, ist auf graduierte Personen und solche, die demselben besser vorstehen können, zu denken.

---

[1]) Beer, Zollpolitik und Schaffung eines einheitlichen Zollgebiets unter Maria Theresia in den Mitt. d. Instituts f. österr. Geschichtsforschung Bd. XIV Heft 2 1893. S. 295: Nürnberger Waren, die früher über Bozen gingen, später direkt nach Venedig.

[2]) Von der F. Durchl., 1627/8, S. 1.

[3]) Guettbedünckhen S. 486.

[4]) Geschäft von Hof, 1627, S. 111. Von der Fürstl. Durchl. S. 102.

Das Speisen in den Gewölben soll nach Beschaffenheit des Falles vom Bürgermeister zu Bozen gewährt werden. Bezüglich der Post erklärte der Postmeister, daß er für Briefe nach Augsburg, Innsbruck und Tyrol nichts fordere, nach Österreich, Köln und Nürnberg aber 3 Kr. für den Brief bis 2 Bogen damit sind die Kaufleute zufrieden. Am 7. Mai 1627[1]) wurde der Stadt- und Landrichter zu Gries und Bozen von der Ernennung Wagners als Kommissar für die in Marktzeiten vorfallenden Streitsachen in Kenntnis gesetzt, wobei die Mahnung ausgesprochen wurde, fleißiger als bisher zu sein und die Handlungen der Kaufleute mit Einstellung anderer Geschäfte förderlichst zu betreiben, die Beisitzer aber in mehrerer Anzahl von den Handelsleuten zu gebrauchen. Gleichzeitig[2]) erhielt Wagner unter Ermahnung an seine Pflichten von der Ernennung Kenntnis. Dem Bürgermeister von Bozen[3]) aber wurde freigestellt, auf Ansuchen zu gestatten, daß einzelne Kaufleute in ihren Gewölben speisen; er hat aber zu berichten, wenn sich einer Fleisch an Fasttagen kommen läßt. Damit war zunächst dem Willen der Kaufleute entsprochen, die der Regierung 1622 Geld vorgestreckt hatten, wie wir aus dem Erlaß vom 4. Mai 1627 nebenbei erfahren: die Regierung ist befriedigt, daß niemand die Rückzahlung angeregt hat. Am 14. Juni 1627[4]) wurde Wagner nach geleistetem Eide aufgefordert, Strafsachen dem Landrichter oder der Kammer mitzuteilen.

Die gehoffte Steigerung des Marktes bleibt aber zunächst aus; vor allem fehlen die Nürnberger und Augsburger[5]). David Wagner soll angeben, wie die von Augsburg nach Bozen abgehenden Fuhren wieder passiert und dadurch Dissolution und Ruin der Bozener Märkte verhütet werden solle. Nach dem Gutachten vom 6. Februar 1628[6]) sind in Augsburg wieder große Sterbensläufe, womit sich die Regierung beruhigt; außerdem wird der Landrichter zu Strotzingen, Geizlkofer, über den sich die Fugger beschwert haben, abgesetzt.

---

[1]) K. K. Statthalterei-Archiv Innsbruck. Kopialbücher, Tyrol 1625—1630 S. 179.

[2]) Ebenda S. 179.

[3]) Ebenda S. 180.

[4]) Ebenda. Gemeine Missiven, 1627, S. 751.

[5]) Ebenda. Von der Fürstl. Durchl., 1627/8, S. 311.

[6]) Ebenda S. 368.

Zweite Abteilung.

§ 26. Der Merkantilmagistrat.

Wagner hatte sein Amt rein als Einigungsamt aufgefaßt; er hatte lediglich die Parteien, wenn sie anwesend waren, zu versöhnen gesucht; waren nicht beide anwesend, so ließ er sie nicht vorladen, da er auch keinen Boten zur Verfügung hatte [1]), sondern er verwies die Sache ans Landgericht; ebenso auch, wenn er einen Ausgleich nicht zustande brachte. Das genügte auf die Dauer nicht man suchte zu einem wirklichen Gerichte zu kommen, und Johann Simoncini von Rovereit, den wir auch später noch an der Spitze der Kaufleute treffen werden, bat namens derselben um weitere Verleihung eines Kommissionsschreibers oder Sekretärs, welcher beider Sprachen kundig sein müsse, eines Gerichtsdieners und eines Gefängnisses. Darauf erging das Schreiben Erzherzog Leopolds vom 17. Februar 1632, das wir im Anhang abdrucken [2]), wonach Wagner auch in contentiosis Richter sein sollte, ihm Joh. Bapt. Girardi als Mitkommissar beigesetzt und ein der lateinischen, deutschen und welschen Sprache kundiger Sekretär zugleich auch als Aushülfsrichter zugegeben wurde; der Sekretär sollte das Protokoll führen, und aus letzterem dürfe ohne Wissen Wagners und Girardis nichts mitgeteilt werden. Wagner scheint dieses Schreiben als das, was es jedenfalls war, als Mißtrauensvotum, aufgefaßt zu haben, er legte die ihm übertragene Stelle nieder. Die oberösterreichische Regierung verhandelte nun im September 1632 mit Girardi wegen Übernahme der Judikatur [3]). Erzherzog Leopold war inzwischen verstorben, und an seine Witwe Claudia als Reichsverweserin, bezw. Regentin, berichtete am 19., 24. und 30. Mai 1633 [4]) die Kammer, daß das Gesuch des Girardi deshalb nicht erledigt werden könne, weil sein Gehalt (wie auch nach dem Schreiben vom 17. Februar 1632) nicht auf die Kammer, sondern auf die Kaufleute angewiesen werden solle, wäh-

---

[1]) Akten des k. k. Statthalterei-Archivs zu Innsbruck. B. no. 39. Judikatur zu Botzen und Marktsachen allda von den Jahren 1633—37—50. Leop. Kammerpräsident an Claudia, 10. pr. 13. Juni 1633. Diese Akten enthalten die Originalien der Kopialbücher, und es entfällt insoweit die Bezugnahme auf letztere.

[2]) Kopialb. Embieten u. Befehl, 1632, S. 59, s. Beil. IV.

[3]) Geschäft von Hof, 1632, S. 155.

[4]) Missiv an Hof S. 57 ff. und Akten Leop. B. no. 39.

rend Girardi ohne gewisse Besoldung das Amt nicht übernehme. Die Kaufleute, welche auf den Abgang Wagners vertröstet worden wären, thäten nichts, was ihnen keinen Vorteil bringe. Es sei daher notwendig, noch mit dem Landeshauptmann an der Etsch, mit Wagner und anderen vertrauten Kaufleuten zu verhandeln. Da Girardi drängte, monierte Claudia am 4. Juni; inzwischen war aber am 3. Juni 1633 das Gutachten des Landeshauptmanns angelangt, und der Kammerpräsident beantragte am 3. Juni 1633, die Beschlußfassung und Instruktion für Girardi bis nächsten Egydimarkt zu vertagen[1]). Claudia verschob mit Schreiben vom 14. Juni 1633[2]) die Beschlußfassung bis zur Herauskunft des Kammerpräsidenten aus Bozen und wollte die neue Ordnung zum Egydimarkt publiziert haben. Dazu aber kam es nicht, wenigstens nicht mit Girardi. Der Kammerpräsident[3]) hatte im Auftrage Claudias mit den vornehmsten Deutschen und Welschen Rücksprache genommen. Dieselben wünschten einen Kaufmann aus beiden Nationen als Richter, dem noch mehrere andere beigesetzt werden sollten; mit einer Person sei nichts gedient, und solle dann lieber die Judikatur beim Landgericht verbleiben. Wenn der Richter ein Deutscher sei, sollen die Beisitzer welsch sein und umgekehrt; ebenso müßte es für die zweite Instanz der Fall sein; das Gericht müßte jedes Jahr neu besetzt werden, den Kaufleuten die Wahl, der Fürstin aber die Approbation zustehen. Das Werk sei bereits in einen Begriff gebracht und vorgelegt worden; die Wahlen sollten sofort stattfinden, damit am nachfolgenden Andreasmarkt die Konfirmation erfolgen könne. Dieser Vorschlag ging von den Welschen aus, da von den Deutschen wenig Prinzipale anwesend waren: der Kammerpräsident konnte nur mit dem Schweizer Zollikofer und dem Felßischen Faktor Bischof sprechen. Die Deutschen verlangten auch einen Handelserfahrenen, aber nicht, daß er Kaufmann sei. Der Kammerpräsident erklärte nun, zu Girardi und den Juristen überhaupt habe man kein Vertrauen, man wolle ein kaufmännisches Gericht, wie nicht allein an mehreren Orten in Italien, sondern auch in etlichen vornehmen deutschen Handelsplätzen die Kauf- und Handelssachen von Kaufleuten judiziert würden; ebenso sei es in dem neu angestellten veroneser Markt. Schließlich wurde

---

[1]) Emb. und Bef., 1633, S. 118.

[2]) Ausgang. Schriften, 1633, S. 264.

[3]) Bericht v. 10. praes. 13. Juni 1633, Akten a. a. O.

der Vorschlag gemacht, die Wahlberechtigten in ein Verzeichnis zu bringen.

Was die deutschen Handelsplätze betrifft, so konnte Nürnberg, dessen Beziehungen zu Bozen wiederholt hervorgehoben wurden, sich 9 Jahre vorher auf ein deutsches Beispiel nicht berufen; nur Frankfurt a. M. wurde erwähnt, das aber ein kaufmännisches Gericht als solches nicht besessen habe, worüber später noch zu sprechen ist. Marquardus[1]) in seinem 1662 erschienenen Buche kennt von deutschen Handelsgerichten nur Nürnberg, Bozen und (mit Einschränkung) Frankfurt; daneben erwähnt er die „Kurtmeister" der englischen Kaufleute in Hamburg[2]) und die hanseatischen Aldermänner[3]). Ebenso wird am Ende des Jahrhunderts für die Leipziger Verhältnisse[4]) auf keine anderen, seit 1630 bestehenden Handelsgerichte Bezug genommen, und ist daher hiernach obige Angabe auf Nürnberg und Frankfurt, eventuell Regensburg zu beziehen. Am 13. August[5]) erklärte sich Claudia dem Kammerpräsidenten gegenüber mit dem Plane einverstanden, und in einem Schreiben an den Landeshauptmann vom 31. August 1633[6]) genehmigte sie den Plan ausdrücklich. Dieses Reskript, welches den Merkantilmagistrat ins Leben rief, folgt im Anhang[7]).

Aber es war nur eine Genehmigung des Planes im Ganzen; die Detailausführung machte noch viele Schwierigkeiten. Am 20. September 1633[8]) berichtete der Kammerpräsident unter Resümierung der bisherigen Entwickelung über die weiteren Maßnahmen, insbesondere die „Beschreibung der einzelnen Handelsleute", die vorzunehmende Wahl, die Bestellung eines Notars und eines Gerichtsboten. In ersterer Beziehung, bezüglich der sog. „Matrikel", sei bemerkt, daß in Italien, wo die sämtlichen Kaufleute eines Ortes die Korporation bildeten, die Anlage des Mitgliederverzeichnisses von selbst die matricola oder venezianisch mariegola ergab, im übrigen die Statuten ausdrücklich die Herstellung vorschrieben. Vgl. Pavia Statut. mercat. mss. 1295 : 198,274 Si faccia un libro,

---

1) a. a. O. Bd. I S. 406.
2) S. oben S. 18 f.
3) S. oben S. 29 f.
4) S. unten § 30.
5) Ausgangene Schriften, 1633, S. 389.
6) Ebenda S. 390.
7) Beil V.
8) Akten a. a. O.

su cui si registrino tutti i nomi de' mercanti ed artefici soggetti alla giurisdizione consolare (Zusatz von 1352)[1]). Aber auch die französischen Messen hatten solche Matrikeln[2]), ebenso die Hansa[3]), und die Anlage einer solchen war auch hier notwendig, veränderte aber freilich durch den damit zusammenhängenden korporativen Zwang vollständig den bisherigen Charakter des Unternehmens.

Im Auftrage der Fürstin teilte[4]) der Landeshauptmann von Wolkenstein mit seinen Beisitzern den Kaufleuten die Genehmigung mit und ließ die Wahlen vornehmen. Das Protokoll vom 15. September[5]) ergiebt die Anwesenheit zahlreicher Augsburger Kaufleute, des BarthHolom. Coler von Nürnberg, Koch von Memmingen und Anderer. Bei der Abstimmung ergab sich die Wahl eines Deutschen als Konsul, und wurde demzufolge der reiche Augsburger Hortensius Brocco (Brockh)[6]) zum Konsul, zu Beisitzern aber Johannes Simoncini von Roveredo und Thomas Tasca von Venedig als Welsche, umgekehrt zum Appellationsrichter der Italiener Petrus Oliviero von Bern (Verona) und als seine Beisitzer Sigmund Zollikofer von St. Gallen und Hans Koch von Memmingen gewählt. Ein Protest, den jetzt[7]) der Landrichter an Claudia einreichte, es seien ja bisher schon einige Kaufleute zu Assessoren in ihren Händeln vor den Stadt- und Landgerichten gewählt worden, hatte natürlich keinerlei Erfolg. Am 28. September 1633 legte die Università dei Mercanti di Bolgiano die von ihr verfaßten Capitoli vor, und Claudia übersandte dieselben nunmehr mit den Gutachten der Kammer, des Landeshauptmanns und des Kammerpräsidenten Leo Marquard Schiller von Herdern an die oberösterreichische Kammer und Regierung mit dem Auftrage, die beiden Wesen sollten

---

[1]) Alex. Lattes, Il diritto comm., S. 31 Anm. 18. Goldschmidt, Universalgesch. a. a. O. S. 164 u. Zit.

[2]) Vgl. z. B. die Kapitel von Besançon bei Raphael de Turri.

[3]) Miltitz a. a. O. Bd. I S. 136.

[4]) Bericht Wolkenstein's v. 24. Sept. 1633, Akten a. a. O.

[5]) Ebenda.

[6]) Im Jahre 1636 wurde gegen ihn die Anklage erhoben, daß er den Geldhandel monopolisiere und die Wechsel beliebig steigere; er habe an dem einen Markt von David Wagner 30 000 fl., von Abrah. Polaco 20 000 fl. neben vielen andern Summen aufgenommen; er gebe sein Geld nach Venedig und Verona und habe angeblich 160 000 Thaler dem spanischen Botschafter Grafen v. Agnate auf einmal bezahlt. Manchmal wird er Broch genannt.

[7]) am 24. Sept. 1633, Akten a. a.

sich gutachtlich äußern[1]). Die oberösterreichische Regierung forderte wieder von dem Landeshauptmann an der Etsch[2]) ein Gutachten, und während dasselbe auf sich warten ließ[3]), drängte Claudia ihn direkt um Erstattung. Die Regierung stellte der Kammer am 16. November 1633[4]) frei, obwohl das Gutachten Wolkensteins noch nicht eingetroffen, da der Andreasmarkt bevorstehe, den Tag der Konsultation zu bestimmen. Claudia gegenüber traten die Kammer und der Hauptmann an der Etsch[5]) für Vertagung des weiteren Vorgehens ein, letzterer mit der Begründung, daß man warten solle, bis sich die Kriegsläufe verziehen und die Deutschen, auf denen der Bozener Markt beruhe, in größerer Zahl wiederkommen. Die Erzherzogin aber befahl[6]) den beiden Präsidenten mit einigen besonders genannten Personen, sofort, da nicht möglich sei zu warten, die Capitula vorzunehmen und zu begutachten. Das Resultat liegt in dem im Anhang abgedruckten Bericht vom 3. Dezember 1633 mit Beilage[7]) vor. Aus denselben ersieht man die Tendenz der Gutachter, die Macht des Magistrats nicht zu groß werden zu lassen und das Deutsche dem Italienischen gleichzustellen. Die einzelnen Beanstandungen wurden Gegenstand von Remonstrationen und ergeben sich daher aus diesen. Zunächst befahl Claudia am 5. Dezember 1633[8]) dem Landeshauptmann v. Wolkenstein, die Kapitel den Kaufleuten zu publizieren, den Gewählten den Handschlag abzunehmen und eine Instruktion für den Aktuar zu entwerfen. Wolkenstein erstattete am 12. Dezember 1634 Vollzugsanzeige; nunmehr war aber der Markt wieder vorbei, und erst am 7. Februar 1634 verlangte Claudia weiteren Bericht. Inzwischen waren Schwierigkeiten dadurch entstanden, daß die inländischen Kaufleute sich dem neuen Gerichte nicht unterwerfen wollten und sich auf ihr Tyroler Landrecht beriefen, so daß eine eigene summarische Gerichtsbarkeit für sie in Frage kam. Andererseits suchten die Konsuln die Gerichtsbarkeit noch auszudehnen; daneben brachte die Steigerung des Geldes, besonders der Dukaten, wieder An-

---

1) Ausgang. Schriften, 3. Okt. 1633, S. 479 ff.
2) Tyrol, 1631—36, S. 363: 11. Okt., Monitorium v. 29. ejusd.
3) 1. Dez. 1633 Akten a. a. O.
4) Embiet. u. Bef., 1633, S. 253.
5) Akten a. a. O. 2. und 4. Dez. 1633.
6) 2. Dez. Ausgang. Schriften, 1633, S. 588^{v} und Akten a. a. O.
7) Akten a. a. O. An die F. Durchl., S. 786, s. Beil. VI.
8) Akten a. a. O.

stände. Am 15. März[1]) berichtete Wolkenstein hierüber, und gleichzeitig[2]) lief eine deutsche Eingabe „der in der bozneriſchen Traktation begriffenen Kaufleute“ ein. Sie betonten vor allem, daß die Capitula einhellig gefaßt seien, und daß die Judikatur so weit reichen müsse, wie die des ordentlichen Richters. Die (zu Ziffer 3 der Beil.) hinzugefügte Auflage, daß ohne die Anwesenheit des Aktuars die Verhandlungen des Gerichts nichtig sein sollten, erschien den Kaufleuten beschwerlich für die Macht des Richters, insbesondere aber die mündliche Verhandlung. Ebenso wendete man sich gegen den Abstrich des Artikels, der die Bestrafung[3]) der Frachtführer, Fuhrleute ꝛc. den Kaufleuten überließ, und begründete denselben als hergebrachte Justiz der consules mercatorum bezüglich der Professionaldelikte, abweichend vom gemeinen Rechte. Ebenso wurde um Aufrechterhaltung der Bestimmungen bezüglich des Konkurses gebeten nach dem Muster von Florenz und unter Bezugnahme auf Paul de Castro; ferner um die Erlaubnis, einen Aufschlag auf die Waren zu Zwecken des Magistrats durchführen zu dürfen. Endlich wurde um öffentliche Bekanntgabe der Privilegien ersucht. Präsident und Kammer der österreichischen Regierung legten am 26. März 1634 das abverlangte Gutachten vor, wonach sie lediglich den Passus bezüglich des Aktuars wegen des Rekurses (mangels der Appellation) aufrechterhielten, die Inländer dem Gerichte unterwarfen und den Magistraten gesonderte Haushaltung einräumten. Nun werden weitere Gutachten von dem Landeshauptmann und dem Kammerpräsidenten erholt, während Brocco, Simoncini und Tasca am 29. März 1634[4]) wiederholt um Konfirmation baten. Inzwischen[5]) legte die oberösterreichische Regierung ihr Gutachten vor, welches dahin ging, die Privilegien noch nicht drucken zu lassen und den Provisionalzustand aufrechtzuerhalten. Bezüglich der Notwendigkeit des Aktuars seien die Meinungen gespalten, David Wagner habe keinen solchen gehabt wegen des summarischen Charakters seiner Judikatur; aber das Argument mit dem summarischen Charakter gehe zu weit, und Wagners Judikatur habe man ja gerade ändern wollen. Die Ausdehnung der Privilegien durch Prorogation sei nicht zuzulassen,

---

1) Akten a. a. O.

2) Ebenda.

3) Vgl. oben S. 21 für die Niederlande.

4) Akten a. a. O.

5) 26. März 1634 Akten a. a. O.

bezüglich der Professionaldelikte noch die Stadt Bozen zu hören. Vorher schon war hervorgehoben worden, daß nicht alle, die den Markt vor dem Kriege besucht hätten, jetzt zugezogen worden seien. Die veronesischen Consules, nach deren Beispiel die Judikatur angestellt worden sei, hätten auch manche Rechte nicht, z. B. das privilegium de non appellando. Claudia teilte nun ihre Ansicht dem Landeshauptmann und dem Kammerpräsidenten mit und erforderte weiteres Gutachten [1]). Aus dem Berichte Wolkhausens und Marquard Schillers vom 12. April 1634 [2]) ersieht man endlich den Grund der Eile der Fürstin, wie so oft bei Privilegien, den Wunsch nach einem Darlehen bei den Petenten. Die beiden Beamten haben Wagner beigezogen, da es sich um ein Darlehen bei den Kaufleuten gehandelt habe. Die Darlehenshandlung hatte sich aber „gestreckt", weil Mißhelligkeiten zwischen dem Landrichter, Stadt- und Kaufmannsgericht entstanden. Um die Sachen auszugleichen, ließ man die Richter und consiglieri kommen, setzte ihnen auseinander, warum die Publikation der Privilegien auf sich warten lasse, übergab ihnen inzwischen ein Memorial mit der Zusicherung baldiger Veröffentlichung und Verzicht auf den Vorbehalt der Nullität in dem Falle, wenn der Aktuar nicht anwesend sein sollte, und insinuierte schließlich pro interim die Capitula dem Landrichter und Stadtrat unter Einforderung eines Berichts. Letzterer schlägt vor, alle Handels- und Wechselsachen zunächst vor dem Stadt- und Landgericht zu untersuchen, dann aber an das Marktgericht die vor dasselbe gehörigen Sachen zu weisen; jedenfalls sollten Ritterschaft und Adel, Bürgerschaft und Gemein nur unter das Tyroler Landrecht fallen. Wolkhausen und Schiller untersuchen nun, ob eine Scheidung zwischen Einheimischen und Fremden möglich ist, und kommen zum negativen Resultat: natürlich seien aber die Landleute, welche nicht Kaufleute seien, sondern nur mit ihnen zu thun hätten, von der Judikatur ausgeschlossen. Eine italienische Gegeneingabe der Kaufleute beruft sich für die Inappellabilität auf die Gewohnheit anderer Messen, fiere e piazze, um die langen Streitigkeiten und hohen Ausgaben abzukürzen, und schlägt für die Professionaldelikte ein Strafmaximum von 50 fl. vor.

Wolkhausen und Schiller ermäßigen dasselbe auf 25 fl., sind mit dem Wegfall der Appellation, die bei der Judikatur Wagner's auch nicht vorbehalten worden sei, einverstanden, da ja

---

[1]) 31. März 1634, Akten a. a. O.

[2]) Akten a. a. O.

der Rekurs an den Fürsten immer vorbehalten bleibe, ebenso mit dem Fallitenartikel, da die Kaufleute nur den Ausschluß der Ausländer, wie an anderen Orten gebräuchlich, wünschen. Die Prorogation würde praktisch, wenn wegen Zahlungssaumsal am Schlusse der Zahlwoche Frist gewährt würde; — aber schließlich könnten Mißbräuche vermöge der salvatorischen Klausel ja abgestellt werden. Nun wäre es zwar wünschenswert, mit der Bestätigung noch zu warten; aber die Consules gäben vorher kein Geld her.

Dieser Bericht Wolkhausens und Schillers wurde der oberösterreichischen Kammer mitgeteilt, und diese sprach sich nun am 31. Mai 1634 für definitive Gewährung der Privilegien aus; doch sollten Hortens. Brockh und Simoncini erst noch definieren, was sie unter Marktsachen verständen; bei der Appellation genüge der Vorbehalt des Rekurses, wegen der Prorogation habe niemand etwas angeregt und sei auch nichts zu sagen; wegen des Speisens in den Gewölben sei auf die Resolution vom Jahre 1627 hinzuweisen.

Die Verhandlungen zogen sich aber immer noch in die Länge. Für den Andreasmarkt 1634—35 wurden Simoncini zum Konsul und Reiter von Innsbruck, sowie Zollikofer zu Räten, zum Appellationsrichter Brockh, zu seinen Räten aber Petrus Zanobir von Verona und Tasca gewählt. Die Gewählten baten um Konfirmation und am 25. Juni 1634 um Drucklegung der Privilegien.

Am 6. Juni 1634[1]) hatte Claudia dem Kammerpräsidenten aufgetragen, mit Simoncini und Brockh zu konferieren. Als Resultat berichtete Marquard Schiller am 14. Juni 1634, daß jeder Kaufmann der Judikatur zu unterwerfen, daneben aber auch der Begriff der Markthandlung zu definieren sei. Der Rekurs solle nicht erwähnt, dagegen sollten die landesherrlichen Rechte im allgemeinen vorbehalten werden. Für die Professionaldelikte wurde die ordentliche Obrigkeit zugestanden. Am 17. Juni[1]) 1634 erklärte Claudia in einem Schreiben an den Landeshauptmann an der Etsch, daß

1. alle Kaufleute, die den Markt (gareht) zu Bozen besuchen, der Judikatur unterworfen sind, und daß dies gleich nach dem 1. Artikel einzusetzen;

2. daß Marktshandlungen sind alle diejenigen, die ein Kaufmann mit dem andern hat, wegen Gelddarlehen, Anlehen, Depositi von

[1]) Akten a. a. O.

einem Markt zum andern gegen Interesse oder Garehtslagio, Verkaufen 2c., nicht aber die Handlungen derer, die keine Kaufleute sind, noch Ladengewerbe haben;

3. daß die Appellation bei der Judikatur verbleibt, dabei de plano und förderlichst zu judizieren;

4. daß es bei den ordentlichen Gerichten auszutragen, wenn ein Faktor oder Konduktor saumselig sei (wurde später noch geändert);

5. bei dem Fallitartikel bleibt es, wie besprochen, die Kollekte wird bewilligt; bezüglich Prorogation wird nichts bemerkt, und bezüglich des Speisens bleibt es bei der früheren Resolution.

Es seien diese Punkte den Kaufleuten nochmals vorzuhalten und dann die Statuten deutsch und italienisch zu drucken. Jetzt trat ein anderes Hemmnis ein.

Am 18. September oder kurz vorher war Claudia selbst in Bozen; nach ihrer Abreise ließen Wolkenstein und zwei weitere Deputierte die Kaufleute aufs Rathaus kommen und teilten ihnen die günstigen Intentionen der Fürstin mit. Nach Beratung hat sich „Brockh zu dem Anlehen von 100 000 fl. günstig gezeigt; aber der Markt ist gering besucht; die Venezianer haben Befehl erhalten, wegen ausgebrochener Infektion in der Stadt Hall, abzuziehen; Deutsche sind wenig da, so daß wenig Aussicht ist, zumal die Unkatholischen keine Lust haben, beizuschießen".

So blieb die Sache wieder in Schwebe, obwohl die sachlichen Anstände behoben waren. Von Verona scheint ein Versuch gemacht worden zu sein, die Sache weiter hinauszuziehen. Darauf wurde entgegnet, daß von allen Kaufleuten, die zu kommen pflegen, nur die Deutschen (Schweizer, Nürnberger und Augsburger) da seien, daß zwar davon vier Häuser aus München und Salzburg fehlen, die in Bressanone in Kontumaz seien, aber genügende Prokuren gesendet hätten. Aus Tyrol fehlten Einige von Roveredo, die nicht kalt und nicht warm für die Messen seien: ihr Prinzipal Simoncini sei da. Von der Republik St. Marco fehlen die Veronesen, welche hätten kommen können. Die Einheimischen aber und alle, welche da seien, stimmten den Capitoli zu. Am 31. August 1635 teilte dann Simoncini mit, daß auch die Abwesenden sich sämtlich auf Anfrage zustimmend geäußert hätten, und bat wiederholt um Drucklegung der Statuten, welche am 15. September 1635 gewährt wurde, worauf Simoncini am 16. ejusd. dankte.

Das mir vorliegende Exemplar der Bozener Marktprivilegien ist 1681 zu Innsbruck gedruckt.

Danach wird, abgesehen von den bereits genügend erörterten Punkten über Einsetzung des Gerichts 2c., bestimmt, daß das Gericht privative in Zeit des Markts, und so lange derselbe währt, „durch die mehrere Zahl der Stimmen hat zu erkennen alle vorkommenden Streitsachen, Spane und Irrungen, welche anvor noch nicht angefangen noch vor andern Richtern sind eingeführt oder anhängig gemacht worden, es sei gleich wegen Wechselgeldes, Anlehens, Interesse, Gelder von einem Markt zum andern und Agio davon, Kaufen und Verkaufen und was damit zusammenhängt und also alles, was von Handlungen in den Markten zwischen Kaufleuten dependiert, sie seien aus- oder inländisch, reich oder arm, Lädler, Kramer oder andere, die offne Laden oder Stänð haben; wer aber nicht Kaufmann ist, Handlung oder Laden hat, fällt nicht darunter, ebenso die Landleute, die mit Wein, (Ge-)Traid oder Vieh handeln." Also auch hier die primäre Bestimmung der Kompetenz durch die subjektive und innerhalb derselben durch die objektive Seite.

Das Verfahren soll sein summariter und dem kaufmännischen Stil nach; die Parteien sollen gehört und ohne Formierung weitläufiger, zierlicher Prozesse, auch sine figura et strepitu judicii verabschiedet werden. Bei Fallimenten sollen nur die Marktbesucher und die Einwohner des Landes partizipieren. Bei Aufnahme in die Matrikel ist Ballotage mit $^2/_3$ Mehrheit erfordert. Der Magistrat soll unter sich und nicht mit den Prozeßparteien seine Mahlzeiten einnehmen.

Nach diesen in 23 Punkten bewilligten Freiheiten folgen die genehmigten Ordnungen und Regeln.

Am 16. Oktober 1648 wurden sämmtliche Bestimmungen, die bisher fortwährend in Gebrauch waren, durch den Sohn Claudias, Ferdinand Carl, konfirmiert, desgleichen am 19. Juli 1663 durch seinen Nachfolger Sigmund Franz (mit kleinen Änderungen) und endlich im August 1666 durch Kaiser Leopold. Für die weitere Geschichte verweise ich auf die Diplome Karl VI. 1719 (Ferdinandeum Innsbruck, Abteil. Dipauliana) und Maria Theresias 1744 (ebenda).

Drittes Kapitel.

Frankfurt a. M., Augsburg, Regensburg und Breslau.

§ 27. Frankfurt a. M., Augsburg und Regensburg.

I. Die Bedeutung des Nürnberger Bankoamts für die Geschichte des Handelsrechts liegt darin, daß durch dasselbe das Prinzip des italienischen Konsulargerichts in Deutschland eingeführt wurde, die des Bozener Merkantilmagistrats, daß das Beispiel des veroneser Meßgerichts nachgeahmt, die ganze italienische Institution zunächst auf dem Grenzboden wiederholt und von da aus in Deutschland populär gemacht wurde, bis sie dann zuerst in Braunschweig und dann vor allem in Leipzig zum Ausbau gelangte.

Indessen hatte man sich auch in Deutschland schon vorher bemüht, gegenüber der Misere des gewöhnlichen Prozesses im Handel zur rascheren Erledigung zu gelangen, und hier kommen vor allem in Betracht Frankfurt, Augsburg, Regensburg und Breslau — von den Seestädten abgesehen, die besonders zu besprechen sind.

Bezüglich Frankfurts erinnere ich an die oben [1]) erwähnte Einrichtung von Marktherren zur Schlichtung von Streitigkeiten wegen der Botenordnung 2c. unter Ägide Nürnbergs. Dort scheint sich aber die Institution nicht weiter entwickelt zu haben. Die summarische Gerichtsbarkeit bildete sich, wie wir ebenfalls bereits hervorgehoben haben [2]), in der Gerichtsbarkeit des Bürgermeisters für geständigte und liquide Sachen aus.

---

[1]) Vgl. oben S. 69.

[2]) Vgl. oben S. 39 und Anm. 4.

Ganz besonders bemerkenswert ist aber die eigene Thätigkeit der Frankfurter Kaufleute zur Entscheidung von Streitigkeiten unter denselben. Schon Endreß Imhoff[1]) hatte 1621 den Nürnbergern mitgeteilt, daß vor vielen Jahren ein Rat der Stadt Frankfurt den Handelsleuten und fremden Nationen daselbst zugelassen und verwilligt habe, daß sie eine gewisse Zahlung und Tax in den Wechseln dortselbst angestellt und sich deswegen miteinander verglichen haben, welches noch bis auf diese Stunde strikt observiert und gehalten würde.

So erzählt auch der Frankfurter Advokat Joh. Martin Vogt[2]), daß zu Frankfurt die Herren Handelsleute zwar keinen absonderlichen Magistrat haben, der die zwischen ihnen vorfallenden Streitigkeiten kraft seiner Autorität erörtere, daß sie sich aber nicht wenig untereinander selbst bemühen, solche in der Enge absque strepitu judicii und ohne sonderbare Bemühung des Rats per modum compromissi, oder, wenn das nicht möglich, per modum deputationis vel commissionis abzuhelfen. Und weil die Herren Deputierten oder Kommissare vielmals des Kaufmannsstils nicht kundig, so suchen sie sich durch unparteiische Parere (die bei Kaufmannshändeln dasselbe bewirken sollen, wie in sonstigen Rechtshändeln die Responsa Juris et Prudentum) über Stil und Gewohnheit zu belehren und durch solche Information die Sachen fein unter sich selbst möglichst zu befördern[3]).

Dasselbe bestätigt der Notar der Reichsstadt Frankfurt Joh. Jakob Heydiger 1725[4]), während es sich indirekt auch aus den Wechselordnungen von Frankfurt ergiebt.

II. Ähnlich verhält es sich mit Augsburg, wo auch die summarische Gerichtsbarkeit des Bürgermeisters den besonderen Handelsgerichtsstand ersetzte; nach der erneuten Wechselordnung § 6[5]) fallen auch Wechselsachen unter die Kognition des Bürgermeisteramts.

III. In Regensburg entwickelte sich das Hansgericht[6]) zu einem schleunig entscheidenden Lokalgericht für Gewerbe und Handelssachen[7]).

---

[1]) Nürnb. Kreisarchiv S. I L. 117 No. 1 und 2 Z. 8, Beil A.

[2]) De cambiis thes. VIII.

[3]) Vgl. auch Marquardus a. a. O. S. 407, Marperger, Neueröffnetes Handelsgericht, S. 39.

[4]) Kurtze Anleitung zu gründlichem Verstand des Wechselrechts 1725 S. 113.

[5]) Vgl. auch Beck a. a. O. S. 395.

[6]) Siehe oben S. 27 f. vgl. unten S. 144.

[7]) Köhne, Hansgraf a. a. O. S. 29, Striedinger in den Verh. d. hist. Ver. f. Oberpf. u. Regensb. Bd. 48 S. 64, 102, 103.

§ 28. Breslau.

In Breslau hatte sich die Institution der Ältesten der Kaufmannschaft[1]) entwickelt, die wir auch in Nürnberg und Hamburg angetroffen haben. Im Jahre 1672 erklärten die Ratmanne der Stadt Breßlau, daß sie auf Ansuchen der Kaufmannschaft zur Verhütung vieler Streitigkeiten eine Wechselordnung gegeben haben, als deren XXV. Bestimmung erscheint: Wenn sich einige Differenzen wegen der Wechsel ereignen, welche unter den Parteien selbst nicht beglichen werden könnten, so sollen solche, um weitläufige Prozesse zu verhüten, den Kaufmannsältesten zu schlichten oder, nachdem die Sache von Importanz, mehreren unparteiischen Handelsleuten zugleich als Kompromissaren zu entscheiden übergeben werden. Wenn aber ein Teil auf ein Kompromiß einzugehen Bedenken trüge und die Sache auch durch arbitri nicht vermittelt werden könnte, soll die Sache uns als der Obrigkeit vorgetragen und per Processum summarium mündlich ohne Schriftwechsel schleunigst ausgemacht und geendigt werden[2]).

Es war daher der ordentliche summarische Gerichtsstand des Rats für solche Wechselsachen gegeben (ähnlich wie in Nürnberg) mit vorhergehendem Versuch einer Einigung durch die Ältesten oder durch Schiedsrichter.

Friedrich der Große, welcher den Plan hatte, in dem eroberten Breslau große Messen einzurichten und den Leipzigern Konkurrenz zu machen, suchte ein vollständiges Handelsgericht ins Leben zu rufen[3]). Auf die „Reflexions und wohlgemeinte Erinnerungen der geordneten Kaufmannsältesten, was bei den dahier in Breslau zu etablierenden Messen zu observieren sein möchte", vom 13. Juni 1742, entstand die Meß- und Handelsgerichtsordnung vom 22. Dezember 1742, vom Kriegsrat Hagen entworfen.

Danach sollten diejenigen fremden Kaufleute, die ihre Trafiquen von einer Messe zur andern kontinuieren, in eine Matrikel eingeschrieben werden und eine Repräsentanz von 10 Leuten für beide Messen des Jahres wählen. Diese haben alles, was den Meßverkehr betrifft, zu beraten und ihre Wünsche den Behörden vor-

---

[1]) Marperger, Schlesischer Kaufmann 1714. S. 210. Dieselben erteilen auch vielfach Parere.

[2]) Königken, der Stadt Leipzig Wechselordnung ꝛc., 1712. S. 243. Beck a. a. O. S. 395.

[3]) Dr. Ed. Cauer, Zur Geschichte der Breslauer Messe. Zeitschrift des Vereins f. Geschichte u. Altertum Schlesiens Bd. V S. 70 ff. 222 ff.

zulegen. Zugleich wählen sie 4 Assessoren zu dem Handelsgericht in 2 Instanzen. Das Untergericht besteht aus 2 Breslauer Ratsverwandten, so Literati sind, 2 Breslauer Kaufleuten und 2 der obigen Fremden. Der Älteste der Ratsverwandten hat Direktion und Stichentscheid. Das Obergericht ist ebenso zusammengesetzt, aber unter Direktion eines königl. Rats. Beide Gerichte sitzen während der Meßwoche täglich auf dem Rathause. Das Verfahren vor denselben ist mündlich, in der Regel ohne Advokaten und Formalismus.

Das Projekt war aber ein mißlungenes, die Macht Leipzigs siegte, und mit der Breslauer Messe unterlag auch das Handelsgericht.

Viertes Kapitel.

Braunschweig und Leipzig mit Naumburg.

§ 29. Die Gründung der Braunschweiger Messe und des Kaufgerichts.

Rudolf August, Herzog zu Lüneburg und Braunschweig, hatte die jahrhundertelang von seinem Hause mit der Stadt Braunschweig geführten Kämpfe siegend beendet und suchte nun die Stadt zu neuer Blüte zu führen[1]). Zu diesem Behufe suchte er zunächst mit Gesuch vom 1. März 1675 vom Kaiser die Bewilligung von zwei Universaljahresmessen zu erlangen. Aber Leipzig und Frankfurt a. M., die in ihren Rechten bedroht waren, wußten, insbesondere durch Bestechung von Reichshofräten, das Vorhaben zu hintertreiben. Nunmehr ging Herzog Rudolf August auf Grund seiner eigenen landesherrlichen Rechte vor, berief sich auf eine angebliche Verleihung Kaiser Maximilians von 1505 für Braunschweig, die aber wegen der Kämpfe zwischen Fürst und Stadt keine weiteren Früchte getragen habe, und fuhr dann in seiner Resolution vom 3. Januar 1681[2]) fort, daß er auf Bitten von Bürgermeister und Rat der Stadt Braunschweig, die Jahrmärkte bequemer zu legen, den Kaufleuten Zollfreiheiten zu gewähren und denselben die Freiheit zu konzedieren, daß bei jedesmaligen solchen Jahrmarktszeiten ein absonderliches Kaufgericht sowohl aus dem Mittel der fremden als einheimischen Kaufleute formiert und dabei im Namen des Herzogs vorfallende Irrungen

---

[1]) Hasse, Geschichte der Leipziger Messen, 1885 S. 58 ff.

[2]) Die mir aus dem h. Landeshauptarchiv zu Wolfenbüttel gütigst zur Verfügung gestellt wurde.

und Klagen ohne Kosten schleunig entschieden und abgeurteilt werden, beschließe:

5. Das Recht der Stadt Braunschweig, daß Fremder mit Fremdem nicht handeln darf[1]), wird aufgehoben. So soll auch

6. gnädigst verstattet sein, daß die ankommenden fremden Kaufleute, deren Namen in die Jahrmarktsmatrikul eingeschrieben werden sollen, jedesmal gewisse Personen aus ihrem Mittel zum Kaufgericht erwählen, welche dasselbe mit und nebst einigen braunschweigischen Kaufleuten besetzen und in Unserem Namen (nach Anleitung einer gewissen Ordnung, die wir aus den diensamen und notwendigen Artikeln, welche uns zu diesem Behufe von fremden Kaufleuten förderlichst zur Approbation eingesendet werden möchten, abfassen und publizieren lassen wollen) alle unter ihnen etwa vorfallende Irrungen und Klagen, wie Kaufmanns Recht und Gewohnheit, schleunig entscheiden und aburteln mögen. Der Stadtmagistrat aber soll verpflichtet sein, die Urteile sogleich zu vollstrecken.

Die Verbote der Frankfurter und sächsischen Obrigkeit an ihre Unterthanen, die Messe zu Braunschweig zu besuchen, hatten dieses Mal ebensowenig Erfolg wie geheime Intriguen[2]).

Auf die in der Resolution vom 3. Januar 1681 enthaltene Aufforderung haben die Meßbesucher (ähnlich wie in Bozen und später in Leipzig) um eine Ordnung über Zuständigkeit, Besetzung des Gerichts ꝛc. nachgesucht[3]); diese Eingabe ist aber leider nach den im Landeshauptarchiv zu Wolfenbüttel gepflogenen Recherchen verloren gegangen.

Danach erging dann die Wechselordnung vom 1. Dez. 1686[4]). Dieselbe schreibt eine Liste sämtlicher und eine Matrikel der gewöhnlichen Meßbesucher vor, ordnet die Wahl eines Kommerzienkollegiums von 10 Grossisten an, welche hinwiederum aus ihrer Mitte 6 Richter des Kaufgerichts — 3 zur ersten und 3 zur zweiten Instanz — vorzuschlagen haben, während außerdem die erste Instanz aus 2 Braunschweiger Ratsverwandten, Gelehrten oder Kaufleuten, deren einem Direktion und Stichentscheid zusteht, und einem Gerichtsvoigt als Referenten und Aktuar, das Appellationsgericht aber aus einem Bürgermeister, der zugleich Syndikus oder Konsiliarius

---

[1]) Vgl. oben S. 20.

[2]) Hasse a. a. O. S. 62 ff.

[3]) „Als aber auch die löbl. Kaufmannschaft .... unterthänigst angehalten, um eine gewisse Verordnung ꝛc.“ Verordn. v. 1. Dez. 1686.

[4]) Vgl. Königken a. a. O. S. 128.

der Stadt Braunschweig ist, damit alle Jahre gewechselt werden kann, 2 Ratsherren und einem Sekretär besteht [1]). Das Gericht darf nur während des Marktes bis zum Ausgang der Zahlwoche zusammentreten; über Konkurse und weitläufige Sachen, die zwischen den Märkten andauern, sollen die fremden Gerichtspersonen sich mit den Braunschweigern vergleichen. Die Zuständigkeit [2]) ist hier auf alle in den Märkten vorfallenden streitigen Sachen beschränkt, da einer zu klagen hat wider Kaufleute, Krämer, Faktoren, Handwerker, Makler, Gutfertiger, Fuhrleute, Handlungsdiener und Jungen wegen Kaufen, Verkaufen, Wechsel, Lagio ꝛc., und in Summa alle diejenigen Sachen, die zum Commercio oder Handel und Wandel in den Messen unmittelbar gehören oder dahin anhängig sind, wenn der Beklagte hier wohnt oder hieher handelt. Wer aber nicht Kaufmann ist und keinen Laden hat, fällt nicht unter das Handelsgericht, insbesondere nicht die Landleute, die Korn, Vieh, Holz zum Markt bringen. Man sieht, die Abstammung der Bestimmungen von denen zu Bozen liegt klar am Tage. In allen diesen Sachen soll zuerst die Güte versucht werden [3]), auch von den Bürgermeistern [4]), an die viele solcher Sachen gelangen werden; zu entscheiden hat aber nur das Kaufgericht. Der Prozeß [5]) ist summarisch, in Wechselsachen oder bei Schuldverschreibungen mit sofortiger Exekutive ohne schriftliche Handlung. In einer Deklaration des 5. Artikels vom 13. Oktober 1712 [6]) wurde noch bestimmt, daß, wenn die Parteien durch die Messe in Kredit und Debet geraten und zwischen den Messen kontrahierte Posten occasione der Meßhandlung in die Rechnung und zur Erörterung gelangen, über solche Nebenposten das Kaufgericht auch entscheiden könne.

§ 30. Das Leipziger Handelsgericht.

Auch hier beginnen wir wieder mit den für den Handel so verderblichen Münzwirren. Wir haben bereits gesehen [7]), daß Nürnberg eine Verordnung Johann Georg I. von Sachsen vom 31. Juli 1623 über die Bezahlung mit den verschiedenen

---

[1]) Wechsel-Ordn. Z. 3.

[2]) a. a. O. Z. 5.

[3]) a. a. O. Z. 6.

[4]) Vgl. oben S. 39.

[5]) a. a. O. Z. 7.

[6]) Landeshauptarchiv zu Wolfenbüttel.

[7]) S. oben S. 88.

Münzsorten zum Muster genommen hatte. Demselben Bestreben, die Bezahlung speziell der Wechsel zu ordnen, diente das am 25. Juli 1621 erlassene erste Leipziger Marktreskript [1]), welches auf Ansuchen in- und ausländischer Handelsleute die zu Frankfurt a. M. hergebrachte Wechselwährung und Zahlung, kraft deren die groben goldenen und silbernen Sorten „in einen gewissen Valor und Preis" gesetzt wurden, für die Märkte zu Leipzig und Naumburg einführte, zugleich aber auch „wegen schleuniger Hülfe" verordnete, daß unter Kaufleuten „in bekänndlichen oder in continenti erweißlichen und überführten Schulden der Debitor ohne Verstattung einiger bürgerlichen oder sächsischen Friesten" bare Zahlung oder gute Sicherheit leisten, wenn er aber dies nicht vermöge, „in gehorsam gehen" [2]) und so lange darin verbleiben müsse, bis er sich mit dem Kreditor abgefunden habe, während bei Fallimenten, die sich auf den Märkten bis zum Abgang des Geleits ereignen sollten, jedem Gläubiger, abgesehen von Hypotheken oder anderen dinglichen Rechten, gleiches Recht zustehen sollte. Diese Bestimmungen wurden ausdrücklich auf Kaufleute beschränkt. Nachdem die Schuldner nicht persönlich erschienen, sondern die Sache durch Advokaten in die Länge zogen und sich so „Luft machten", wurde durch das erneuerte Marktreskript vom 21. Juli 1660 [3]) das frühere bestätigt, das persönliche Erscheinen der Parteien angeordnet und zugleich die subjektive Beschränkung des Reskripts auf die Kaufleute aufgehoben. Mit Dezisivbefehl vom 4. September 1669 [4]) wurde wiederholt ausgesprochen, daß in Wechselsachen der Schärfe nach verfahren werden soll, „nicht minder gegen diejenigen, welche der Handlung nicht zugethan, dieselben seien Adel oder Unadel, Gelehrte oder Ungelehrte, sitzen in öffentlichen Ämtern oder nicht, als die Handelsleute selbst". Aber alle diese Bestimmungen vermochten das Sinken der Leipziger Messe in den 70er Jahren des 17. Jahrhunderts nicht aufzuhalten. Da trat noch die vom August bis Dezember 1680 währende Pestepidemie [5]) ein, über deren Folgen das Ratspatent vom 2. Januar 1681 [6]) sagt, daß nicht allein die nächstverwichene Michaelismesse von wenig Fremden besucht worden sei, sondern daß

---

[1]) Codex Augusteus a. a. O. Bd. II S. 2013, bez. Frankfurts s. S. 117.
[2]) Schuldgefängnis.
[3]) Codex Augusteus a. a. O. Bd. I S. 290.
[4]) Ebenda, Bd. II S. 2017.
[5]) Hasse a. a. O. S. 128.
[6]) Ebenda S. 130.

auch alle Kommerzien und Handlungen geraume Zeit fast gänzlich daniedergelegen seien. Bedenkt man, daß nicht nur einen Tag nach dem Erlasse dieses Patents die Resolution (vom 3. Januar 1681) über die Braunschweiger Messen erschien, sondern daß auch die Rivalin Naumburg sich beeilte, die Erbschaft Leipzigs anzutreten, und die Verlegung der Neujahrsmesse 1681 nach Naumburg[1]) beantragte, daß Erfurt und insbesondere die 1680 an Brandenburg gelangten Städte Magdeburg[2]) und Halle[3]) von gleichen Gefühlen gegen Leipzig beseelt waren, so begreift man, daß der Kaufmannsstand dieser Stadt alle Hebel in Bewegung setzte, um die gefährdete Stellung zu halten. Als Kurfürst Johann Georg III. (1680—1691), dessen Regierung für Entwickelung und Kodifizierung des Handelsrechts und der Meßverfassung von Leipzig hochbedeutsam war[4]), den Thron bestieg, wurden ihm die Glückwünsche „der sämtlichen Kauf- und Handelsleute“ — so lautete wenigstens die Unterschrift — in einer Eingabe d. d. Leipzig 28. Januar 1681[5]) übermittelt mit der Bitte um Bestätigung der bisherigen Privilegien. Zugleich wurde aber auf das insbesondere durch die Kontagion bewirkte Daniederliegen des Handels hingewiesen[6]) und um Aufstellung einer Kommission gebeten, welche die von der Kaufmannschaft zu machenden Vorschläge prüfen sollte. Kurfürst Johann Georg III. willfahrte alsbald[7]) diesem Ersuchen und bestellte den Kammerdirektor Christoph Friedrich Posen zu Frankenleben, den Oberhofgerichts-Assessor Bartholomäus Bernhard Schwendendorffer, den Accisrat Gottfried Egger und den Rat zu Leipzig als Kommission. Der Rat freilich war weniger weitsichtig als der Kurfürst. Er wandte sich zunächst am 9. März 1681[8]) an letzteren mit der Bitte, ihm die Supplikation mitzuteilen und die Petenten an den Rat zu verweisen. Dabei führten die Herren aus, sie könnten nicht verhehlen, daß ihnen die Supplikanten sehr verdächtig seien. Es seien nicht sämtliche Kaufleute Leipzigs, son-

---

[1]) Hasse a. a. O. S. 54.

[2]) Ebenda S. 43.

[3]) Ebenda S. 39.

[4]) Ebenda S. 186.

[5]) Leipziger Ratsarchiv, Kommissions-Akta, die Erhebung derer Commercien, anrichtung eines Handelsgerichts, Wechselordnung ꝛc. betr. Ergangen Anno 1681. Tit. XLV G. 6 b S. 19.

[6]) Ratsarchiv XLV G. 6 b S. 1.

[7]) Am 21. Febr., 3. März 1681, ebenda S. 1 ff.

[8]) Ebenda S. 2.

dern nur ein kleiner Teil derselben. „Anderenteils Supplikanten die Anrichtung eines neuerlichen und in diesen Landen ganz ungewöhnlichen, auch der durch die preiswürdigsten Kur- und Landesfürsten vormals gemachten rühmlichsten Landes- und Stadtverfassung im Grunde zuwiderlaufenden judicii intendieren, ferner zum öfteren conventicula halten, gewisse Anlagen unter sich machen, . . . Advokaten, Handwerker, wie auch ettliche andere Leute, die sie uns zuwider zu sein wissen, an sich hängen und mehr dergleichen Dinge." Und als Posen[1]) die erste Marktwoche als Zeit des Zusammentritts der Kommission vorschlug, da suchte der Rat[2]) in kleinlicher Weise dies hinauszuschieben mit der Begründung, daß zur künftigen Ostermesse aus den vornehmsten auswärtigen Handelsstädten die wenigsten Prinzipale nach Leipzig kämen; ohne deren Gegenwart sei nichts Hauptsächliches zu verrichten, die Leipziger selbst aber hätten während der Messe nicht viel Zeit. Das half nun freilich nichts; es wurde entgegnet[3]), das Recht der Kaufleute, auf Verbesserungen zu dringen, sei unanfechtbar; im übrigen sei der Rat selbst Mitglied der Kommission, die Fremden seien überhaupt nicht interessiert. Die Kommission trat am vorgeschlagenen Zeitpunkt zusammen und beauftragte am 24. März 1681[4]) die Petenten, ihre Vollmachten und Vorschläge zu übergeben; dies wurde den Kaufleuten, die sich auf dem Rathause gemeldet haben insinuiert. Sofort, mit Eingabe vom 23. März praes. 5. April 1681[5]) erfolgte nun eine umfangreiche Eingabe der sämtlichen Kauf- und Handelsleute. Sie wies zunächst auf den lange andauernden Krieg, die Konkurrenz anderer Städte, besonders sächsischer, hin, die aus der Fremde an Leipzig vorbei sich Waren kommen lassen (z. B. Seide aus Nürnberg) und dahin versenden; weiter auf den Umstand, daß auch Einheimische gegen die Privilegien Güter nach Halle, Naumburg, Magdeburg und Berlin schaffen; daß Fremde, die keine Bürger sind, außerhalb der Messen in Leipzig Waren feilhalten und Handwerker solche in Kommission haben; daß Braunschweig Messen eingerichtet hat und durch Promittierung großer Freiheiten, insonderheit eines Handelsgerichts, die Handlung

[1]) Ebenda S. 16.
[2]) Ebenda S. 2 und 25.
[3]) Ebenda S. 27.
[4]) Ebenda S. 29 und 30.
[5]) Ebenda S. 36 ff.

an sich zu ziehen trachtet. Die Eingabe fährt dann fort [1]): „Nächst diesem und ob wir gleich in unserem Lande über heilsame Justiz uns nicht zu beklagen haben, sintemahl so viele hochlöbliche, hohe und niedrige judicia, auch so viel hoch berufene Kollegia sowohl heilsame Landes= als Prozeßordnungen, Decisiones ꝛc., deren sich männiglich nach Belieben bedienen kann, vorhanden sind, so wird doch auch durch deren Mißbrauch die Handlung gedrückt, besonders, wenn aus einer Wechselsache ein weitläufiger, 2 Jahre dauernder Prozeß gemacht und über Buchschulden bis 5 Jahre und noch mehr prozessiert wird; ähnliche Mißbräuche finden sich bei Fallimenten und im Exekutionsprozeß, so daß Viele nichts mehr auf Kommission nach Leipzig verkaufen." Der Erfolg der Marktreskripte war hiernach sehr gering. Die Kaufleute erklärten es nun für höchst nötig, daß in Kaufmannssachen, die celerrimae expeditionis und summarie sowie ex bono et aequo zu verabschieden seien, ein sonderliches Kaufmannsgericht gestattet und aufgerichtet würde, allermaßen dann dieses ganz und gar nichts Ungewöhnliches sei, da solches, abgesehen von Erwähnungen bei Livius (!) ꝛc., in Paris [2]) und Antwerpen [3]) eingeführt sei, wie auch zu demselben Ende die Engelsmänner in Hamburg ihre Kurtmeister hätten; ebenso seien in Piacenza [4]), Genua [5]), Lyon [6]), Bozen [7]), Nürnberg [8]), Frankfurt a. M. [9]) Breslau [10]) dergleichen judicia in Schwang, wozu nun Braunschweig komme. Die gestellten Anträge sind, soweit sie uns hier interessieren, nach der Eingabe vom 23. März 1681 folgende [11]). Die Kaufleute sollten alle Jahre Macht haben, zu einer gewissen Zeit 2 Herren des Rats, die Kaufleute und die der Handlung kundig seien, als Deputierte zu den Kauf- und Handelssachen zu bitten und hierzu aus ihrer Mitte nach Anlegung einer Matrikel 4 tüchtige und gradifizierte, jedoch auch gewissenhafte und wohlbekannte Personen, überdies einen dergleichen Kaufmann aus Holland, einen

[1]) Ebenda S. 53 v.

[2]) S. oben S. 17.

[3]) S. oben S. 21.

[4]) S. oben S. 6.

[5]) S. oben S. 3 ff.

[6]) S. oben S. 15, 17, 18.

[7]) S. oben S. 99 f.

[8]) S. oben S. 33 f.

[9]) S. oben S. 116 f.

[10]) S. oben S. 118 f.

[11]) Akten a. a. O. S. 57 f.

von Augsburg, einen von Frankfurt a. M., einen von Nürnberg, einen von Hamburg und einen von Breslau als Beisitzer zu wählen und durch sie insgesamt in Meßzeiten, außerhalb derselben aber nur durch die 2 Deputierten und 4 Kaufleute von Leipzig ein Kaufmannsgericht zu besetzen. Das Gericht solle die nötigen Notare und Boten haben und alle Sachen entscheiden, die von Handlung herkommen und dependieren (unter Einzelaufzählung), insbesondere auch die Streitigkeiten der Fuhrleute, Makler, und Güterbestätter; auch Strafbefugnis bis 400 oder mehr fl. solle ihm zustehen. Das Ungehorsamsverfahren müsse verbessert, das persönliche Erscheinen der Parteien ohne Rechtsbeistände angeordnet, die dilatorischen Einreden, Artikel, Fragestücke und alle Weitläufigkeiten aufgehoben, schleunigster Beweis und sofortige Exekution nach Bescheid in der Hauptsache angeordnet werden. Appellation solle nur an den Rat und innerhalb 48 Stunden nach dem Urteil gestattet werden, indem die Fristen zur Introduktion und Rechtfertigung der Appellation ebenfalls ganz kurz zu bemessen wären. Bestätigt der Rat die erste Sentenz, so könne zwar innerhalb 48 Stunden weiter appelliert werden; der Rat solle aber kraft seiner Freiheit bei Unterliegen des Appellanten 50, 100 und mehr Thaler Sukkumbenzbuße und hiefür Kaution fordern. Die Zuständigkeit des Hofgerichts solle in diesen Sachen vollständig ausgeschlossen sein. Die Marktfreiheit solle durch Zulässigkeit der Exekution in gewissem Umfange beschränkt werden; im Falle des Konkurses solle das Handelsgericht Macht haben zu obsignieren; der Gemeinschuldner müsse gezwungen werden, sein ganzes Vermögen anzugeben, wobei die Verteilung pro rata bis zur Befriedigung zunächst unter den Matrikulierten zu erfolgen hätte. Für betrügerischen Bankerutt werden strenge Strafen, insbesondere Ausschluß vom Wechselplatz, vorgeschlagen und schließlich eine Wechsel-, eine Makler-, eine Posthaus- und eine Juden-Ordnung in Vorschlag gebracht. Die Eingabe umfaßt beinahe 200 Bogenseiten.

Nunmehr erscheint auf dem Plan als Gegnerin die Kramerinnung[1]), welche ihrer Natur nach der neu geplanten Organisation des Kaufmannsstandes entgegentreten mußte; sie hat an der Seite des Rats einen heftigen Kampf gegen die Neuerer geführt, ist aber

[1]) Vgl. Hasse a. a. O. S. 132 f., 186 f. nach Biedermann, Geschichte der Leipziger Kramer-Innung 1477—1880 (als Manuskript gedruckt 1881) S. 47 ff.

unterlegen und hat dann 1688 einen Vergleich mit der Organisation der übrigen insbesondere Großkaufleute geschlossen, wonach dann die Kramer-Innung und die Deputierten der „Handelsleute außer der Kramer-Innung" als Vertreter der Leipziger Kaufmannschaft zusammen auftreten [1]). Vorläufig aber erklärten „die sämmtlichen Krahmermeister von Leipzig für sich und die Innungsverwandten" mit Eingabe vom 23. April 1681 [2]), daß die Petenten nicht das Recht hätten, sich als Vertreter der Kaufleute aufzuspielen, zumal sie bei der Kramer-Innung, bei welcher dergleichen Kaufleute in ziemlicher Anzahl sich befänden, nicht einmal angefragt hätten. Im übrigen klagt auch die Innung über die langsame Justiz, da selbst in Wechselsachen die Schuldner fünf- und mehrmal zitiert werden müßten, worauf aus der glatten Geschichte ein großer Prozeß gemacht würde, und beantragt größere Wertschätzung der Handelsbücher, Ordnung der Falliten und Abschaffung der Weitläufigkeit, legt aber das Hauptgewicht darauf, daß die Marktreskripte und andere Gesetze strikt gehalten werden sollen. Am 9. Mai 1681 [3]) bittet die Kramer-Innung wiederholt um die Wahrung ihrer Interessen, und 2 Tage darauf [4]) beschwert sie sich, daß die Kaufleute hinter ihrem Rücken vorgehen und ein gewisses Kaufmannskollegium gründen wollen, während doch sie und die Innungsverwandten auch unter die sämtlichen Kaufleute zu rechnen seien. Als dann der Innung die gemachten Vorschläge mitgeteilt wurden, protestierte sie [5]) abermals gegen die Unterschrift des Schriftstücks: die besten Handelsfamilien Leipzigs, die sie mit Namen anführte, gehörten zu ihr; sie fordere auch das Recht, den Handel zu dirigieren. Insbesondere die erstrebte Strafbefugnis des Handelsgerichts auch gegen solche, die nicht inkorporiert seien, greife in ihre Rechte. Eine Eingabe vom 29. Juli [6]) wurde der Innung zurückgegeben, damit nicht Mißverständnisse mit den Kaufleuten entstehen. Schließlich erreichte die Innung auf eine Eingabe an den Kurfürsten, daß die Kommission mit Reskript vom 12. September 1681 [7]) durch den Marschall Geheimrat von Haugwitz und Appellationsrat Born verstärkt

[1]) Hasse a. a. O. S. 135.
[2]) Akten a. a. O. S. 133—40.
[3]) Akten a. a. O. S. 171.
[4]) Ebenda S. 184^v.
[5]) 13. Juli 1681. Ebenda S. 193.
[6]) Akten a. a. O. S. 389^v.
[7]) Akten a. a. O. S. 221.

wurde. Dagegen erhielten die Petenten Beistand, und zwar bezeichnenderweise zunächst von Nürnberg. Die Marktvorsteher und andere nach Leipzig handelnde Kaufleute von dort wandten sich mit Schreiben vom 16. April 1681[1]) an die Kommission. Sie teilten mit, daß der Antrag, nach berühmtem Exempel anderer vornehmer Handelsplätze ein absonderliches Kaufmannsgericht zu bestellen, damit hierdurch dem weitläufigen, der Handlung höchst schädlichen Hinausziehen der Prozesse in Handels-, Wechsel- und Konkurssachen begegnet werden möge, ihnen berichtet worden sei, und sie hätten gern ihre Gedanken mitgeteilt, könnten aber nicht kommen, weil ihnen ohne Quarantaine der Durchzug verweigert würde. Sie schlössen sich aber den gestellten Anträgen an wegen des großen Nutzens eines solchen judicium mercantile für den Handel und insbesondere Leipzig, damit dieses Gericht nicht nur mit unparteiischen, ehrlichen Leuten in- und ausländischen Rechts besetzt, sondern auch nach dem Exempel anderer vornehmen Handelsplätze, bevorab Bozens, mit tüchtiger, guter Ordnung gefaßt werden möge. Auf Bozen wurde auch von anderer Seite jetzt hingewiesen. Einige fremde Kaufleute[2]), welche die Naumburger Messe besucht hatten, weil die drei letzten Leipziger Messen wegen der Kontagion nicht gehalten werden konnten, machten eine Eingabe an den Kurfürsten, um nach den Besprechungen der Meßbesucher in Naumburg bei ihm den Standpunkt der Fremden im Gegensatze zu dem der Leipziger zu vertreten. Sie fordern 1. eine negative Thätigkeit, abzuthun, was in Leipzig gegenüber andern Marktorten die Fremden graviert, und 2. eine positive, Marktprivilegien, damit diejenigen, welche die Märkte besuchen, vor andern Vorteile haben. In ersterer Beziehung wird auf Eingaben von Hamburg, Breslau, Nürnberg und Augsburg beim Kurfürsten und seinem Vorgänger Bezug genommen; was aber die Privilegien betrifft, so sei in Bozen bereits ein preiswürdigster Anfang und Fortgang gemacht worden, weshalb ein Abdruck der Bozener Marktprivilegien, gedruckt 1681, in Vorlage gebracht wurde. Der Vorschlag der Fremden geht nun dahin, in Leipzig auch einen Merkantilmagistrat in zwei Instanzen zu errichten für die Meßstreitigkeiten, während zwischen den Märkten zur Entscheidung der Streitigkeiten zwischen den Herren Leipzigern, bezw. den Landesunterthanen, ein absonderliches

[1]) Ebenda S. 142.
[2]) Ebenda S. 227.

Gericht bestellt werden sollte; Marktaffairen aber und solche, wo ein Fremder mit Leipzigern oder Landesunterthanen zu thun hätte, müßten wie in Bozen vor dem Marktmagistrate während der Messe traktiert und debattiert, ev. aber auf den folgenden Markt verschoben werden. Jedes Kollegium könnte wegen des starken Besuchs der Leipziger Messen mit 5 statt 3 Personen besetzt werden; dabei müßte dann das Absehen auf den Wechsel im Vorsitz gerichtet werden. Wenn der Kurfürst das erste Mal selbst den Magistrat ernennen wolle, so könne je ein Richter genommen werden für die 1. Instanz aus Leipzig oder Obersachsen, Hamburg oder Niedersachsen, Augsburg oder Schwaben und Bayern, Köln oder Aachen, Lüttich und Westfalen, Paris oder Metz und sonstigen auswärtigen Staaten, für die 2. Instanz aber aus Breslau oder anderen kaiserlichen Landen, Nürnberg oder Franken, Frankfurt a. M. oder vom Oberrhein, Amsterdam oder aus den Niederlanden, Zürich oder aus der Schweiz. Nach Bestellung der Kollegien könnte dann ein Ausschuß von 50—100 Personen aus den genannten Orten die Marktmatrikel, ferner Regeln und Ordnungen entwerfen. Eine weitläufige Prozeßordnung wird für überflüssig erachtet, da alles aufs kürzeste traktiert werden solle, wobei man sich in Bozen wohlbefinde.

Diese Eingabe mit Beilage leitete [1]) der Kurfürst an die Kommission zur Erwägung und Berichterstattung.

Inzwischen hatten die Gesuchsteller 8 Bevollmächtigte gewählt [2]), als die ersten Hans Georg Plattner und Joachim Eckolt, und nachdem sie sich eines gewissen Kollegii verglichen hatten, brachten sie am 11. Mai 1681 [3]) die Artikul des Handelskollegii in Vorlage, da ihnen die Kommission nahegelegt hatte, einen dem Kurfürsten vorzulegenden Entwurf einzureichen. In demselben sind im wesentlichen die bereits angegebenen Anträge paragraphiert. An der Spitze (1.) erscheint die Gründung der Matrikel, in welche der Eintrag gegen Gebühr und nach Abstimmung erfolgt. Es werden (2.) wenigstens 4 Älteste per majora gewählt, von denen 2 jährlich abtreten. Bei Versammlung sämtlicher Teilnehmer (3.) entscheidet ²/₃ Mehrheit; es besteht (4.) Pflicht zum Erscheinen mit Ordnungsstrafen. Dem anzunehmenden Notar (5.) liegt die Führung der

[1]) Akten a. a. O. S. 221: am 12. Sept. 1681.

[2]) Ebenda S. 150.

[3]) Akten a. a. O. S. 174 ff. sowie schon S. 5 ff.

Matrikel, Protokolle und Schriften ob; bei ihm sind (6.) die Vollmachten bei Strafe einzureichen, und er hat (7.) die Proteste zu machen. Die Korporation hat das Recht (8.), Diener zu bestellen (9.), Gelder aufzubringen (10.), auf der Börse oder sonst zu beraten (11.) und gegenüber Fürst und Stadt zu petitionieren (12.). Bezüglich des Gerichts war sub 13. in einer gegenüber dem früheren Plane stark abgeschwächten Bestimmung bemerkt: Wenn sich Differentien, Mißverständnisse oder Irrungen unter uns immatrikulierten Kaufleuten, ingleichen zwischen den Handlungsdienern und Jungen ereignen möchten, so sollen wir verpflichtet sein, dieselben denen hiesigen Kaufmannsältesten oder aber nebst denenselben einigen Subjektis derer übrigen Immatrikulierten zur gütlichen Untersuchung und womöglich Vergleichung vorzulegen, ehe es zur Weitläufigkeit gerät.

Während sonach der ursprüngliche Plan mit den Ratsdeputierten und der umfassenden Kompetenz an das Nürnberger und bezüglich der übrigen Beisitzer an das Bozener und Braunschweiger Beispiel anknüpfte, ist hier die Kompetenz auf die des Breslauer Einigungsgerichts von 1672 herabgedrückt. Diese neue Fassung dürfte davon herrühren, daß sich inzwischen der Rat der Stadt Leipzig bereit erklärt hatte, das Handelsgericht selbst ins Leben zu rufen, so daß für das Kollegium nur eine vermittelnde Stellung verblieb.

Von den übrigen Bestimmungen des Entwurfs seien noch die Befugnisse des Gerichts, ein eigenes Siegel zu gebrauchen (14.), die Makler und Güterbestätter anzustellen (15.), weiter die Straf- und Ausschlußbefugnis (19.) hervorgehoben. Eine Güterbestätiger-Ordnung wurde ebenfalls im Entwurf vorgelegt.

Die Kommission arbeitete alle diese Vorlagen fleißig durch, entwarf eine Prozeß- und eine Wechselordnung und ließ die Entwürfe den Kaufleuten zugehen, welche sich mit Eingabe vom 1. Oktober 1681[1]) sehr lobend aussprachen und nur noch anregten, ob nicht auch Handwerksleute, die zu Ein- und Verkauf zu den Messen kommen, der Prozeßordnung unterworfen werden könnten, z. B. Tuchmacher, Gerber, Schuster, und ob nicht beim modus citandi außer den Messen Erleichterungen für Einheimische gewährt werden könnten.

---

[1]) Akten a. a. O. S. 233.

Die Makler-Innung erlahmte nun auch mit ihren Protesten und erklärte am 3. Oktober 1681[1]), sie würde jetzt selbst um Einführung der Handelsgerichts- und Wechselordnung bitten, wenn sie nicht zu weitläufig wäre, so daß man keine Zeit habe, sie durchzusehen. Sehr gut sei die parata executio, aber nur zwischen Kaufleuten; Erleichterungen in den Ladungen werden ebenfalls gewünscht.

Hartnäckiger im Widerstande war der Rat der Stadt Leipzig, vor allem gegenüber dem projektierten Kollegium. Am 18. Oktober[2]) noch erklärte er der Kommission, deren Mitglied er selbst war, schriftlich seine Gegnerschaft. Die Petenten seien so wenig „sämtliche Kauf- und Handelsleute", daß unter ihnen kein einziger derjenigen Kaufleute, die im Rate säßen, sich befinde. Wo die Negotien florieren sollten, müßten sie Freiheit haben, während Immatrikulation, Vollmachtsvorlagen ꝛc. den Handel einengen würden. Wenn man dagegen die Kramer-Innung anführe, so seien deren Mitglieder Kleinkaufleute, welche innungsmäßige Begrenzung vertragen könnten; nicht so der Großhandel. Wenn es in andern Städten anders sei, so brauche man das nicht zu untersuchen, da nicht die Zeit sei, um Experimente zu machen. Überhaupt ersieht man aus den Konzepten[3]), wie der Rat alles, was nicht vor ihm selbst, der von den Kaufleuten zuerst hätte angegangen werden sollen, verhandelt wurde, als unbekannt und nicht existierend behandelt, ein lebendiges Beispiel des Satzes: quod non in actis, non est in mundo. Der soeben angeführte Gedanke aber, die Bewegung in eine Innung für Großkaufleute überzuleiten, wurde in einem vermittelnden, vom Rate nicht ungünstig[4]) aufgenommenen Gutachten[5]) durchgeführt. Man sollte hiernach eine größere Innung errichten, von welcher Anträge auf Verbesserung der Kommerzien an den Rat zu stellen wären. Diese Innung könnte bei Zweifelsfällen in Handelsstreitsachen Fremden und Einheimischen Parere erstatten, „jedoch bescheidentlich und also, daß dergleichen vor nichts anderes als ein bloßes Gutachten, wie es auch wirklich ist, zu halten, auch hierdurch die Streitsachen nicht zu entscheiden seien". Die Leipziger Kaufleute könnten sich in diese Innung begeben; aber kein Zwang

---

[1]) Ebenda S. 240.

[2]) Ebenda S. 248.

[3]) Vgl. Akten a. a. O. S. 257.

[4]) Vgl. Bemerkungen zu S. 258 a. a. O.

[5]) Ebenda S. 255.

sollte gegen die Fremden ausgeübt werden, welche gleiche Freiheiten und Lasten wie die Einheimischen haben sollten. Die Statuten müßten aber zunächst durch den Rat konfirmiert werden, der auch nachdrücklichst das Recht, Makler und Güterbestätter zu bestellen, sich wahrte. Als das Ergebnis der Verhandlungen im Rat kann man bezeichnen, daß die Vorschläge in der Hauptsache, der Notwendigkeit schnellerer Justiz in Handelssachen, nicht mehr bekämpft, wohl aber die Kompetenz der Petenten oder eines von ihnen erstrebten Kollegiums nachdrücklichst bestritten wurde. Es genügt hier, auf die ausführlich dargestellten Verhältnisse in Nürnberg hinzuweisen. Die Rechte, welche der neue Magistrat bekommen sollte, hätten dem Rate genommen werden müssen. In Nürnberg hatte er aus äußeren Gründen freiwillig darauf Verzicht geleistet; im Zwangswege war aber ohne Rechtsbruch hier nichts zu thun. Unter diesen Umständen lag ein Kompromiß ziemlich nahe. Bei der Beratung[1]) der Kommission, ob ein solches Handelsgericht zu gestatten, zweifelte zunächst Posen, indem er richtig gegenüber einzelnen vorgebrachten Beispielen die Nationalitätsfrage hervorhob; die Kurtmeister zu Hamburg, die Handelsrichter zu Livorno und an andern Orten sprächen nur über ihre Nationalen Recht, nicht über Ortseinwohner — der Gegensatz zwischen dem landsmannschaftlichen Meß- und dem wirklichen Handelsgericht. Diesem Einwand gegenüber hob Egger hervor, daß in Bozen auch über Einheimische bereits Recht gesprochen würde[2]), und drang darauf, mindestens ein Expediens zu suchen. Schwendendorffer aber hob die Hauptsache hervor, es komme alles auf die Stellung des Rates an, und brachte schließlich den Ausweg mit der Anfrage, ob der Rat nicht selbst ein solches Gericht formieren wolle. Von den drei Vertretern Leipzig's war Neger zunächst dagegen und wollte durch Nichtzulassung der Advokaten und Bestellung einer besonderen Deputation beim Stadtgericht helfen. Nachdem die Ansichten sich damit einander genähert hatten, machte der Vorsitzende Posen den Vorschlag, der Rat solle die Deputation bilden und Handelsleute aus dem Kollegium dazu nehmen, womit Schwendendorffer und Egger einverstanden waren, während die städtischen Vertreter den Vorschlag ad referendum nahmen, bald darauf[3]) aber die Bereitwilligkeit des Rats zur Bildung des Handelsgerichts anzeigten, nachdem die Sup-

[1]) Akten a. a. O. S. 384.
[2]) Vgl. oben S. 110, 112.
[3]) Akten a. a. O. S. 396.

plikanten ausdrücklich erklärt hatten [1]), der Vorschlag eines Handelsgerichts sei auf Drängen der Auswärtigen erfolgt. Damit war denn freilich dem geplanten Kollegium die Hauptbedeutung entzogen, und wir sahen bereits, daß die Artikul des Handelskollegii selbst für dasselbe nur eine vermittelnde Thätigkeit vorsahen.

Nunmehr berichtete der Rat (am 30. Nov. 1681) [2]) über das bisherige Ergebnis der Kommission an den Kurfürsten in zwei Rubriken, von denen uns hier besonders die zweite, das vorgeschlagene Handelsgericht betreffende interessiert. Der Rat sagt in dieser Beziehung, an Gerichten sei kein Mangel, und dem gemachten Vorschlage ständen Kompetenzschwierigkeiten im Wege, da dem ordentlichen Magistrat die Gerichtsbarkeit ausschließlich zustehe. Dann aber wird, wesentlich abweichend von dem früheren Standpunkte, fortgefahren: Dieweil aber bekannt ist, daß Handelssachen schleunigst zu expedieren seien, auch vielmals die Fälle so beschaffen sind, daß dieselben mehr nach der natürlichen Billigkeit und unter Handelsleuten eingeführten Observanz als nach denen Subtilitäten und Schärfe des gemeinen Rechts zu entscheiden sind, und unleugbar ist, daß die Prozesse sich zu lange hinziehen, dahero bei in- und ausländischen Kaufleuten viel Lamentierens darüber entstanden und es fast den Anschein hat, als ob Fremde so viel als sonst hieher zu kreditieren Bedenken tragen, so wird nötig sein, insbesondere um der Fremden willen ein Expediens zu ergreifen. Es wird deshalb der Vorschlag gemacht, daß vom Rate zu Leipzig ein absonderliches Gericht in Handelssachen durch Gelehrte und Kaufleute, wo nicht das ganze Jahr hindurch, so doch zu den drei Messen bestellt wird, Aktuare hiezu verordnet und vor demselben alle Handelssachen traktiert und abgethan würden. Eine mit Beirat der Supplikanten abgefaßte, kurze und deutliche, auf Handelssachen akkommodierte Gerichtsordnung, ferner die ebenso entstandene Wechselordnung, die an die Schöffenstühle und Juristenfakultäten zu senden wäre, endlich die Makler- und die Güterbestätter-Ordnung wurden mit vorgelegt.

Dagegen sprach sich der Rat nach wie vor energisch gegen das Handelskollegium aus, weil es mehr schaden als nützen würde.

Auf den Bericht vom 30. November 1681 erging die Verordnung vom 26. September 1682 [3]), wie es hinfüro bey dero Stadt Leipzig mit denen Handelssachen . . . gehalten werden solle, worin

[1]) Akten a. a. O. S. 388.

[2]) Ebenda S. 265.

[3]) Codex Augusteus a. a. O. Bd. II S. 2021.

Johann Georg III. zunächst den Vorschlag, ein eigenes Handelsgericht und eine Handelsgerichtsordnung aufzustellen, ablehnt, „zumal dadurch im Lande und bei unsern andern bestellten Rechtscollegiis, welche auf die alten Gesetze gegründet, leicht Unordnung entstehen könnte", aber dem Rate befiehlt, sowohl in als außer den Messen einige Personen aus seiner Mitte, Gelehrte und Kaufleute, besonders zu deputieren, vor welchen die Handelssachen traktiert und schleunig abgethan werden sollen, während weitere Bestimmungen Konkurs und Arrestverfahren betreffen. Unter dem 2. Oktober 1682 wurden dann die Wechsel-[1]) und die Juden[2])-Ordnung konfirmiert und auf nochmalige Bitte, nachdem die Gutachten des Kanzlers und der Räte der Regierung eingeholt worden waren[3]), am 21. Dezember 1682 die Neue Handelsgerichtsordnung[4]) publiziert und damit als erstem Paragraphen dem Rate zu Leipzig aufgetragen, ein beständiges, von den Stadtgerichten unterschiedenes Gericht, bei welchem allein die vorkommenden Handels- und dazu gehörigen Sachen zu traktieren wären, zu bestellen und solches mit gewissen und wenigstens 4 Personen seines Mittels, Gelehrten und Kaufleuten zu besetzen, von welchen die Parteien zu hören, ohne Beisein von Advokaten thunlichst zu versöhnen und, wenn dies nicht anginge, schleunigst zu verbescheiden sein sollten, ev. nach Erholung rechtlicher Auskunft des Schöppenstuhls zu Leipzig.

So war denn das erste wirkliche ordentliche und ständige Gericht für Handelssachen zur Entstehung gelangt, während das Handelsgericht zu Nürnberg erst wenige Jahre später zur eigenen Instanz erklärt wurde, Bozen und Braunschweig nur für die Meßzeiten berechnet waren, Augsburg, Regensburg und Breslau ihre Handelsachen zwar schleunig, aber nicht durch eigene Gerichte erledigten.

Berechtigung und Möglichkeit des Handelsgerichts auf deutschem Boden war damit entschieden, und von der sächsischen Handelsstadt, zu deren Messen jährlich Tausende zusammenströmten[5]), breitete sich die Einrichtung immer weiter aus.

---

[1]) Codex Augusteus, Bd. II S. 2023.

[2]) Ebenda, Bd. II S. 2111.

[3]) Einleitung der Neuen Handels-Gerichtsordnung.

[4]) Codex Augusteus, Bd. II S. 2038.

[5]) Die Anzeige Leipzigs über die Errichtung des Gerichts nach Nürnberg rühmt die Entscheidung der Sachen in Kürze und ohne Weitläufigkeit und hofft bessere Zeiten, s. oben S. 92 Anm. 8.

Untersucht man aber die Wurzeln des Leipziger Handelsgerichts, als ständigen Gerichts, abgesehen vom Meßgericht, so findet man lediglich die Nürnberger Einrichtung. Zwar kann eine direkte Entlehnung nicht nachgewiesen werden; aber abgesehen von dem oben [1]) berichteten Interesse der Nürnberger Kaufleute und Marktherren an den Leipziger Beratungen spricht deutlich genug die Ähnlichkeit der beiderseitigen Institutionen, während Nürnberg allein wegen der zeitlichen Priorität das Vorbild bieten konnte. In beiden Städten handelt es sich um ein in Handelssachen neben den ordentlichen Gerichtshof tretendes Spezialgericht; in beiden Städten ist es der Rat, der auf seine bisherigen Rechte verzichtet, in beiden Städten besteht das neue Gericht aus Deputierten des Rats, Juristen und Laien, die in schleuniger Weise zu entscheiden haben.

Auch die Zuständigkeit des Gerichts[2]) ist in ganz ähnlicher Weise wie in Nürnberg bestimmt, wenn nämlich der Beklagte ein Kaufmann ist (dort: mindestens der Beklagte[3])) oder Fuhrmann, negotiierender Handwerker, Makler, Handelsdiener, Junge und die Sache von Handlung und Wechseln herkommt, wobei eine Reihe von Einzelbeispielen aufgeführt ist. Der Meßcharakter Leipzigs kommt in der Bestimmung zum Durchbruch, daß jeder Kaufmann vor dem Handelsgericht in Leipzig verklagt werden kann, der dort wohnt, dahin handelt, dort anzutreffen ist, wenn auch nur auf der Durchreise, oder dort Faktoren, Güter und Handelseffekten hat. Im übrigen richten sich die Bestimmungen der Handelsgerichtsordnung von Satz zu Satz gegen den bisherigen schwerfälligen Prozeß, in der Anordnung eines strengen Ungehorsamsverfahrens (Ziff. X), Einengung der exceptiones dilatoriae (Ziff. XI), in der Zulassung bloßer Bescheinigung statt des strengen Beweises (Ziff. XVI), in der Erschwerung der Appellation ꝛc.

Anhangsweise sei an diesem Orte noch darauf hingewiesen, daß im Anfange des Jahres 1683 weitere Kommissionsberatungen[4]) über die Beweiskraft der Handelsbücher und über ergänzend zwangsweise einzuführende Schuldbekenntnisse („Ich bekenne für von X. erkaufte und richtig empfangene Waren schuldig zu sein . . ., die ich

---

[1]) Siehe S. 129 oben.

[2]) Neue Handels-Gerichtsordnung Z. 2.

[3]) In den Vorarbeiten — Akten a. a. O. S. 296 — heißt es auch: oder wenn wenigstens der Beklagte ein Kaufmann ist. Ausdrücklich ist auch hervorgehoben, daß die Kompetenz personaliter et realiter bestimmt ist.

[4]) Akten a. a. O. S. 416—436.

gelobe, an X. oder seine Ordre mit ... zu bezahlen")[1]) mit parater Exekution stattfanden; als Resultat erschien der diese Billette anordnende Befehl vom 3. April 1683[2]).

So konnte Marperger[3]) mit vollem Rechte sagen, daß das kursächsische Handelsgericht zur Norma und Richtschnur aller künftig zu etablierenden Kommerzienkollegien dienen könne, „indem es den summarischen Prozeß, der in kaufmännischen Streithändeln allezeit vorzunehmen ist, gewaltig treibet, dabei aber auch eine gute Ordnung und Prozeßform observiert haben will".

Freilich wurden auch diese Bestimmungen von der Entwickelung des Prozeßrechts überholt: mit Dekret vom 26. Februar 1729[4]) wurde der Rat beauftragt, die Fälle zusammenzustellen, in denen die Handelsgerichtsordnung von 1682 mit der verbesserten Gerichtsordnung differiert, weil sie zu schwerfällig und langsam ist, worauf dann am 29. Mai 1729 Bericht erstattet wurde. Auch gegen die Wechselordnung waren schon im Jahre 1718 Erinnerungen der Kaufmannschaft[5]) laut geworden. 1738 beantragten die Deputierten strengere Einschärfung einzelner Bestimmungen der Handelsgerichtsordnung[6]), welchem Antrage mit Verordnung vom 17. September 1738 entsprochen wurde, während am 16. April 1720 einige Erläuterungen zur Handelsgerichtsordnung gegeben wurden[7]). Im Jahre 1763 beauftragte dann Kurfürst Friedrich August den Rat zu Leipzig, die Vorschläge einer eingesetzten Kommission wegen Revision der Handelsgerichts- und Wechselordnung zu prüfen[8]); der Kommissionsbericht vom 8. April 1763 forderte größere Strenge in Handelssachen, Entscheidung von Zweifelsfällen und erklärte die Handelsgerichtsordnung für veraltet. Der Rat setzte eine Kom-

---

[1]) Vgl. Marperger, Handelsgericht S. 122.

[2]) Codex Augusteus a. a. O. Bd. II S. 2115.

[3]) Neu eröffnetes Handelsgericht S. 40.

[4]) Leipziger Ratsarchiv, 1. Sekt. Tit. XIII No. 7, Akta, die Handelsgerichtsordnung betr., anno 1729. Vgl. auch No. 7a, Vernachlässigung der neuen Handelsgerichtsordn. betr. 1729.

[5]) Leipz. Ratsarchiv, 1. Sekt. Tit. XIII No. 4, Akta, das Handelsgericht zu Leipzig und die bei der Wechsel- und Handelsgerichtsordnung gemachten Erinnerungen ꝛc. betr., anno 1717 S. 19, und Akta, die allergnädigst anbefohlene Revision der Leipziger Handelsgerichts- und Wechselordnung ꝛc. betr., anno 1763 (Mandat v. 22. Aug. 1763).

[6]) Ebenda S. 82.

[7]) Ebenda S. 87.

[8]) Akten, 1. Sekt. Tit. XIII No. 4 a. a. O.

mission, bestehend aus den Doktoren Küstner, Friedrich Schmidt und Winkler, ein, welche auf die Bestimmungen der Handelsgerichts-, Wechsel- und Fallitordnungen in und außerhalb Deutschlands, besonders die Ordonnances sur le commerce verwiesen wurde. Auf ein an den Rat gerichtetes Monitorium[1]) vom 22. Februar 1764 wurde um Frist gebeten[2]), worauf die Kramer-Innung und die Deputierten der Kauf- und Handelsleute außerhalb derselben, nachdem auswärts Erkundigungen eingezogen worden waren[3]), ihr Gutachten am 30. Juni 1764 erstatteten[4]). Die Frucht dieser Beratungen war nur ein verschärftes Bankerottmandat vom 20. Dezember 1766, während der Kurfürst bezüglich der Handelsgerichtsordnung am 16. September 1773 ein neues Monitorium an den Rat zu Leipzig erließ. Aber noch im Jahre 1825 befand sich die Frage im Stadium der Beratung[5]), mit Gesetz vom 21. September 1833 erfolgte eine teilweise Lösung, 1861 die Einführung des A. D. H. G. B.

§ 31. Das Handelsgericht zu Naumburg.

Anschließend an die Betrachtung des Leipziger Handelsgerichts, erwähnen wir hier noch das Handelsgericht der Konkurrentin und Nachbarin Naumburg[6]). Es wurde bereits erwähnt, daß das Marktreskript für Leipzig und Naumburg erlassen wurde. Aber auch für Naumburg konnte es auf die Dauer nicht genügen, zumal nachdem Leipzig mit Handelsgericht und Wechselordnung ausgestattet war. Auch hier gaben die Beschwerden der in- und ausländischen Kaufleute über Verzögerung und Weitläufigkeit des Prozesses den Anlaß zum Einschreiten. Am 11. Juni 1698 erging darauf einesteils die „Marck-, Handelsgerichts- und Wechsel-Ordnung“[7]), wonach Handelssachen ausschließlich vor dem Rat oder dem Stadtgericht dortselbst zu verhandeln waren, welche in der

---

[1]) Akten a. a. O. S. 76.

[2]) Ebenda S. 78.

[3]) Ebenda S. 79.

[4]) Ebenda S. 109—124.

[5]) Akten, die Abkürzung des Handelsgerichtsprozesses rc. betr., anno 1825, Ratsarchiv Tit. XIII No. 33. Eingabe der Handlungsdeputierten und Kramermeister v. 7. März 1825.

[6]) Joh. Christ. Knötzschker, Die Naumburger Wechselordnung. Mit Erläuterungen. 1801.

[7]) Vgl. auch bei Königken a. a. O., Siegel rc.

Petri-Paul-Messe jederzeit zwei, sonst eine handelskundige am Orte wohnende Person zuziehen und schleunigst entscheiden sollten, andernteils eine Verordnung[1]), welche bei Appellationen die Erlage eines ziemlich erheblichen Sukkumbenzgeldes anordnete, wozu noch eine Erläuterung vom 21. Juni 1698[2]) kam. Die Handelsgerichts- und Wechselordnung war eine vorläufige Regelung, bei der es übrigens verblieben ist, da gerichtliche Streitfälle kaum vorgekommen sein sollen[3]). Die ganze Regelung ist, was das Handelsgericht betrifft, eine Scheinkonzession, welche am meisten die herrschende Strömung charakterisiert: sowohl im Stadtgericht als im Rat entschieden schon vorher jederzeit Kaufleute[4]).

---

[1]) Knötzschker a. a. O. S. 36.
[2]) Ebenda S. 38, Königken a. a. O. S. 124.
[3]) Knötzschker a. a. O. S. 14.
[4]) Ebenda S. 14.

Fünftes Kapitel.

Die Handelsgerichte der Seestädte.

§ 32. Weitere Entwicklungsmomente.

Mit der Konstituierung des Handelsgerichts in Leipzig ist an sich die Entstehungsgeschichte des deutschen Handelsgerichts vollendet, und es hat für unsern Zweck keine Bedeutung, die Schicksale der nach und nach ins Leben tretenden einzelnen Handels- und Wechselgerichte zu untersuchen. Die Geschichte der deutschen Handelsgerichte ist ja nur ein Teil jener Bewegung, welche seit Ende des 16. Jahrhunderts auf Grund des bekannt werdenden italienischen Rechts die Mißstände des deutschen Rechts, „das Schwanken, die Ungewißheit, die Widersprüche des kaufmännischen Gewohnheitsrechts, die Unkenntnis des Wechselverkehrs seitens der nicht mehr inmitten des unmittelbaren Handelsgetriebes stehenden Richter, . . . den unerträglich schleppenden Gang des Prozesses“ [1]) zu bessern suchte und vor allem erstrebte, summario processu die Handelssachen zu richten, „als zu Augsburg und Nürnberg durch die Marktherren geschiehet“. Früchte dieses Triebes sind in gleicher Weise die Wechselordnungen [2]), beginnend mit der von Hamburg 1603, und die in vielen derselben eingerichteten Spezialgerichte, wofür die Zusammenstellungen der Wechselordnungen bei Königken, Siegel [3]), dem in allen Fällen vorsichtigen Banquier [4]) rc. zu ver-

[1]) Neumann, Geschichte des Wechsels im Hansagebiete bis z. 17. Jahrhundert. 1863. Beilageheft zu Bd. VII der Zeitschrift f. das ges. Handelsrecht S. 177.

[2]) Vgl. Zusammenstellung der Wechselordnungen vor der A. D. W. O. bei Thoel, Handelsrecht 2. Bd. § 145.

[3]) Siegel, Corpus juris Cambialis, 1742.

[4]) 2. Teil, 1733.

gleichen sind. Beispielsweise führe ich hier das durch die Hanauer Wechselordnung von 1737 eingeführte dortige Wechselgericht[1]) an.

Entfällt daher die Geschichte der einzelnen späteren Gerichte unserer Betrachtung, so muß doch die Aufmerksamkeit des Lesers noch kurz auf drei Gruppen von Thatsachen gelenkt werden, welche die Entstehung der Handelsgerichte in Deutschland noch wesentlich gefördert haben. Diese sind:

1. die Ausbildung der Seegerichtsbarkeit;
2. der Einfluß der merkantilistischen Bewegung;
3. die Litteratur und die Reichsgesetzgebung.

§ 33. Die Nordseeküste.

Von Hamburg zu reden hatten wir bereits wiederholt Gelegenheit. Mit Nürnberg durch Handel und Verkehr verbunden, ist es dieser Stadt vielfach mit Handelseinrichtungen vorausgegangen. Hamburg vor allem war die Bannerträgerin des neuen deutschen Handelsrechts in seinem revidierten Stadtrecht vom 16. Oktober 1603, verbessert 1605, „nachdem die fürnembsten Kauf- und Handelsleute hochnötig erachtet haben, daß in dem Titel von Wechsel Änderung und Verbesserung mögen vorgenommen werden“[2]). 1619 folgte die Gründung der Hamburger Bank, deren Artikul und Ordnung 1621[3]) verbessert wurden, und nachdem, wie wir bereits gesehen haben, eine kaufmännische Vertretung ebenfalls vorhanden war[4]), 1634 ein privilegium de non appellando für Bank- und Faktoreysachen erteilt wurde, bereits seit 1534 ein solches für liquide und bescheinigte Forderungen bestand[5]), die englischen Kaufleute dortselbst aber eine kaufmännische Gerichtsbarkeit besaßen, welche oft als Muster angeführt wurde, so würde man vermuten, daß die Verhältnisse noch viel früher als in Nürnberg zur Gründung eines Handelsgerichts geführt hätten. Aber erst 1816 kam es, allerdings nach längeren Vorbereitungen, zur Einsetzung dieses Gerichts[6]).

Wohl aber wurde früher schon ein Seegericht in Hamburg gegründet. Wir haben gesehen, wie eng in Italien und Spanien die

---

[1]) Siegel a. a. O. 2. Forts. S. 11.

[2]) Vorrede zu der Stadt Hamburg Gerichtsordnung und Statuten 1605.

[3]) Vgl. Nürnb. Kreisarchiv, S. I L. 117 No. 1 und 2 Z. 25.

[4]) Siehe oben S. 66 f.

[5]) Ludolf a. a. O. S. 87.

[6]) Sutor, Die Errichtung des Handelsgerichts in Hamburg, 1866, dazu Zeitschr. f. das ges. Handelsrecht Bd. X S. 607.

Geschichte des See- und des Handelsgerichts miteinander verknüpft sind, und wie in Frankreich [1]) und England [2]) die Admiralitäten summarische Kognition in Seehandelsfällen ausübten; ähnlich war es in Holland [3]). In Hamburg war die Admiralität, das gemeinschaftliche Fahren in Konvoys, einer der Hauptzwecke der drei großen Gesellschaften, der Flandern-, England- und Schonenfahrer, deren Vorstände als „des Kopmanns Olderlüde" auch die Kaufmannschaft dirigierten [4]). Daneben finden sich seit 1594 Verordnete der Admiralität, anfangs nur mit polizeilichen und Zollbefugnissen im Hafen. Die Admiralität selbst wurde sodann in den Statuten der Stadt [5]) geregelt und 1623 mit Rücksicht auf die herrschende Seeräuberei neu eingeschärft; zugleich wurde ein Kollegium, bestehend aus 6 Deputierten des Rats, für 1623 je zur Hälfte Juristen und Laien, 6 Vertretern der Kaufmannschaft und 2 Alten der Schiffergesellschaft, niedergesetzt, welches nach einem Beschlusse des Rats vom 10. August 1623, erfolgt auf Vortrag Heinrich Hartzwiegs im Namen der Herren und Bürger von der Admiralität, Macht haben sollte, Streitigkeiten der Schiffer mit Rhedern, dem Schiffsvolk oder den Verfrachtern zu entscheiden [6]). Das Kollegium erhielt die Jurisdiktion erster Instanz in allen See-, Fracht- und Assekuranzsachen [7]), und erscheint bald als Vorstandschaft [8]) des Kaufmannsstandes, neben den Börsenalten und (seit 1665) der Kommerzdeputation. Die Entscheidungen des Admiralitätsgerichts aber sind seinem Wesen nach — Seerecht ist ja Gastrecht — rasche, so daß z. B. in Holland nicht einmal eine Duplik gestattet war [9]).

Unter der Admiralität fungierte als Vollstreckungs- und Hülfsorgan der Wasserschout, bezüglich dessen die Hamburger Verordnung vom 1. März 1703 [10]) sagte, daß er bei einer Question zwischen

---

[1]) Vgl. oben S. 15 f.

[2]) Vgl. oben S. 18.

[3]) Vgl. Marquardus a. a. O. Bd. I S. 422, Plakate Philipp II. von 1563 an. Ebenda Bd. I S. 305.

[4]) Kirchenpauer a. a. O. S. 24, 36. Klefeker, Sammlung Hamb. Gesetze, VI, 425.

[5]) Besonders Teil 2 Tit. 14 Art. 41 ff.

[6]) Vgl. Marquardus a. a. O. Bd. I S. 305, Bd. II S. 591, ferner Kirchenpauer a. a. O. S. 43.

[7]) Langenbeck, Seerecht S. 321—30.

[8]) Kirchenpauer a. a. O. S. 44. Vgl. auch Werlhof, Dissert. de judicio Admiral. Hamburg, zitiert bei Hartung-Tenzel, De jure mercatorum. Erf. Diss. 1730 S. 31, ferner Loccenius De jure maritimo lib. 2 cap. 2.

[9]) Marquardus a. a. O. Bd. I S. 422.

[10]) Marperger, Neu eröffnetes Handelsgericht S. 36.

Schiffer und Volk mit den Matrosen zum Richter gehen und die Dezision erwarten solle; was daselbst gesprochen würde, solle er zur Exekution bringen, wenn es nicht 10 Rthlr. übersteige, in welchem Falle zur Admiralität appelliert werden könne.

§ 34. Die Ostseeküste.

Lübeck hatte als Haupt der Hansa schon frühe für eine schleunige Rechtsprechung zu sorgen. Im Jahre 1655 bestellte der Rat, weil viele Sachen weitläufig gemacht und von den Anwälten verlängert würden, was gerade bei den Seehändeln zu verhüten wäre, in der „Ordnung des summarischen Seegerichtsprozesses“ [1]) ein besonderes Gericht mit summarischem mündlichen Prozeß ohne Anwälte, welches nach den lübischen Seerechten und der hansischen Schiffsordnung [2]) entscheiden sollte, ohne Appellation, soweit die Hauptsache nicht 1000 M. Lübisch beträfe; die Grundlage dieser Appellationsfreiheit waren ebenfalls kaiserliche Privilegien, wegen der Kaufmannshändel mit Appellationssumme [3]). Lübische Kaufmannsordnungen werden schon von 1427, 1484, 1485, 1572 und 1607 erwähnt [4]). Das alte Kollegium der Schiffergesellschaft [5]) wurde auch später noch sehr häufig zur Schiedsrichterin in zweifelhaften Seehandelsfällen erwählt [6]); in Falsterboe hatte sie für die Jurisdiktion den „Schonischen Vogt“ [7]), während in Lübeck selbst der „Travenvoigt“ [8]) ungefähr die Stellung des Hamburger „Wasserschouts“ einnahm.

Das strikte Seerecht konnte natürlich nicht ohne Einfluß auf das Handelsrecht überhaupt bleiben. Im Jahre 1662 [9]) wurde vom Rate zu Lübeck erklärt, daß in Wechselsachen parate Exekution Platz zu greifen habe und lange ordentliche gerichtliche Prozesse mit weit-

---

[1]) Abgedruckt bei Marquardus a. a. O. Bd. II S. 704.

[2]) Ebenda Bd. II S. 688, vgl. I S. 399.

[3]) Limnaeus a. a. O. t. III: VII, 30, 7. Marquardus a. a. O. Bd. I S. 461: 500 Goldgulden, zuerst 40, dann 200.

[4]) Marperger, Neu eröffn. Handelsgericht S. 174. Marquardus a. a. O. Bd. I S. 67.

[5]) Vgl. Hegel a. a. O. Bd. II S. 455, dazu Marquardus a. a. O. Bd. I S. 365 f.

[6]) Marquardus a. a. O. Bd. I S. 364, Marperger, Neu eröffnetes Handelsgericht S. 44.

[7]) Marquardus a. a. O. S. 366.

[8]) Marperger a. a. O. S. 37.

[9]) Marquardus a. a. O. Bd. II S. 732, Neumann a. a. O. S. 178.

läufigem Disputieren nicht geduldet würden. Ein Bankerottierermandat datiert aus der gleichen Zeit. Auch ein allgemeiner Zusammenkunftsort des Kaufmannsstandes, die Börse, wurde zwischen 1605 und 1673 errichtet, indem nach einem Rezeß von 1605 (im Archiv der Schonenfahrer) um einen geeigneten Platz gebeten wurde [1]). Endlich sei an die Gerichtsbarkeit erinnert, welche, zumeist in gewerbepolizeilicher Hinsicht, Deputierte des Rats, die sog. Weddeherren, über die Ämter ausübten [2]).

In Danzig urteilt, seit 1425 nachweisbar, der Rat als oberste richterliche Behörde für alle im Ordenslande vorkommenden Prozesse in Schiffahrtsangelegenheiten, im Wasserrechte [3]), „da ihnen in Vorzeiten befohlen worden sei, die Streitigkeiten zwischen seefahrenden Leuten, Schiffern, Kaufleuten und Schiffskindern zu richten" (1425); bereits am 1. Mai 1397 wurde auf dem Marienburger Städtetage über Einsetzung eines „Kaufmannsgerichts" verhandelt [4]). Eine Reihe einzelner Entscheidungen des Rats zu Danzig in solchen seerechtlichen Fragen führt Hirsch [5]) an. Sehr alt ist auch in Danzig das Wett- und Handlungsgericht [6]), welches sich zunächst als Zunftpolizeigericht, wie in Lübeck, und dann als See- und Handelsgericht in den meisten Ostseestädten findet, sehr ähnlich den italienischen consules mercatorum und z. B. in Stettin bis 1466 [7]), in Königsberg bis 1555 [8]) zurückgeführt wird; ebenso findet sich bereits im 17. Jahrhundert auch in diesen Gegenden die Einrichtung der Admiralität als Gerichtshof [9]) mit Lizentgerichten [10]). Diese Gerichte, welche später in wirkliche Handelsgerichte umgewandelt wurden, mußten der Ausbreitung des Handelsgerichts wesentliche Dienste leisten, zumal wo, wie [11]) in

---

[1]) Frank, Nachrichten über die Börse in Lübeck 1673 S. 9.

[2]) Marquardus a. a. O. Bd. I S. 67, Hegel a. a. O. Bd. II S. 457 und Anm. 2, Marperger, Handelsgericht S. 30, Miltitz a. a. O. Bd. I S. 414 Anm. 1. S. oben S. 30. Vgl. auch Pyl, Beitr. zur Pommerschen Rechtsgeschichte 1891 S. 84 f. für Lübeck, Wismar, Rostock, Stralsund und Greifswald.

[3]) Hirsch, Danzigs Handels- und Gewerbsgeschichte, 1858 S. 57.

[4]) Ebenda, S. 75.

[5]) Ebenda, S. 76—79.

[6]) Miltitz a. a. O. Bd. I S. 433.

[7]) Ebenda Bd. I S. 434.

[8]) Dr. Frommer in dem Sitzungsbericht des dortigen hist. Vereins vom 10. Nov. 1890, jetzt: Anfänge und Entwickelung der Handelsgerichtsbarkeit in der Stadt Königsberg, 1891 in Gierkes Untersuchungen 38. Heft.

[9]) Benjamin Raules, Deduction van een nieuwe Admiraliteyts-en Commerciencollegii in Colbergen, Conigsbergen ende Mümmel, Haag 1680.

[10]) Miltitz a. a. O. Bd. I S. 426 ff.

[11]) Jubelschrift der dortigen Korpor. der Kaufleute 1873.

Königsberg seit 1624 gesonderte kaufmännische Zusammenkunftsorte bestanden. So fand denn die neue Bewegung an den Küsten der Ostsee mächtigen Widerhall, besonders in Danzig, wo im zweiten Drittel des 17. Jahrhunderts Verbesserungen des Wechsel-, See- und Versicherungsrechts beschlossen wurden, „wodurch viel streitigkeiten und prozessen von sich selbst unter den Kaufleuten fallen würden" [1]). Dabei wurde vor allem der summarische Prozeß für den Handel durchaus nötig erkannt, „wie dann auch dahin mit allem fuge die controversien der wechsell gehöhren" [2]), und 1683 ernstlich auf Einführung eines Wechselrechts gedrungen, daß „dadurch allen temere litigantibus und weitläufftigen Prozessen vorgebeuget werden möchte", 1688 aber wiederholt das Beispiel anderer Wechselordnungen berührt In der Danziger Wechselordnung vom 8. März 1701 wurde dann als Gericht das richterliche Amt und für gewisse außer der Stadt wohnhafte Beklagte das Bürgermeisteramt, speziell der Vicepräses, nach Analogie des alten Gastrechts bestimmt [3]), während die Appellation nach Urkunde August II. von Polen d. d. 18. Juli 1698 [4]) ausschließlich an den Rat gehen sollte. Dem Lizentgerichte zu Königsberg wurde besonders die preußische Wechselordnung vom 12. September 1684 [5]) injungiert, um danach zu verfahren; die brandenburgische Wechselordnung vom 10. September 1701 aber legte größeres Gewicht auf Kompromisse und Schiedsrichter [6]) als auf besondere Gerichte. Elbing erhielt 1768 ein Wechselgericht [7]).

---

[1]) Neumann a. a. O. S. 179.

[2]) Danzig. Arch. Bibl. F. 2, 1660, bei Neumann a. a. O.

[3]) Art. XLII l. c. z. B. bei Königken.

[4]) Art. XLIII l. c.

[5]) Preuß. Wechs.-Ordn. a. E. bei Königken a. a. O. S. 97.

[6]) Art. XXXIX l. c., vgl. Magdeburger Wechselordnung von 1703, Art. XXXV.

[7]) Siegel a. a. O. 3. Fortf. S. 69.

Sechstes Kapitel.

Der Einfluß der merkantilistischen Bewegung, insbesondere Kommerzkollegien und Banken.

§ 35. Bayern.

Hatte die Bewegung, welche wir im Vorhergehenden geschildert haben, ihre eigenen, seerechtlichen Entstehungsursachen, so kehren wir nunmehr zu Nürnberg, als unserem Ausgangspunkte, zurück. Dort war das Handelsgericht aus der Bankverfassung hervorgegangen, welche die Schlichtung von Streitigkeiten zwischen Bankinteressenten der Bankleitung übertrug. Die Errichtung von Banken aber ist neben der Gründung von Staatsfabriken und überseeischen Kompagnieen einer der Hauptprogrammpunkte jener merkantilistischen Bewegung geworden, welche in Frankreich zu dem berüchtigten Law schen System[1]) geführt, in Deutschland aber weit früher mit ähnlichen Mitteln dahin gestrebt hat, die Wunden, welche der dreißigjährige Krieg in kommerzieller Beziehung dem Lande geschlagen hatte, zu heilen[2]) und zugleich die Fürsten, ähnlich wie es Law beabsichtigte, aus den ständigen Geldverlegenheiten zu befreien. Vor allem war es der Arzt und Polyhistor Johann Joachim Becher[3]), welcher, (1635?) in Speier geboren und 1664 als Hofmedikus und Kameralist an den bayerischen Hof berufen, sowohl in seinen

---

[1]) Vgl. Oncken, Zeitalter Friedrichs des Großen. 1881. Bd. I S. 59—74.

[2]) Erdmannsdörffer, Deutsche Geschichte 2c. Bd. I S. 443; v. Poschinger, Sächsische Bankgesch. S. 3, Preußische S. 14 ff.

[3]) Vgl. Roscher, Geschichte der Nat. Oekonomik S. 270 f., Erdmannsdörffer a. a. O. Bd. I S. 447, Simonsfeld, Bayerische Kolonialpläne im 17. Jahrhundert, Separatabdr. d. Beil. z. Münchn. Allg. Zeitung 1885; Frh. v. Freyberg, Pragmat. Geschichte der bayer. Gesetzgebung 2c. seit den Zeiten Maximilian I 1836 S. 386 vgl. S. 280.

Eingaben an den Kurfürsten als in dem dieselben enthaltenden, 1668 erschienenen „Politischen Diskurs von den eigentlichen Ursachen des Auf- und Abnehmens der Städte, Länder ꝛc." als größte Zierrat und Nutzen einer Stadt bezeichnete: eine wohlbestellte Münze, ein freies Kaufhaus, ein wohlbesetztes Werkhaus und eine reiche Bank[1]). Um diese Sachen in Obacht zu nehmen, wird ein absonderlicher Rat nach dem Muster der Seestädte empfohlen, der Kommerzienrat, wie er in Hamburg[2]) seit 1665 als Kommerzdeputation, allerdings auch schon 1661 in Augsburg entstanden war, wozu Angehörige des Beamten- und Bürgertums deputiert werden sollten[3]). Becher, dessen Bedeutung für die Geschichte des Bankwesens[4]) feststeht, hatte in dieser Beziehung als Vorbilder in Deutschland lediglich die Hamburger und Nürnberger Bank, von denen hinwiederum nur letztere die richterlichen Einrichtungen besaß. Wenn daher unter Bechers Einfluß Banken und Kommerzienkollegien mit summarischen Justizstellen ausgestattet werden, so dürfen wir wohl Nürnberg als Vorbild annehmen; daneben sei auf eine ähnliche Einrichtung nach einem Projekte Gustav Adolfs von Schweden für die Süderkompagnie von 1626 (Entscheidung der Streitigkeiten unter den Partizipanten)[5]) und im Anschlusse hieran auf die schwedischen Kommerzienkollegien[6]) hingewiesen.

Bechers Rolle in Bayern war allerdings im Jahre 1666 ausgespielt[7]), um in Österreich aufs neue zu beginnen; die Instruktion[8]) aber, welche dem am 15. März 1690 errichteten[9]) bayrischen Kommerzkollegium unter dem 22. Mai 1690 erteilt wurde,

---

[1]) Ausgabe von 1721 S. 267.

[2]) Kirchenpauer a. a. O. S. 45; Ehrenberg, das k. Commerz-Collegium in Altona 1892 S. 6.

[3]) Becher a. a. O. S. 257 und 267. Zitiert wird ein Akt des k. Archivkonservatoriums München, „das Kommerzienwesen in Bayern betreffend, 1594 bis 1699". Vgl. im Allgemeinen Roscher a. a. O. S. 287.

[4]) v. Poschinger, Bayerns Bankgesch., Erste Lieferung, S. 8—15; Derselbe, die Banken im deutschen Reiche ꝛc. 2. Bd., Kgr. Sachsen 1877 S. 4; Derselbe, Bankwesen und Bankpolitik in Preußen 1. Bd. 1878 S. 17. Noch bedeutender ist Becher als Chemiker. Vgl. hierüber den betreffenden Artikel der „Allg. Deutschen Biographie".

[5]) Marperger, Handelsgericht a. a. O. S. 70.

[6]) Ebenda, S. 71—74.

[7]) Vgl. über seine Thätigkeit „Polit. Diskurs" a. a. O. 3. Teil S. 260—442.

[8]) Marperger a. a. O. S. 74—79.

[9]) v. Poschinger, Bankgesch. des Königreichs Bayern. 1. Lief. S. 15 erwähnt ein von Max I. gegründetes Kommerzkollegium.

trägt ganz das Gepräge seines Geistes. Dieses Kollegium wird für unabhängig von allen Kollegien und Tribunalen erklärt und entscheidet gewisse den Handel berührende Zivil-, Straf- und Konfiskationsfälle in dritter und letzter Instanz, damit dadurch die Justiz in den schleuniger Expedition bedürftigen Kommerziensachen gefördert würde. Das Ordinarium wird nicht gestattet, und in unerheblichen Fällen in der ersten Instanz auch kein schriftlicher Prozeß, sondern die Parteien sind ohne Unkosten zu vernehmen, worauf dann zu entscheiden ist [1]). Den Zitationen des Kollegs ist unabweigerlich Folge zu leisten [2]).

Am 20. September 1776 wurde dann das Wechselgericht 1.—3. Instanz in München gegründet [3]), 1785 die bayerische Wechsel- und Merkantilgerichtsordnung [4]) erlassen, 1787 das Wechselgericht dritter Instanz, 1801 das zweiter Instanz aufgehoben [5]) und 1811 die erste Instanz mit dem Stadtgerichte in München vereinigt. Kurpfalz hatte ebenfalls sein Wechselgericht [6]).

§ 36. Österreich.

Viel einschneidender als in Bayern war die Thätigkeit Bechers in Österreich. Auf seine Anregung wurde von Kaiser Leopold I. in Wien am 22. Februar 1666 das Kommerzienkollegium gegründet, Hofkammerpräsident Graf von Sinzendorf als Präsident und Becher selbst als Kommerzienrat bestellt [7]). Die erteilte Instruktion vom 22. Februar 1666 ist wohl das Muster der bayerischen [8]); aber hier erscheint noch als Hauptaufgabe die Kontrole des Münzwesens und die Errichtung einer Bank [9]). Das System der Kommerzienkommissionen, auch von Ph. Wilh. v. Hörningk [10]) 1684

---

1) Instruktion a. a. O. 2. Bestimmung.

2) Ebenda 7. Bestimmung.

3) Moritz, Handbuch sämtl. Wechsel- und Merkantilgesetze für die älteren 7 Kreise des Kgr. Bayern 1826. S. 9.

4) Ebenda S. 70.

5) Ebenda S. 10 und 11.

6) Der in allen Dingen vorsichtige Bankier S. 596.

7) Vgl. Hasse a. a. O. S. 224.

8) Marperger a. a. O. S. 78; abgedruckt Becher, Polit. Disk. a. a. O. S. 481, vgl. Patent v. 1. Mai 1669: Commerciencollegium . . ., allwo auch die Interessierten . . . prompte Verbescheidung erlangen können und nicht allzeit für die ordinarias instantias et tribunalia occupata lauffen dürfen. Becher a. a. O. S. 504.

9) Art. XIX und XXI l. c.

10) „Österreich über Alles, wenn es nur will“, Hasse a. a. O. S. 224.

empfohlen, hat sich in Österreich eingelebt; 1731 erscheint neben der „Kommerzien-Hof-Kommission" eine innerösterreichische „Kammer- und Kommerzienkommission", 1746 zu gleichem Zwecke ein Kammerdirektorium[1]). Becher mußte zwar 1672 auch Wien wieder verlassen; aber seine Ideen lebten dort fort. Ihnen und dem Einflusse des Venezianers Norbis gelang es, Kaiser Leopold für das Projekt einer Girobank[2]) zu gewinnen, worüber zwei kaiserliche Patente erflossen: Fundationsdiplom vom 28. (in einigen Exemplaren 15.) Juni 1703 und Banko-Ordnung vom 15. Juni 1703[3]). In ersterem werden als Muster erwähnt Venedig, Hamburg, Amsterdam und Nürnberg, je unter Direktion eines besonderen Kollegii, und dann sub 4 folgende Bestimmungen getroffen. Der Oberinspektion wird ein besonderes Kollegium unter Zuziehung des Handelsstandes subordiniert und „solches genugsam instruirt, bevollmächtiget und dahin autorisiret, daß selbe in vim specialis privilegii zu mehrer Beförderung der Banco-Negotien alle im Banco zwischen den dahin girirenden Parteien entstehenden Strittigkeiten, falls solche amicabiliter nicht sollten verglichen werden können, durch rechtlichen Spruch summariissime et inappellabiliter entscheide, auch in causis magis arduis mehrere Rechtsgelehrte oder Banco-Verständige zuziehen möge". Diese Einrichtung wiederholt also genau das Nürnberger Beispiel, und es ist sicher kein Zufall, daß das Fundationspatent sich im Nürnberger Archiv in Abschrift findet. Am 16. August 1703 wurde das Bankkollegium eingesetzt[4]), und nachdem die 3 Klassen der Wiener Kaufleute[5]) im September aufgefordert worden waren, ihre Bedenken geltend zu machen[6]), wurde am 3. Juni 1704 die Bank reorganisiert[7]). Es wurden dem neu angestellten Kollegium alle die im früheren Patente erwähnten Privilegien bestätigt, insbesondere die Entscheidung der Differenzen: nachdem vom judicio erster Instanz, welches zur besseren

---

[1]) Franz Martin Meyer, Anfänge des Handels 2c. a. a. O. S. 4, 24, 83, 120 und 125. Vgl. Wolf, Österreich unter Maria Theresia 2c. 1883 S. 195.

[2]) Dr. Franz Frhr. v. Mensi, Die Finanzen Österreichs von 1701 bis 1740. 1890 S. 175 ff., besonders 183.

[3]) Vgl. Marperger, Beschreibung der Banquen 1717 S. 223 ff, das Fundationspatent auch Nürnberger Kreisarchiv S. I L. 148 Nr. 14; vgl. Roth a. a. O. Bd. IV S. 319.

[4]) v. Mensi a. a. O. S. 187.

[5]) Vgl. unten S. 150.

[6]) v. Mensi a. a. O. S. 188.

[7]) Vgl. das Diplom bei Marperger am letztangeführten Orte sub 8.

Forthelfung des Banco verordnet wurde, appelliert wurde, sollte das Kollegium finaliter summariissime et inappellabiliter zu sprechen Gewalt und Vollmacht haben. Treffen wir hier schon die mehrfache Instanz für Bankalstreitigkeiten, so wurde allerdings vier Wochen später, am 3. Juli 1704, bereits von Graf Starhemberg die Aufhebung der Girobank beantragt[1]), am 10. September 1704 die Bankzahlung eingestellt und am 24. Dezember 1705 mit Gründung der Wiener Stadtbank die Girobank thatsächlich aufgehoben. Aber die allgemeine Bankalität, welche mit Diplom vom 14. Dezember 1714 eingeführt wurde[2]), wiederholte in der hier fraglichen Beziehung die früheren Bestimmungen. Bankalstreitigkeiten, deren Zahl nun bedeutend erweitert ist, sollen in erster Instanz bei der Bankal-Justizstelle des betreffenden Orts entschieden werden und von da an das Bankal-Governo ad Revisorium gehen; es solle nach der Bankalordnung summariissime und ohne Taxen und Sporteln verfahren werden[3]). Bereits nach der älteren Verordnung sollten alle Wechsel durch die Banko laufen; jetzt war es nur mehr ein kleiner Schritt, den Kaiser Karl VI. in der Wechsel- und Wechselgerichts-Ordnung vom 10. September 1717[4]) that, als er nach primärer Empfehlung des Kompromisses[5]) für streitige Wechselsachen ein eigenes Wechselgericht einsetzte[6]). Danach sollte, während bis dahin in Wien die Kaufleute nach ihren drei Klassen, Niederlagsverwandten, Hofbefreiten und Bürgerlichen, verschiedenen Gerichtsstellen unterworfen waren, für Wechselsachen ein Gericht mit ausschließlicher Zuständigkeit in der Weise gebildet werden, daß jede der 3 Klassen 2 Beisitzer wählte, während der Vorsitzende je für 2 Jahre von sämtlichen Beteiligten im Turnus abwechselnd aus den Niederlagern, Hofbefreiten oder Bürgern erkoren wurde. Diesem reinen Laiengerichte stand es lediglich frei[7]), zur Information in einzelnen Fällen Rechtsgelehrte zu hören, aber sine voto; ein Notar zur Aufnahme der Protokolle 2c. war aber vorhanden. Das Verfahren war summarisch[8]). Das Appellationsgericht wurde aus

[1]) v. Mensi a. a. O. S. 195.

[2]) Ebenda S. 436, vgl. Marperger, Banquen S. 223 ff.

[3]) v. Mensi a. a. O. S. 445.

[4]) J. R. Wegelin, Österreichisches Wechselrecht oder Wienerische Wechselordnung, 1719.

[5]) Wechsel-Ordnung, Art. XLIX. Wegelin, S. 131.

[6]) Wechselgerichtsordnung, Tit. I § 1, Wegelin S. 145 ff.

[7]) § 5 l. c.

[8]) § 9 l. c.

einem Richter vom Herrenstand und 6 Merkantilräten gebildet, von denen je drei den drei Klassen und die andern drei den für dieselben an sich zuständigen Behörden, der niederösterreichischen Regierung, dem Obersthofmarschallamt und dem Stadtgericht, angehören sollten [1]). Endlich ging eine ebenfalls beschleunigte Revision an die Hofkanzlei [2]). Daß die Einrichtung, wie wir sie in Bozen kennen gelernt haben, hier vielfach nachgeahmt wurde, dürfte nicht zu bezweifeln sein.

§ 37. Das Kommerzkollegium sonst im Reiche.

Die Einrichtung der Kommerzkollegien war zu sehr im Geiste des Colbert'schen Zeitalters, als daß sie nicht weite Verbreitung hätte finden sollen. Daß dabei vielfach Justiz und Verwaltung vermengt wurden, wird niemanden wundern, der sich erinnert, wie erst Friedrich der Große die Trennung der beiden Gewalten durchgeführt hat. Eine Aufzählung der Einrichtungen in den einzelnen Staaten ist hier nicht beabsichtigt; es genügt, außer den bereits angeführten auf die Kommerzienkollegien und -deputationen in Sachsen [3]), Preußen [4]), Hannover [5]), Braunschweig [6]), selbst in Schweizer Städten [7]) hinzuweisen. In einem Bericht über die erste von Brandenburg in Magdeburg 1687 eingerichtete Messe heißt es: „In einem am Thurmplatz liegenden Hause saß das Commerciencollegium: der Rath von Mendelsloh, Präses, die Herren Wellmann und Prinz als Commercienräthe und ein Actuarius, deren Sorgfalt und Höflichkeit gegen Jedermann nicht genugsam beschrieben werden kann. Diese verhörten die Partheien und setzten solche ohne Proceß-Gestattung sofort auseinander. In einem auf dem Thurmplatz zugerichteten Zimmer saßen die Herren Marktrichter mit einigen Assessoren aus dem Rath, welche alle kleinen Mißhelligkeiten bald abthaten" [8]). Der Unterschied zwischen dem Kommerzienrat und den Marktrichtern ist hier schwer zu bestimmen;

---

1) Tit. II § 1 f. l. c.

2) Tit. III § 1 ff. l. c.

3) Hasse a. a. O. S. 225 ff.

4) Vgl. f. Königsberg Frommer, Anfänge S. 15. Revision der brandenburger Wechselordnung von 1684 durch das Kommerzkollegium zur Ausgabe von 1724; Siegel a. a. O. Bd. II, S. 111.

5) Plan v. Griesheim's über das so sehnlich gewünschte Kommerzkollegium bei v. Poschinger, Preuß. Bankgesch. S. 102.

6) Oben S. 121.

7) Geering a. a. O. S. 638.

8) Hasse a. a. O. S. 225.

vielleicht ist erstere Institution Einigungsamt, letztere Handelsgericht, wahrscheinlicher doch erstere Verwaltungsbehörde, wie in Braunschweig, Breslau rc. Damit vergleiche man einen Entwurf für Altona, wonach dem Kommerzkollegium zustehen sollte, vorfallende Streitigkeiten in Handels- und Gewerbesachen ohne Weitläufigkeit zu entscheiden [1]).

Ganz ähnliche Einrichtungen wie die Nürnberger und österreichischen [2]) hatte das 1677 zuerst erschienene Buch von Joh. Phoonsen, Wissel-Styl tot Amsterdam [3]), welches großen Einfluß ausgeübt hat, im Auge, wenn es [4]) dafür plädierte, die Kommissare der Wechselbanken zur Schlichtung kaufmännischer Händel zu autorisieren, so „Justizbanken" zu schaffen und die Gerichte damit zu entlasten; endlich Kommerzienkollegien als Kompromißgerichte aufzurichten. Raumburger, Justitia selecta gentium europaearum [5]) in cambiis etc. 1723, schließt sich diesen Ausführungen von Phoonsen an und nimmt ausdrücklich Bezug auf Nürnberg, indem er außerdem Leipzig, Braunschweig und Bozen als Beispiele empfiehlt. Weit nachhaltiger aber ist vom merkantilistischen Standpunkte aus nach Becher und Phoonsen für Kommerzienkollegien und Handelsgerichte eingetreten der in Nürnberg 1665 geborene Paul Jakob Marperger [6]). Als Kaufmann mit umfassenden Fach- und Warenkenntnissen ausgestattet, war er in die Dienste des Fürstentums Oels gekommen und hatte wertvolle, von uns oben verwertete Aufschlüsse über den schlesischen Handel veröffentlicht. 1709 erschien sein wiederholt von uns citiertes „Neu eröffnetes Handelsgericht oder wohlbestelltes Commercien-Collegium", welches wesentlich in Anlehnung an Becher eingehende Vorschläge für Gründung solcher Behörden enthält. Insbesondere wird im 5. Kapitel [7]) „von der Form des Summarischen Prozesses, welcher

---

[1]) Ehrenberg, Kommerzkollegium in Altona, S. 6.

[2]) Über das Graumann'sche Bankprojekt für Preußen mit Bankogericht, die Einwendungen der Berliner Bankiers, aber auch Cocceji's gegen dasselbe s. v. Poschinger, Preuß. Bankgeschichte S. 44, 46, 48 Anm. 2. Vgl. damit auch preuß. Reglement für die Girobanken, 1765. 17. Art.

[3]) Siegel a. a. O. Bd. II S. 228 f.

[4]) Ebenda, S. 365, Beil. K zu Kap. XXXI § 17.

[5]) a. a. O. S. 344.

[6]) Vgl. über ihn die Allg. Deutsche Biographie, vgl. mit Roscher, Gesch. der Nationalökonom., S. 8, 70; Goldschmidt, Handbuch a. a. O. Bd. I, 2. Aufl. S. 52; Hasse a. a. O. S. 227.

[7]) S. 90—150.

vor einem wohlbestallten Handelsgericht soll geführet werden", unter besonderer Berücksichtigung der Leipziger Handelsgerichtsordnung gehandelt. Nachdem Marperger 1711 seine „Beschreibung der Messen und Jahrmärkte" veröffentlicht hatte, nahm ihn 1713 der Kurfürst von Sachsen und König von Polen in seine Dienste, wo er neben der Vorlage von phantastischen Projekten, die nicht ausgeführt wurden, für die Einführung von Kommerzienkollegien thätig war und selbst den Titel Kommerzienrat führte[1]). Mehr aber als durch seine eigene praktische Thätigkeit hat er durch seine zahlreichen Schriften für seine Ideen gewirkt. Insbesondere hat er in der 1717 erschienenen „Beschreibung der Banquen"[2]) die bestehenden Einrichtungen dargestellt, sich ebenfalls für die Phoonsen'schen Vorschläge ausgesprochen[3]) und solche „Justizbanken" als Appellationsstellen für Handelsgerichte empfohlen.

Wie sehr aber schon diese merkantilistische Richtung an der Wiege des deutschen Handelsgerichts Patenstelle vertritt, mag, abgesehen von den gegebenen Daten, daraus entnommen werden, daß die Großkaufleute zu Leipzig, welche das Handelsgericht ins Leben riefen, ja ebenfalls ein Kommerzienkollegium gründen wollten[4]) und von ihren Gegnern, den Kramern, bitteren Spott hinnehmen mußten über ihre Sucht, Kommerzienräte werden zu wollen[5]).

§ 38. Anhang. St. Gallen.

Knüpfen die merkantilistischen Justizbanken ebenso wie das Leipziger Handelsgericht an die Nürnberger Ratsdeputierten an, so zeigt ein anderes späteres Handelsgericht, das von St. Gallen, eine, sicher nicht zufällige, Namensgleichheit mit dem zweiten Faktor des Nürnberger Handelsgerichts, den Marktvorgehern. Die erneuerte Markt- und Wechselordnung der Stadt St. Gallen[6]) von 1717 erklärte, daß man die alten Marktordnungen (auch Nürnberg besaß, wie wir sahen, seit 1560 seine Marktordnung) durchgesehen habe und hiernach bestimme, daß die Marktvorgeher[7]) Gewalt haben

[1]) Hasse a. a. O. S. 227 ff.

[2]) Vgl. v. Poschinger, Sachsen a. a. O. Bd. I, S. 48, Preußen, Bd. I S. 25: Marperger sei für das Bankwesen im 17. Jahrhundert, was Hübner oder Wagner für das heutige.

[3]) A. a. O. S. 325.

[4]) S. oben S. 130.

[5]) Hasse a. a. O. S. 228 Anm. 1, Biedermann a. a. O. S. 49.

[6]) Der in allen Fällen vorf. Bankier, 2. Teil, S. 497.

[7]) Art. I l. c.

sollten, Post- und Botenschaffer zu erwählen, Ordnungen für dieselben aufzustellen, Sensale zu ernennen ꝛc., Befugnisse, die den Nürnberger Marktvorgehern genau ebenso zustanden, und daß diese Marktvorgeher[1]) auf Anrufen eines Teiles Verhöre anstellen und den Streit entscheiden sollten, falls nicht eine Partei gerichtliches Urteil begehrte oder[2]) beide Teile dahin kompromittierten, beim Spruch zu verbleiben. Die Marktvorgeher hatten in Nürnberg und, wie wir sahen[3]), auf Anregung Nürnbergs auch in Frankfurt sehr früh das Botenwesen und die Entscheidung der daraus hervorgehenden Streitigkeiten unter sich. St. Gallen, welches schon sehr bald als Markt erscheint[4]), hatte am Ende des 15. Jahrhunderts einen hochbedeutenden Handel nach Frankreich, Spanien, Böhmen, Ungarn und Polen[5]). Um 1566 (von diesem Jahre datiert die erste Abrechnung, und in diesem Jahre wurden in Nürnberg die Marktvorgeher eingesetzt) riefen „die 8 alten Lyoner Häuser“ für Zwilchexport in St. Gallen den Ordinaribotenritt nach Lyon einerseits und Nürnberg andererseits ins Leben[6]), 1575 schlossen sich einige Nürnberger Handelsleute dem Unternehmen an, und um 1640 waren die Nürnberger Marktvorgeher wegen dieses Botenwesens, das später an Schaffhausen überging, in Korrespondenz mit St. Gallen[7]). Es datiert also die Entstehung der Marktvorgeher in beiden Städten offenbar aus gleicher Zeit und hängt mit dem Botenwesen zusammen.

---

[1]) Art. XXIX l. c.

[2]) Art. XXX l. c.

[3]) Oben S. 69.

[4]) Waitz, Verfassungsgesch. Bd. VII S. 382 ff.

[5]) Falke a. a. O. Bd. II S. 27.

[6]) Geering a. a. O. S. 429 ff. Näf, Hist. Bericht über die kaufmänn. Korporation ꝛc. in St. Gallen 1840.

[7]) S. oben S. 69 Anm. 6.

Siebentes Kapitel.

Der Einfluß der Litteratur und der Reichsgesetzgebung.

§ 39. Litteratur.

Eine nicht zu unterschätzende Bedeutung für die Ausbreitung der Laiengerichte im Handelsstande hat die Litteratur gehabt, insbesondere auch die Schriften von Juristen selbst. Im vorhergehenden Kapitel haben wir, soweit die merkantilistische Bewegung in Betracht kommt, bereits den Einfluß der Litteratur gewürdigt; Becher und Marperger waren freilich keine Juristen, wenigstens nicht der Vorbildung nach. Wie sehr aber auch die Rechtsgelehrten, mit den Glossatoren und Postglossatoren beginnend [1]), für das Recht der Kaufleute, eigene Kollegien mit besonderer Jurisdiktion und schleunigem Verfahren zu bilden, eingetreten sind, das ersieht man am besten aus den öfter citierten Beiträgen Endemanns [2]) zur Kenntnis des Handelsrechts. Dort ist auf dieser juristischen Litteratur unter Verzicht auf die Untersuchung der Handelsgerichte selbst eine Theorie aufgebaut, welche z. B. die These, daß den collegiis mercatorum, beziehungsweise den Konsuln derselben, jurisdictio ordinaria zustehe, mit Durantis [3]) und Stracha [4]), die ursprüngliche Beschränkung dieser Jurisdiktion mit Baldus [5]), von den Grundsätzen des Verfahrens für das Handelsgericht die Billigkeit unter anderen

---

[1]) Vgl. auch Goldschmidt, Handbuch Bd. II 2. Aufl. S. 33 ff.

[2]) Zeitschrift f. Handelsrecht Bd. V S. 333, besonders 355 ff.

[3]) a. a. O. § 3 Anm. 2a.

[4]) Ebenda Anm. 15.

[5]) Ebenda Anm. 19.

mit Bartolus und Baldus[1]), die Wahrheit mit Scaccia[2]), die summarische Schnelligkeit mit denselben, Durantis, Alexander Tartagnus, Stracha rc., beziehungsweise Aussprüchen derselben begründet. Thatsächlich wurden durch diese und andere Theoretiker die Grundsätze der südeuropäischen kaufmännischen Gerichte zum Gemeingut der Rechtsgelehrten und geradezu zum gemeinen Rechte gemacht (ich erinnere beispielsweise nur an Strachas Traktat de mercatura seu mercatore pars VIII: Quomodo procedendum sit in causis mercatorum), und zum selben Ziele führten die teilweise von denselben Juristen bethätigten Veröffentlichungen der Rechtsprechung dieser Gerichte (Rotae von Genua, Rom rc.). Hatten Molinäus[3]), Mercatus, Stracha und andere nach dieser Richtung am Ende des 16. Jahrhunderts gewirkt, so finden wir gerade im 17. Jahrhundert, in welchem, wie wir sahen, sich das deutsche Handelsgericht entwickelt, die Theorie mit den Meistern Raphael de Turri, Scaccia, Ansaldis, Casaregis rc. vertreten, und besonders Joh. Marquard hat in seinem für seine Zeit vortrefflichen, 1662 erschienenen Tractatus politico-juridicus de jure mercatorum et commerciorum singulari den Freunden des Handelsgerichts die historischen, wirtschaftlichen und dogmatischen Waffen geschmiedet. So sehen wir, daß man bei den Verhandlungen zur Einführung der Handelsgerichte in Nürnberg an Stracha erinnerte[4]), während die Leipziger Petenten ihre Argumente und Beispiele offenbar dem Marquard entnehmen[5]). Gleichzeitig beginnt an den deutschen Universitäten sich das lebhafte Interesse für unseren Gegenstand vom Anfang des 17. Jahrhunderts an in zahlreichen, die Frage betreffenden Dissertationen und Gelegenheitsschriften zu bekunden: zu den 34 von Goldschmidt[6]) für die Zeit zwischen 1607 und 1784 erwähnten handelsrechtlichen Dissertationen, welche meist unser Gebiet berühren, läßt sich leicht noch eine große Reihe anderer fügen, und erwähne ich z. B. neben der Basler Dissertation von Ester De jure commerciorum privilegiato aus dem Jahre 1690 diejenige der gleichen Universität aus 1697 von Gernler

---

[1]) Ebenda § 4 Anm. 1.

[2]) Ebenda Anm. 9 u. 10.

[3]) Über ihn vgl. Gothein, Die deutschen Kreditverhältnisse und der 30jährige Krieg, 1893. S. XIII f.

[4]) S. oben S. 187.

[5]) S. oben S. 126.

[6]) Handbuch, Bd. I 2. Aufl. S. 53.

De judiciario mercatorum processu, aus Altdorf neben den Schriften von Koch De jure mercatorum (1666) und Leikher Juris mercatorii delibata (1680) diejenige von G. A. Schmidt De modo procedendi, insbesondere von Gast- und Kauffgericht (1681), neben zahlreichen Leipziger Dissertationen diejenige von Kvistwerus De antiquissimis mercaturae judiciis (1782). Besondere Hervorhebung verdient die unter dem Präsidium und nach der Sitte der Zeit wohl auch aus der Feder des verdienstvollen Tübinger Professors Lauterbach entstandene Dissertation Langermanns De jure in curia mercatorum usitato von 1655. Sie enthält Bezugnahmen auf sehr viele italienische, spanische und französische Statuten und Schriftsteller, bejaht[1]) die Streitfrage, ob Kaufleute wirkliche Richter sein können, und bespricht[2]) die kaufmännischen Kollegien, welche in den meisten Städten Italiens, Galliens, Frankreichs und einigen Emporien Deutschlands beständen und das Recht hätten, gemeinschaftliche Kassen und einen Syndikus zu haben, Statuten zu machen und Richter zu wählen, welche die unter ihnen über Handelssachen entstehenden Streitigkeiten richten; das summarische Verfahren[3]) wird auch hier besonders betont. Die Litteratur des 17. Jahrhunderts über das Wechselrecht vgl. bei Schaps[4]).

§ 40. Reichsgesetzgebung.

Diese Strömungen konnten nicht unter Beschränkung auf die Territorien an der Zentralgewalt spurlos vorübergehen. Im Zusammenhange mit der Ordnung des Reichsjustizwesens auf dem Regensburger Reichstage von 1653/4[5]), insbesondere den Vorkehrungen gegen Justizverschleppungen, nahm man in Wechselsachen zunächst der Appellation den Suspensiveffekt[6]). Das Reichsgutachten vom 31. Juli dict. $\frac{31.}{21.}$ Juli 1668[7]) wollte dies nicht nur auf

---

[1]) These LXV.

[2]) These CCLXVIII.

[3]) These CCLXXX ff.

[4]) Zur Geschichte des Wechselindossements 1893. S. 153.

[5]) Vgl. Erdmannsdörffer a. a. O. Bd. I S. 157, besonders von Meiern, Regensburg. Reichstagshandlungen ꝛc., 2. Bd. 1738. S. 248, 444, 477.

[6]) JRA von 1654 § 107, v. Meiern a. a. O. Anh. S. 117.

[7]) Knötzschker a. a. O. S. 20, Goldschmidt, Handb. Bd. I 2. Aufl. S. 47. Vgl. hier und für das Folgende Pachner v. Eggenstorff, Vollst. Sammlung

sämtliche Handelssachen ausdehnen, sondern es sollten auch die höchsten Gerichte vor Eröffnung des Urteiles verständiger und erfahrener Handelsleute Gutachten circa factum mercantile hören und berücksichtigen. Dieser von den Reichsstädten gestellte Antrag wurde von den Fürsten und Kurfürsten bekämpft und gelangte nur in der abgeschwächten Form zur Annahme, daß das Appellationsprivileg nur liquiden Handelssachen, die wie Wechselsachen paratam executionem haben, zu gute kommen, die Würdigung der erholten Parere aber in das Gutdünken der höchsten Gerichte gestellt werden sollte.

Diese Bestimmungen sind enthalten im Anfang des Reichsabschieds von 1671, welcher allerdings nicht mehr zur Publikation gelangt ist, der „immerwährende" Reichstag war angebrochen [1]). Aber aus den geführten Verhandlungen ergiebt sich, wie der Plan einer schleunigeren Justiz in Handelssachen und die Berücksichtigung der kaufmännischen Erfahrung hierbei weite Verbreitung im 17. Jahrhundert gefunden hatten, ehe noch die einzelnen Handelsgerichte als solche entstanden. Und dies darf nicht Wunder nehmen in einer Zeit, die auf den Kredit [2]) angewiesen war, um die Schäden langer Kriegszeit zu heilen, und zu den Prinzipien der Billigkeit [3]) greifen mußte, wo die alleinige Anwendung des strikten Rechts in dem zerstörten Wirtschaftsgebiete Deutschlands zum größten Unrechte geführt hätte.

---

aller von . . . . . 1663 bisher anher abgefaßten Reichsschlüsse 1740 f. Bd. I S. 310 f., 334, 394, 437.

[1]) Vgl. Erdmannsdörffer a. a. O. Bd. I S. 378 und Zitate, Siegel a. a. O. 1. Forts. S. 1, Treitschke, Alphab. Encyklopädie der Wechselrechte und Wechselgesetze 1831. Bd. II S. 236.

[2]) Gothein, Die deutschen Kreditverhältnisse ꝛc. S. LVII.

[3]) Ebenda S. LXIII.

Achtes Kapitel.

Ergebnisse und praktische Bedeutung derselben.

§ 41. Das beschleunigte Verfahren.

Als Triebfeder aller einzelnen Bildungen, die wir beobachtet haben, können wir das Streben feststellen, die Formen des ordentlichen Prozesses, welche sich für den Handel als viel zu schleppend erwiesen, abzukürzen und zu vereinfachen. Im 13. Jahrhundert hatte man in Italien für dringende und insbesondere kleinere Sachen mit dieser Beschleunigung begonnen, die päpstliche Gesetzgebung hatte sie unterstützt und weitergeführt, und man hatte so eine Reihe von Sachen teils wegen ihrer inneren Natur, teils wegen ihres Wertes und teils wegen der in Betracht kommenden Personen privilegiert und dem ordentlichen Prozeß entzogen. Unter den persönlichen Privilegien nahm den ersten Platz ein das der Fremden [1]), die ja nicht auf einen langen Prozeß warten konnten neben dem der Armen, Wittwen, Waisen, Kommunen ꝛc. und unter den objektiven Vorrechten auf das summarische Verfahren war das wichtigste das der Handelssachen. Die sicher vorhandenen Beziehungen zwischen dem summarischen Fremden- und Handelsprozesse sind noch nicht genügend aufgeklärt. Sicher aber ist, daß im Gerichte der consules mercatorum zu Hause und in der Fremde, an sich einem gewöhnlichen Innungsgerichte, das abgekürzte Verfahren zur Anwendung gelangte. Von diesen Korporationen ging das summarische Verfahren auf die Seegerichte in Italien, Spanien, Frankreich ꝛc. mit ihren Erweiterungen, ferner auf die landsmannschaftliche, konsularische Gerichtsbarkeit insbesondere auf den Messen und schließlich auf die

[1]) Lattes, Studii p. 20, Il diritto commerciale p. 92 n. 10. Oben S. 9, ferner § 6.

aus beiden hervorgegangenen französischen Handelsgerichte über, während die landsmannschaftlichen Gerichte der Hansa ebenso wie die Admiralschaft in Frankreich, die englischen und nordischen Bildungen, die meist unter dem Einfluß der Hansa standen, ebenfalls summarie et sine strepitu judicii Recht sprachen. Das beschleunigte Verfahren in Handelssachen, mit welchem oft auch Schiedsgerichte verbunden waren, war allgemeines Recht geworden, und unter allen Umständen erachtete man diese Prinzipien als Teile des gemeinen Rechts.

In Deutschland verhinderte das vor der Rezeption des römischen Rechts herrschende mündliche Verfahren an sich schon Weitläufigkeiten; es bot aber noch weitere Abkürzungen gerade in solchen Fällen, die auch in Italien (unter Einfluß germanischer Ideen?) zum abgekürzten Verfahren geführt hatten, im Fremdenrecht und gegenüber liquiden Forderungen.

Erst mit der Einführung des römischen Rechts erhob sich das dringende Bedürfnis nach Vereinfachung des Verfahrens, welches insbesondere auch durch Einführung der Appellation sich zu einem schleppenden gestaltet hatte. Man hatte das summarische Verfahren des römischen Rechts, insbesondere für geringwertige Sachen, mit rezipiert, man hatte die Fälle des abgekürzten germanischen Verfahrens beibehalten: nunmehr wurde, wie wir an Nürnberg sehen, auch das summarische Verfahren samt Appellationsprivileg in Kaufmannssachen eingeführt, „nach des Kaisers und des Reiches Satzungen und beschrieben Rechten". Ursprünglich vag, bedeutungslos und vergessen, erhielt dieses Privileg große Wichtigkeit, als eine Vertretung des Kaufmannsstandes emporwuchs und unter direkter Anlehnung an die italienischen Vorbilder zunächst für einzelne Fälle und dann überhaupt die Entscheidung der Handelssachen an sich brachte, indem sie sich in diesen Sachen die summarische Kompetenz des Rats und Bürgermeisters, welche sich aus dem germanischen Prozeß neben den Gerichten erhalten hatte, übertragen ließ. So entstand aus dem Privileg von 1508 das Nürnberger Bankogericht mit dem immer wieder ausgesprochenen Zwecke einer schleunigen Entscheidung in Handelssachen. War diese Entwickelung (bis auf die Erklärung zum eigenen Gerichte) im Jahre 1624 bereits vollständig abgeschlossen, so beginnt von 1625 ab in Bozen eine Bewegung, welche, von Italienern ausgehend und unter dem Einflusse des benachbarten italienischen Rechts stehend, die rasche Entscheidung der Marktstreitigkeiten zum wesentlichen Ziele hatte. Das Bozener

Marktgericht wurde zunächst von Braunschweig nachgeahmt, die Nürnberger und die Bozen-Braunschweiger Einrichtung von Leipzig. Von hier aus geht die Verbreitung des Handelsgerichts weiter. Die beiden Typen des Bankogerichts und des Meßgerichts lassen sich noch an den späteren Gründungen unterscheiden; aber gemeinsam ist beiden Arten der summarische Charakter. Dieser ist es auch, der die wechselrechtliche Bewegung mit der unsrigen verknüpfte und zugleich mit der Entstehung neuer Wechselordnungen zur Errichtung neuer Handels-(Wechsel-)Gerichte führte. Derselbe summarische Charakter sprach aus dem Seegerichtsprozeß und aus der Rechtsprechung der Kommerzkollegien. Und endlich war es derselbe summarische Charakter, der in einzelnen Städten, die nicht zu Handelsgerichten gelangten, die Rechtsprechung des Bürgermeisters in Merkantilsachen, als Überrest des germanischen Prozesses, die Weltgerichte und die kaufmännischen Schiedsgerichte beseelte, so daß ich wohl behaupten darf: Entstehungsgrund und Zweck des deutschen Handelsgerichts ist die Schaffung eines beschleunigten kaufmännischen Prozesses.

§ 42. Juristen- und Laiengericht.

Fragen wir nun, wie sich die von uns untersuchten Organisationen zu der an der Spitze dieses Paragraphen gestellten Frage verhalten, so kann jedenfalls eine so bestimmte Antwort wie im vorhergehenden nicht erteilt werden. Indem die Bewegung sich gegen den schleppenden römischen Prozeß richtet, mußte sie ja notwendig die Juristen als die Vertreter und Verfechter dieses Prozesses mit einem Mißtrauen betrachten[1]), das durch den oft begründeten Verdacht absichtlicher Verschleppung und Rechtsbeugung noch vermehrt wurde. Trotzdem aber tritt der Gegensatz des Juristen- und Laiengerichts hinter den des beschleunigten und gewöhnlichen Gerichts vollständig zurück. Wir sahen dies schon für Italien[2]). In Nürnberg ist zwar im Privileg von 1508 gelegentlich ausgesprochen, daß niemand geschickter ist, die Händel der Kaufleute zu entscheiden, als diese selbst; aber in der Praxis zeigt das Bankogericht qualitativ die gleiche Zusammensetzung wie das Stadtgericht, eine Verbindung des juristischen mit dem Laienelement, und nur, wo es sich nicht um eine wirkliche gerichtliche Thätigkeit handelte, entschieden die Marktvorgeher allein. In Bozen begnügte

---

[1]) Vgl. oben S. 107.

[2]) Siehe oben S. 8, 10.

man sich zunächst damit, daß die handelsrechtliche Judikatur durch den Beamten, der freilich zugleich Kaufmann war, Wagner, ausgeübt wurde; später geht dann das Gericht allein an die Marktbesucher über, wobei freilich die Frage des beizugebenden juristischen Kanzlers von Anfang an eine große Rolle spielte[1]). Im Merkantilmagistrat von Bozen, im Gericht von Braunschweig, nach dem Entwurf von Leipzig rc. wird aber ein größerer Wert auf die Frage gelegt, welchen Nationen, Städten rc. die einzelnen Richterstellen eingeräumt werden sollten, während daneben z. B. in Braunschweig Richter und Ratsmitglieder, letztere Juristen oder Laien, am Gerichte teilnehmen. Auch bei dem Leipziger Gericht wird für die Besetzung erfordert der Charakter als Mitglied des Rats von Leipzig; gleichgültig bleibt, ob die Betreffenden Juristen sind oder Laien[2]). Ähnlich nach dem Entwurf Friedrich des Großen für Breslau, wo Ratsverwandte und Fremde zusammen entscheiden. Dagegen wurde in einer Reihe von Städten die handelsrechtliche Judikatur durch Gerichte, Beamte, die Regierung rc. ausgeübt: so sollte in Naumburg der Rat oder das Stadtgericht, nur unter Zuziehung eines, event. zweier handelskundiger Personen, in Altenburg die Regierung oder die Gerichte in Handels-, bezw. Wechselsachen entscheiden. Die Admiralität zu Hamburg bestand bei ihrer Entstehung aus 6 Vertretern des Rats, Laien und Juristen, 6 Vertretern der Kaufmannschaft und 2 Alten der Schiffergesellschaft. Endlich sahen wir z. B, in dem Wiener Wechselgericht wieder ein reines Laiengericht.

So ist es unmöglich, aus diesen Bildungen ein bestimmtes System als herrschendes oder auch nur bevorzugtes herauszunehmen und etwa hiernach die Frage zu entscheiden, ob ein gemischtes System von Laien und Juristen, ob ein reines Laiengericht mit juristischen Gutachtern, ob ein Juristengericht als das ursprüngliche und angemessene für das deutsche Handelsgericht zu erachten sei. Vielmehr darf man als Resultat die Forderung erklären: Schnelle, praktische Justiz, von wem immer sie ausgeht!

§ 43. Die Zuständigkeit des Gerichts.

Die Fälle, in denen die Hülfe des Handelsgerichts angegangen werden konnte, lassen sich dagegen für diese früheste Zeit wiederum

[1]) Vgl. unten S. 106, 111 f.

[2]) Königken a. a. O. S. 126.

unter einen gemeinschaftlichen Gesichtspunkt bringen. Ausgegangen von dem streng subjektiven Standpunkt des Privilegs von 1508[1]), war zunächst das Nürnberger Recht nach den langandauernden, von uns geschilderten Kämpfen[2]) zu dem gemischten subjektiv-objektiven System durchgedrungen[3]), indem die Kompetenz seit dem Ratserlaß vom 31. März 1624 subjektiv bestimmt wurde, da die Parteien, mindestens aber die beklagte Partei, vom Kaufmannsstande sein mußten, zugleich aber auch objektiv dadurch, daß nur Klagen bestimmten kaufmännischen Inhalts zugelassen wurden, wobei eine beispielsweise Aufzählung von Fällen erfolgte. Ganz ähnlich erfolgte die Bestimmung der Zuständigkeit in Bozen[4]), Braunschweig[5]), Leipzig[6]) 2c. In allen diesen Fällen waren unter den objektiven Bestimmungsgründen Wechselsachen besonders erwähnt, und wenn man dann, wohl zuerst im Wiener Wechselgericht[7]) von 1717, die Wechselsachen, ob sie Kaufleute betrafen oder nicht, dem Wechselgericht unterwarf, so war das eine aus dem Charakter des Wechselrechts und -gerichts hervorgegangene Abweichung von der Regel. Das gemischte subjektiv-objektive System ist dasjenige des frühesten deutschen Handelsgerichts.

Bezüglich der italienischen Gerichte verweist man lediglich auf die Einleitung S. 9.

§ 44. Bedeutung der Ergebnisse für die Gegenwart.

Prüfen wir nun am Abschlusse dieser Untersuchungen die Ergebnisse derselben nach ihrer Bedeutung für die Gegenwart, so müssen wir ausgehen von dem gewonnenen Resultate, daß Entstehungsgrund und Zweck des ältesten deutschen Handelsgerichts die Schaffung eines beschleunigten Verfahrens für den Handelsstand war. Mag man nun mit Briegleb[8]) annehmen, daß aus diesem beschleunigten Verfahren unser heutiger Prozeß hervorgegangen ist, oder mag man diese Ansicht verwerfen, das jedenfalls steht fest, daß unser heutiges Verfahren im Handelsgerichte bezw. den Kammern für Handelssachen

---

[1]) Goldschmidt, Handbuch, Bd. I 2. Aufl. S. 138 Anm. 14.

[2]) Siehe oben S. 72 f.

[3]) Siehe oben S. 81 und 90.

[4]) Siehe oben S. 115.

[5]) Siehe oben S. 122.

[6]) Siehe oben S. 136.

[7]) Wechselgerichtsordnung, Art. VI.

[8]) Briegleb, Einleit. in die Theorie 2c. a. a. O. S. 83.

demjenigen im ordentlichen Verfahren vollständig gleich ist, und daß daher der Grund, welcher für die Entstehung der deutschen Handelsgerichte von uns als entscheidend gefunden wurde, für das heutige Handelsgericht nicht mehr angeführt werden kann. Sonach würde aus unseren Untersuchungen ein Grund für ein besonderes Handelsgericht mit gleicher Prozeßordnung wie das ordentliche Gericht sich nicht herleiten lassen. Was speziell die Frage der Laiengerichte betrifft, so haben wir wohl ein gewisses, in historischen Verhältnissen begründetes Mißtrauen gegen den Juristenstand getroffen, keineswegs aber eine ausschließliche Tendenz für Laiengerichte, und es könnte daher auch in dieser Beziehung die Notwendigkeit mit Laien besetzter Handelsgerichte um so weniger historisch begründet werden, als die Vorwürfe gegen die Juristen in gleicher Weise im gewöhnlichen Gerichte erhoben wurden. Von diesem Standpunkt aus haben sich von den Historikern z. B. Lattes[1]) und Lastig[2]) gegen das Handelsgericht ausgesprochen, und in Italien wurde thatsächlich die Einrichtung des Handelsgerichts aufgehoben.

Wir beschränken uns auf die angeführten Schlüsse. Wieweit die aus den Grundsätzen der französischen Revolution entsprungene Strömung für Einführung von Handelsgerichten, welche in Deutschland zur Gründung solcher in einer Reihe von Staaten geführt hat, ihre Berechtigung hatte[3]), wieweit kommerzielles Gewohnheitsrecht, Handelsgebräuche und Interpretation der Gesetze in ihrem Sinne[4]) heute die Existenz von Handelsgerichten fordern, wieweit endlich die bestehenden sich bewährt haben, das zu untersuchen, bleibe einer anderen Gelegenheit vorbehalten.

---

[1]) Il diritto commerc. p. 245.

[2]) Entwicklungswege a. a. O. S. 265.

[3]) Creizenach a. a. O. S. 99.

[4]) Dei tribunali di commercio. Per la direzione della Giurisprudenza Commerciale Italiana 1863 und Zeitschrift für das ges. Handelsrecht Bd. VII S. 185, überhaupt Zeitschrift a. a. O. Bd. VI—XI.

Anhang.

Bei der Herausgabe nachfolgender Beilagen erschien der unveränderte Abdruck am angemessensten.

Beilage I. Nürnb. Kreisarchiv, Ratsprotokolle.

San Viti 1497.

Gerichtsordnung.

In acht zuhaben den eydt der in der gerichtzordnung denselben verwanten gerichtzpersonen soll gemacht werden.

Item die doctores sollen allein ratgeber sein, die zu der gerichtzordnung bestelt werden und nit urtailer, also sie sollen nit stym haben, das sie mererß machen möchten. Und soll in richterß gewallt steen mit dem anfragen. Und ob ein tyl ubere die vierden schrifft wollt etwas weiterß als uff ein neuerung furpringen [1]), so soll in der schopffen macht steen dar umb zuerkennen, ob es neuerung sei oder nit; und ob der widerteyl do gegen sol gehordt werden.

Unnd den fronpotten sol gewalt geben werden biß an drei gulden zu urteylen und in iren eydt zu pinden, welchs fals sie nit verstendig gnug sei, darumb ratz zupflegen.

Es ist auch bedachtlich erteylt, das nu hinfur alle person rats und schopffen, der XXVI sein, die gerichtzbrif erzeugen sollen und sol angeen so die neu gerichtz ordnung angeedt.

Es ist auch erteylt die sachen mit den schepffen ins loch pleyben zu lassen, wie sie itzo ist.

Das stuck mit den rats personen, die zu den genanten an das gericht geen sollen, geordnet und zusamen geteylt worden durch ein rat, gleychen wie die burger gemacht und zusamen geordnet werden, ye zwen und zwen, domit die XXVI person außgetaylt werden. her A. Tucher, her Jeronimus Schurstab und pau meyster sollen ratschlahen, wie das gericht zu weytern und der neuen ordnung stat gemacht werden.

Item den seehs genanten, den zweyen des rats und zweyen doctoren solle ein yedes gericht, das sie sitzen, funff schilling in gold gegeben werden und welcher von den acht personen aussen plib sol 2 1/2 schilling wider geben; hett er eehaft soll er nichten wider geben.

---

1) Gestrichen.

Beilage II. Nürnb. Kreisarchiv, Ratsprotokolle.

Tertia P. Viti 1497.

Welche heren, die zu den gerichtz hendelen geordnet sein, so die ersucht werden, die sollen willig sein, auch die doctor dar zu zuforderen und keinß dar inn zu verschonen, solichs den gerichtschreybern und den doctoren zu sagen, das sie willig seyen, das sey einß rats meynung.

Hanns Schurstab, Peter Harßdorffer, Heintz Geuder, Hannß Tucher am milchmarkt, Jeronimuß Haller, Sebolt Schreyer seind erteylt zu schopffen an das statgericht. Her Paulus Volkamer und her A. Tucher sollen mit ine reden.

Beilage III. Nürnb. Kreisarchiv, Ratschlagb. Nr. 11 f. 48.

Doctores { Hepstein / Gugel }
herr Hans Geuder.

Auff Agnes Schlüsselbergerin yezo Eysenbergerin übergebene supplication, darinn sy sich irer an das kay: cammergericht gethanen appellation halb wider irer kinder vormunder den gewöndlichen ayd auch caution, und was sich sonst gepürt, zuthun erpeut, unnd der vormunder darauff gevolgte anntwurt, welches bedes herr doctor Hepstain und herr doctor Gugel zu überlesen zu hauß gehabt, seyen dieselben bede herren zusamen ervordert und gefragt worden, was ainem erbern rathe darinn zuthun gepüren wöll etc.

Die haben ainhellig angezaigt, ain erber rath sey von weylendt kayser Maximilian hochlöblichster gedechtnus im 1508 jar außtrücklich privilegirt und gefreyt, das von allen urteylen, di kauffmans hendel antreffen, und am stat oder anndern iren unndtergerichten ergeen, nyndert annderstwohin, dann für ain erbern rathe appellirt werden soll, alles bey peen 50 marck lötigs goldes; wie dann sy, die hochgelerten, solliche freyhait, die durch den yezigen kaiser confirmirt und bestettiget worden, im grünen puch am 176 plat registrirt, deßhalb alßpaldt in sonnderhait besichtigt haben.

Nun sey aber diß nichts annders dann ain pur lauterer kauffhanndel, wie dann sollichs der Schlüsselbergerin clag, davon die vormunder copi neben irer antwurt erlegt, mit außtrücklichen worten mit sich pring, do sy sezt, sy hab zu irem haußwirt Hanns Schlüsselberger seligen von irem aigen gut zwayundviertzig hundert gulden in seinen hanndel zu gewyn unnd verlust erlegt, darumb sy auch rechung und zustellung des gewyns bittet, also das ir appellation on mittel wider angezogene ains erbern rats freyhait ist, und auß disen und gar nit der vormunder eingefüerten ursachen, die bey inen, den hochgelerten, zu verhinderung der Schlüßelbergerin begerns gar kain grundt oder ansehen haben, wolten sy die Schlüsselbergerin mit irem angepottenen aid und caution gleich so wenig mit der appellation an das kais: camergericht kains wegs zulassen,

sonnder meine herrn möchten ir oder irem bevelchaber, der umb anntwurt ansuchen würdet, doch in gegenwertigkait irs widertayls anzaigen lassen, dise ir gethone appeltation were on mittel wider ains erbern rats habende kayserliche und bey 50 marck lötigs golds verpeente freyheit durch sy fürgenomen und beschehen. Darumb könntten sy den angespotten ayd und caution mit von ir annemen, und wo sy von sollicher freyhait bis here kain wissen gehabt, woltens ir meine herrn gern und zu ainem überfluß vorlesen lassen, dann sy mit außgetruckten worten mit sich precht, das in dergleichen kaufhendeln die appellation nyndert anderstwohin dann für ain erbern rath komen solt; wolten sy auch daneben erynnert und gewarnt haben, nichts dawider außzupringen oder zu abpruch derselben zu hanndeln, und ire gethane appellation nit zu prosequiren bei peen 50 marck golds, in privilegio derlecht; werd sy es aber thun, so würde ein erb: rath dis halbtayls halb 13 bestymbter peen gegen ir zu handen tun nit unterlassen.

Sofere sy aber dieselbig appellation vor inen prosequiren wolt, wer ainem erbern rat nit entgegen, dieselbig (doch vorbeheltlich irs gegentayls notturfft) zu zelassen und anzunemen.

Dann ob sy wol solliche appellation nit für meine herrn gethon, achten doch bede hochgelerten dafür, das meine herrn dieselbig, ungeachtet, das sy an das kays: cammergericht appellirt, wol für sich ziehen möchten, und glauben auch genzlich, wann sy und ire advocaten gewust, das ain erberer rathe für sollich appelliren gefreyt gewest, sy wurds selbs nit fürs cammergericht gewendt haben und nach eroffnung sollicher freyhait noch gern für ain erbern rath ziehen; und wann gleich die vormunder dawider excipiren würden, stüend doch die erkanntnus auf beder tayl einpringen zu mein herrn, ob sy solliche appellation pillich annemen oder nit, zu dem das herr doctor Hepstain angezaigt, er sey dannocht diß hanndels halb sovil bericht worden, das er noch zweyfenlich sey, ob man der Schlüsselbergerin die gewynnung von den angeregten 4200 fl pillich aberkennt hab oder nit.

Und dieweyl die angeregt freyhait noch wenig bei mein herrn wissen, wer wol gut, das in der reformation auch ain sonndere meldung davon geschehe, damit sich nyemandt der unwissenhait entschuldigen könt, und das man die durch doctor Friderichen Reifstecken in sonderhait am kayserlichen cammergericht insinuiren ließ, auch im fahl, obgleich die Schlüsselbergerin in diser sach auff sollichen bericht am cammergericht gar nit umb inhibition ansuchen würde, auff das die advocaten und procuratores daselbst deren ain wissen haben und die partheien, wo es kunfftig zu schulden langet, dester ehe von irem vorhaben abweysen möchten; dann wie herr doctor Hepstain angezaigt, sey ain sollicher gepruch am cammergericht, wann man ain solliche oder dergleichen freyhait insinuiren und verkunden laß, das dann alle procuratores copi davon bitten, die man in auch widerfaren laß, damit sy die bey hannden haben und di partheyen mit dest mererm grundt abweysen mügen.

Actum freytags 23 July 1540.

Beilage IV. K. k. Statthalterei-Archiv Innsbruck. Kopialbücher Emb. u. bevelch. 1632 f. 59.

Erzherzog Leopold an David Wagner.

Leopold etc.

Du würdest dich guetermassen gehorsamist erinern, was wir dier nach den 7 may verwichnen 1627 jars wegen der judicatur dern in den Boznermärckhten zwischen den khauff und hanndlsleüthen vorfallenden stritsachen genedigist anbevolchen, und obwolen darsider heer unser rath und postmaister zu Rovereith Johann Symoncini anstat ermelter khauff- und handlsleith umb weitere verordnung aines commissionschreibers oder secretario, so der teütsch- und welschen sprach kindig, item auch ainen gerichtsdiener und gefenckhnus underthenigist suppliciert, so lassen wir es doch bei obangedeit unserer vorigen dier genedigist aufgetragnen verordnung nachmalen und solchergestalt genedigist bewenden, das du auch in contentiosis zu richter gesetzt und dier Johann Baptista Girärdi zu mitcommissario adjungiert, auch ain secretarius, der neben der latein- der teütsch- und welschen sprach erfarn, welcher nit allain das protocol (daraus ohne vorwissen dein und ermelts Girärdi als verordneten comissari nichtes zu communiciern) halten, sonndern auch aufm fal kainer aus euch das iudicium besitzen kondte demselben vorsteen verordnet, zumalen auch dein und der anndern salarium one entgelt der camer auf der kauffleüthen dargeben, bestimbt und erstatet werden solle, massen wir dann besagten Girardi obangedeiter verrichtung halber, wie zugleich dem herrn lanndtshaubtman etc. wegen verordnung aines teiglichen secretari die notturfft genedigist anbevolchen, wolten wir dir in gnaden, damit wir dier iederzeit beygethan verbleiben, nit pergen. Geben zu Ynsprug den 17 tag monats februari anno etc. 1632ten.

An David Wagner abgangen.

Beilage V. K. k. Statthalterei-Archiv Innsbruck Kopialbücher: Ausgegangene Schriften 1633 f. 390 f.

Erzherzogin Claudia an den Landeshauptmann a. d. Etsch.

Claudia etc.

Dir ist selbes nit unbewust, was an conservation und aufnembung des Boznermarckhts und der commercien disem ganzen land gelegen, wie vast bishero darauf gesehen worden, und man sich sowol an seiten der landtsf. herrschafft als auch der landtschafft hierzue beflissen, welches nun auch gueten oder mehrernthails an deme besteht, das den kauff- und handlsleüthen, so sich des marckhts gebrauchen und dahin handlen, alle guete satisfaction, so vil mir immer müglich und salva justitia geschehen kann, gegeben werde.

Wann sich dann ein zeithero befunden, das sy kauffleüthen, wegen deren zwischen inen yeweils under wehrendem marckht endtstehender differenzen und zu deren hinleg- oder verabschidung von dem landtgericht nit genuegsame satisfaction empfangen indeme sich die sachen etwan zu lang verweilet oder sie sonst nit befürdert werden khinden, ist zwar ainsmals (titl) Daviden Wagner commission aufgetragen worden, sich der sachen zu underziehen und die streitigen partheyen zu vergleichen oder zu verabschiden. Nachdeme aber hierdurch darumben ihnen auch khein völliger contento beschehen mügen, weil er Wagner nur allain die giette zwischen inen gepflogen, des richterlichen ambts aber zu rechtlicher verabschidung der partheyen, wan sy sich nit vergleichen khinden, nit underfangen, ist uns ain anders und dis mitel beygefallen, wir auch uns dahin gnedigist resolviert, das inen ein kauffman aus bayder nach Bozen handlender nationen mittel, so der kauff und wechslsachen wol erfahrn zu einem richter verstattet, deme auch noch zween oder mehr gleicher gestalt erfahrne beygesetzt werden, und wann der richter ein teitscher, die beysitzer welsche, wann aber der richter ein welscher, die beysitzer teütsche sein, das iudicium alle jar wider de novo ersetzt, und die wahl des richters und der beysitzer bey inen stehe, von uns aber darüber die confirmation volgen solle, und weiln sich begeben mechte, das ein oder andere parthey mit dem abschid beschwerdt zu sein vermeinte, damit auf solchen fahl der beschwerdt remedium secundae instantiae haben und gleicher gestalt durch summarium iudicium appellationis via sich bessern rechtens zu erholen der weeg offen habe, mag allerdings wie in prima also auch pro secunda vel appellationis instantia das iudicium aus irem mitel und wahl zugleich beschehen, und ist nunmehr an deme, das inen kauffleüthen gleich zu oder vor eingang des marckhts solch unser vorhaben und resolution intimiert, ein ordenliche designation aller vornembsten kauff- und wechslsleüthen gemacht, aus welchen vorbemelte wahl durch sie beschehe, und die judicia bestelt, hierzue nit weniger gerichtsdiener benambset, auch die mittel, woraus sie zu besolden, durch ain anlag auf die güetter verglichen, und da sie etwan sonderbare den kauffs und wechslsachen ähnliche, doch der justitia nit gar widerige gerichtsstatuta oder ordnung haben wo ten, solche zu papür gesetzt, und uns alles zu unserer ratification und confirmation überschickht werde, damit sie sich dessen auf nechstvolgenden marckht zu gebrauchen hetten.

Wann wir dann zu solcher intimation und verrichtung dein persohn gnedigist angesehen und fürgenommen, als ist hiemit unser genedigster bevelch, das du dich deren underziehest und zu eingang des marckhts den kauffleüten die notturfft vorhaltest benebens heimbstellendt, wene du disfahls tauglichen zueziechen und dich dabey bedienen woltest, darüber wir deiner gehorsamsten relation nach der verrichtung in gnaden gewertig. Geben den lesten augusti anno 1633.

An herrn landtshaubtman an der Etsch.

Beilage VI. K. k. Statthalterei-Archiv Innsbruck. Leopoldinum B. n° 39.

Gutachten von Präsidenten, Kanzler, Regenten und Kammer-räten oberösterreichischer Lande über den Entwurf der Kaufleute.

Durchleichtigiste erzherzogin, genedigiste fraw, eurer fürstl. durchl. genedigisten verordnung gemess under gestrigen dato haben wir hierinn deputierte zur fernern consultation bevorsteender introducierung sonderbarer judicatur für die teütsche und welsche nacher Bozen traficierende khauff- und handelsleüt anheut uns zusamen verfügt und die durch sy verfasste capitula von ainem zum andern abgehört, ersechen und eiferiger angelegenhait nach umbstendtlich ponderiert und erwogen, und was dabey zu erhaltung vorderist eurer durchl. und dero jungen herrschafft erzfürstl. hochait befürderlichen aufnemmen des marckhts und dahero volgender vermehrung des camerguets, auch allerseits thuenlichem wolstanndt und immer müglichister praecavirung nachthailger zu missverstendtnuss und weitleüffigkhait aussechender praeiudicien zu endern, zu verbössern, gar auszulassen oder zu moderieren notwendig befunden und in billiche obacht zu nemmen gewesen solches alles und wie es in forma vergriffen sein solle, ad marginem hinzuegesetzt, massen beyliegende copi mit sich bringt, deren zu beschluss, wie in andern dergleichen statuten und derselben confirmationen clausula reservatoria generalis declarandi, corrigendi, minuendi et in totum abrogandi in allwegen anzuhengen sein will. Daneben ferners in dem vierten capitulo dise nit geringe difficultet für- und beyfallt, weilen diser neu angeende magistratus zugleich wie all andere obrigkhaiten der landtsfurstlichen herrschafft verpflichtet sein soll und die von teütscher nation beraits eligierte der widerigen religion zuegethan, das dieselben zu der catholischen formula juramenti sich nit versteen werden noch khünden. Wann auch ein oder zwei bestendige actuarii oder gerichtsschreiber, wie und aber mit ihnen was anders oder neuerlichs khaines wegs zu observiern, in erwegung die uncatholischen lechenleüt eben intuitu juramenti zu empfachung der lechen nit admittiert, sonder nach üblichen gebrauch und alten heerkhomen diser curiae feudalis iederzeit ain catholischen lechentrager stellen müessen. Entgegen man zu ersetzung dises judicii mit catholischen qualificierten teütschen kauffleüten, so bey ietzigen zeiten den Boznermarckht zu besuechen pflegen, sehr anstehn wurde, und da anderst der teütschen nation authoritet in bestellung diser judicatur, so wol als der welschen zu conserviern, die uncatholische khauffleüt als derzeiten in der handelschafft die fürnembsten nit beyseits gesetzt werden mügen, es wäre dann dises ein mittell doch allain für diesmal, und unvergriffen khünfftiger anderer verordnung nach gestaltsame, die glegenhaiten sich ereügen möchten, das der von teütsch- und welschen khauffleüten eligierte magistrat anietzo auf die schuldige administrierung gleicher gebürenden justitiae und was ihr carico mehrers aussweist, allein interim und bis zu mehrer perfection des weesens an aydtstatt das handlglübt uniformiter herren lanndthauptmann an der Etsch in eurer durchl. namen erstatteten, so dann und zugleich wie dise judicatur ad certum locum, tempus et materiam, iuxta capitulorum dispositionem angesechen, also nit weniger circa personas, die darunder begriffen sein sollen, aigentlich zu determiniern sein will, darzue nun das 17.do capitl etwelchen anlass gibt, und ainsthails vermainens dahin zu verstehen als ob angedeüter judicatur allain die ietzt aufgerichter matricul einverleibte underworffen wären, hingegen in dem sich die khauffleüt ainer mehrern ergentzung dises corporis auf umsteenden Andreemarckht vernemmen lassen, die gedanckhen dahin zu machen, die noch unmatriculierte boznerische Fiera besuechende khauffleüt ins gemein under dises iudicium zu ziechen es den verstand gewinnen möchte, warbey nun wol zu considerieren, da under den inmatriculierten diser judicatur sich zu submittiern nit gemaint, sonder erhebliche einreden darwider movieren solten, ob und mit was fueg dieselben inviti darunder gezogen werden mügen, und ob nit hieraus ain trennung der khauffleüt und besorglich bey diser newen iudicatur allerhandt missverstendtlicheit zu gewarten seye, deme aber zu begegnen, hielten wir gehorsamist dafür, ohne determination dises puncten, ob und wie weit sich die judicatur gegen den unmatriculierten extendiere. Im übrigen (ausser zwaier capitl, nemblich des 11, so wegen unumbgenckhlicher vernemmung der ihenigen, denen dardurch an ihrer thails sonderbar berechtigten jurisdiction mörckhlich praejudiciert bis auf Euerer durchl. weitere genedigiste deliberation dermaln unnsers gehorsamisten erachtens zu suspendiern und des 21:[isten], welches als circa iurisdictionem in criminalibus, so dem iudici ordinario mehrfeltiger bedenckhen halber khaines weegs zu entziechen gar auszustellen). Die andern capitula mit der eurer fürstl. durchl.

genedigist gefölligen moderation confirmiert, vorbesagtem herrn landthauptmann überschickht, und dabey angefüegt werden möchte, obwolen über solche capitula von ihme bericht abgefordert, so wären jedoch euer fürstl. durchl. auf dero den khauffleüten gegebne vertrostung der judicatur zu ietzigem marckht ihren würckhlichen eingang zu machen genedigist bewegt worden unerwartet seiner information berierte capitula ersechen und beratschlagen zu lassen, und mit der für guet und notwendig ermessnen moderation zu confirmiern und hette demnach solche innamen eurer durchl. gedachter herr lanndtshauptmann dem eligierten magistratui einzuhendigen von demselben vorgeratnermassen das handtglübt an aydtstatt aufzunemmen, den actuarium (welcher zwar nach dessen einkhomner instruction, so alhie mit sonderbarer notwendigen verpindtlichait zu clausulieren zu prestierung hierüber schuldigen iuramenti formalis personlich beschriben werden solle) interim gleichem handtglübt zu verpflichten, besagte instruction sambt der taxa und anlag zur gerichtsunderhaltung gehörigen uncostens, damit man deshalben khünftigen beschwärens enthebt bleiben müge, von dem magistratu abzufordern und sonstem ihme angelegen sein zu lassen, dis werckh so vil müglich dahin zu dirigiern, damit das corpus diser matricul mehrers ergenzt, besorgliche difficulteten zwischen den khauffleüthen verhüet, und alle guete verstendtnus und union under den beraits matriculierten und den andern zu bestendiger conservier- und argumentierung diser judicatur gepflanzt werde, jedoch stellen wir alles gehorsamist neben zuruckhgebung mit dem decret vom 3. octobris negsthin communicierter schrifften zu eurer fürstl. durchl. beliebenden entschluss dero zu behärrlichen gnaden uns dabey undtherthenigist bevelchende. Datum Ynsprugg den driten december anno 1633ten.

Eurer fürstl. durchl.

Unndterthenigiste
gehorsambiste
Presidenten, Canzler, Regenten
und camerräthe oberösterr. lande.
(Folgen die Unterschriften.)

Hierauf folgt

Der Entwurf der Kaufleute mit den Bemerkungen des Gutachtens.

Capitoli con summa humilità proposti dall' università de mercanti della trattatione per umilissima essecutione di clementissimo comando arciducale concernenti l' administratione è buon governo

Der ganze Absatz ist durchstrichen; dafür steht an der Seite: Capitoli concessi da S. A. S. alli mercanti che frequentano le fiere di Bolgiano concernenti la loro esentione dal foro ordinario nelle

della fiera di Bolgiano da esser confirmato per innata clemenza di S. A. S. con suprema e pienezza d' autorità sua arciducale.

1. Che ogn' anno nella fiera di S. Bartolamio sia fatt' elettione dalli mercanti nominati nella trattatione †conforme il stilo d' altre fiere et piazze d' un console e doi consiglieri li quali habbino autorità di giudicar * privative in prima instanza e terminar qualsi voglia lite è controversia per plurità de voti vertente tra di mercanti à quest' hora non principiata over introdotta avanti altro giudice annessa, connessa e dependente **della fiera di Bolgiano.

2. Che sia fatta elettione d' un altro giudice et doi consiglieri quali siano giudici in secunda instanza et appellatione.

3. Sarà fatt' elettione d' uno; overo doi attuarij o notarij da detti mercanti da esser confirmata con precedenza de giuramento attuale di S. A. S. conforme al bisogno di detta fiera obbligati di tener il suo domicilio* e li protocoli con esata diligenza in lingua Italiana** da conservarsi in archivo pubblico, che sarà eletto nella città di Bolgiano da detti mercanti con instruttione e tassa da farsi dalli medemi et approbarsi, come di sopra li quali anco doverano deputare noncio pubblico* giurato per bisogno e servitio di detti magistrati

cause civili toccanti i loro negoci come segue.

† Rot unterstrichen.

* An der Seite steht: q in tempo, et durante la fiera.

** dalla mercantia et loro negotiationi. Diese wie alle folgenden Nachträge und Bemerkungen sind in roter Tinte.

* continuo, nella città di Bolgiano.

** Tedesca è italiana, secondo la prattica, commodità et qualità delle parti et processi

* habitante in Bolgiano

(das folgende ist nachgetragen): dichiarandosi in oltre che il sodetto attuario debba essere chiamato ad assistere a tutte le cause e sessioni che si faranno giudiciali e che senza la presenza del medesimo le sodette s' intendono essere nulle e de' niun valore.

4. Seguità collettione predetta di console giudice d' appellattione e consoglieri siano tenuti dare humilissima relatione a S. A. S. à fine siano confirmati nelle dette cariche loro, sicome per il presente anno S. Andrea 1633 sino S. Andrea 1634 si intendino confirmati nel officio di console Hortensio Brocho Augustano per la natione Alemanna e per l' Italiana consoglieri Giovan Simoncino e Tomaso Tasca. Et giudice d' appellatione per la nation Italiana giovan Pietro Oliviero da Verona et per consoglieri per la nation alemana Sigismondo Zollicofer de S. Gallo e Giovan Choch da Meminga.

5. Li processi siano formati * in lingua ** Italiana con dechiarate però che occorendo che alcuno delli Mercanti alemani non sapesse da lingua in tal caso debba esser admesso à dir e dedur le sue raggioni in lingua todesca.†

* parimente
** Tedescha e

† Das gesperrt Gedruckte ist rot durchstrichen.

6. Che di carichi durino et durar debbino per un anno continuo con esplicatione, che quelli che sarano statti consoglieri possino esser eletti consoli e giudici d' appellatione e viceversa.

7. Occorendo che alcuno delli eletti per suoi legitimi impedimenti non potesse comparer in fiera e soddisfar alla sua charica, che in tal caso li presenti magistrati possino far elettione * d'altro soggetto sofficiente e qualificato come anco succedendo che alcuno delli di eletti fosse interessato ò legitimamente suspettato dalle parti sia fatta elettione * dalli presenti magistrati d' altro

* per quella fiera sola

* per quella causa

soggetto sufficiente e non suspetto alle parti.*

8. Che li predetti magistrati habbino et haver debbino auttorità e balia di giudicar privative per plurità de voti in prima è secunda instanza sopra qualonque sorte de contratti di mercanzia cambij et altro come e detto di sopra anchorche seguiti altrove da eseguirsi però nelle fiere di Bolgiano.*

9. Che dalle sentenze in prima instanza possa esser interposta appellatione al Giudice de secunda instanza le cui sentenze siano inappellabili† non possino esser sospese ò ritardata l' esecutione per qual si voglia rimedio* di revisione ricorso ò altro.**

10. Sarano obbligati li predetti magistrati * summariamente more mercantili sine strepitu e figura iudicij e formation di processo solenne udite le raggion delle parti senza recognition alcuna delle loro fatiche decider e terminar qual si voglia lite e controversia come ci e detto di sopra†.*

11. Essendo raggionevole per beneficio di detta fiera che li maneamenti, che sarano commessi in detto tempo** da speditori, condutieri, Caretieri, Someri, Fassari e altri servienti intorno la speditione condutta et altro toccante la fiera e mercantia siano esecutiamente castigati con pene pecuniarie proportionate dal detto console, et consoglieri haverano perciò auttorità di poter legalmente castigar li sudetti pro qualitate facti alla summa de fiorini cento doi terzi delle quali condanne s' intendono applicate al fisco arciducale et l' altro terzo à dispositione e gusto di console e cons.

* Il quale però haver debbia l' obligation istessa, ch' havevano et hanno li magistrati ordinarii.

* Et in questo non possa ingerirsi, il vicario di detto Bolgiano.

† Gestrichen.

* d' ulteriore appellatione

** che però la parte vincitrice sia tenuta dare sicurtà sufficiente, de iudicio.

* in caso di tal ricorso riservato a S. A. S^ma. ò all'l' eccelso suo regimento

† Gestrichen.

* in conformità delli capitoli precedenti.

** et durante la fiera.

Alles gestrichen; an der Seite steht: NB. Tutto questo capitolo si sospende, fin a meglior et piu compita informatione come nel voto.

12. Che il medemo console e consiglieri habbino et haver debbino auttorità di eseguire e far eseguir le sentenze dell' una et l' altra instanza nella città di Bolgiano, come anche obligati, li magistrati fuori di detta città di qual si voglia locho, di questa ducal contea à requisition di detto console et consiglieri conceder esecutivamente qualonque suffragio necessario opportuno per omnimoda esecution delle loro sentenza. *

* prout iuris.

13. Similmente haverà facoltà detto console di proceder e conceder arestatione personale* contra persone** legitimamente sospete di fuga nel tempo di fiera con dechiaratione, che à requisition di detto console il medemo sia eseguito da magistrati di qual si voglia locho di questa ducal contea, li quali in oltre sequito l' effetto, et sicurezza delle persone arestate siano tenuti et obligati darne senza di mora raguaglio al predetto console et consoglieri à fine possino piu oltre deliberare quello sarà di raggione. †

* in Bolgiano

** sottoposte a questa giudicatura.

† Gestrichen.

14. La medema balia e facoltà doverasi anco estendere alle sequestrationi di qualsivoglia mercantia in tempo di fiera in qualsivoglia loco esistente in questa ducal contea con oservanza di quanto e statto deto di sopra.

15. Succedendo alcun falimento à fine li mercanti interessati non restino defraudati del loro giusto havere, haverà perciò detto console facoltà di sequestrare in tempo di fiera qualsivoglia mercantia, raggion, ò crediti aspettanti alli mercanti faliti esistente nella fiera di Bolgiano et* altrove in questa

* dovendo anco ra

ducal contea ** senz' † imploratione ò requisitione del giudice* del locho obligato di remetter il tutto alla giudication di detto console e conseglieri per doversi repartir pro rata li effetti sequestrati tra li mercanti creditori che frequentano la fiera di Bolgiano.†

16. Che tutti li mercanti compresi e nominati nella trattatione seguita nelle corrente fiera di S. Bartolamio 1633† non possino esser convenute ne arrestate le persone loro sotto qualsivoglia pretesto civile fuori delle città di Bolgiano cosi nel andoza come ritornare di detta fiera alle case loro. *

17. Intendendo alcuno per l' avenire esser accettato e descritto nella trattation sudetta, non possi esser accettato non havendo doi terzi delli voti delli mercanti in detta trattatione e presenti alla ballotatione.

18. Essendo in oltre necessario, ch' il sudetto magistrato di prima e seconda instanza mantengi la sua giurisdictione e rispetto che se gli deve haverà percio facoltà di poter procedere con mandati penali pecuniarij pro qualitate facti sino alla summa de fiorini 500 contro, li mercanti et altri† disobedienti e sprezzatori di detto magistrato d' esser applica li due terzi al fisco arciducale et l' altro terzo à dispositione è gusto di detto magistrato come di sopra.

19. Che il conto de cambij sia posto de fiera in fiera dalli predetti magistrati con aggionta d' altri dieci mercanti rollati nella tattation seguita, cinque per la nation* Italiana† e cinque per

** li giudici ordinarii all'
† Gestrichen.
* console et conseglieri fare il medesimo.

† Gestrichen.

† Gestrichen.

* senz' altro ordine espresso di S. A. Sma. o dell' eccelso suo reggimento.

† Gestrichen.

* Alemanna † Gestrichen.

12*

la nation alemana** da esser eletti e confirmati d' anno in anno per quelle piazze che sarano giudicate necessarie à comodo di negotij.

** Italiana

20. Se bene l' elettion de sensali sia senza sequita di particolar clementissimo comando arciducale tuttavia haverano† facoltà li predetti magistrati di far elettion per l' avenire, d' uno ò piu sensali, secondo il bisogno et occorenza della fiera,* dovendo pero il presente sensale Abraham Polaco,** attesa la clementissima concessione arciducale concessa gli dalla felicità memoria del Alt. Ser. di Leopoldo arciduca d' Austria S. A. Clem. conservar† la sua caricha deportandosi bene.

† Gestrichen, Beginn: Haveranno

* et nominarla, all' approbatione et ratificatione di S. A.

** continuar.

† Gestrichen.

21. Che nelle cause criminali aspettanti al foro del giudice ordinario nelle quali si tratti di pena capitale, overo corporale de iure statutario, overo commune, ma di semplice condanna ò pena pecuniaria li mercanti nominati e compresi nella trattatione non possino esser castigati dal detto judice senza l' intervento voto del console et conseglieri che sarano pro tempore.

Omittatur.

22. E finalmente potrano il console e conseglieri per maggior auttorità del loro officio, in qual si voglia atto publico e privato dependente dal medemo, usar per arma, e sigillo del detto officio un globo denotante il mondo con diversi balle di merci ligate et disligate con additione di questa parole: Ex merce pulchrior. *

* Inscrittione.

Dann folgt noch: „Sigillii magistratus mercatorum Bulsanensium, o altra simile.

Finalmente si ritorna qui S. A. S. per esprimer ogni ampla autorità di coneggere, mutare, dichiarare, restringere, amplificare, cavare et annullare in tutto o sia in parte li sodetti capitoli conforme, à che S. A. ritroverà essere più espediente in ogni miglior modo e forma.

Berichtigungen.

S.	63	Zeile	14	von	oben lies	denn (st. dann).
„	64	„	5	„	„ „	Gelehrten (st. gel.).
„	64	„	3	„	unten im	Text lies „Ratserlaß".
„	75	„	18	„	oben lies	„genommen werden".
„	95	„	14	„	„ „	Schiedsgericht (st. Kommerzg.).
„	161	„	15	„	„ „	Wettgerichte.

FSC
www.fsc.org
MIX
Papier | Fördert
gute Waldnutzung
FSC® C083411

Kolibri 360 GmbH
Ferdinand-Jühlke-Straße 7
99095 Erfurt, Deutschland
produktsicherheit@kolibri360.de

Druck:
CPI Druckdienstleistungen GmbH
im Auftrag der
Kolibri 360 GmbH
Ferdinand-Jühlke-Str. 7
99095 Erfurt